中国旅游业普通高等教育应用型规划教材

传统文化与现代管理

（第二版）

艾晓玉 编著

中国旅游出版社

中国旅游业普通高等教育应用型规划教材
编审委员会名单

主　任
南昌大学江西发展研究院院长、旅游研究院院长　黄细嘉教授

副主任（排名不分先后）
江西财经大学旅游发展研究院院长　邹勇文教授
江西师范大学旅游系　冯淑华教授
江西科技师范大学旅游学院　周叶教授
上饶师范学院院长　殷剑教授
九江学院旅游与国土资源学院院长　李松志教授
赣南师范大学历史文化与旅游学院副院长　樊国敬教授
井冈山大学商学院旅游管理教研室主任　王伟年教授
上饶师范学院历史地理与旅游学院　张志荣教授
南昌工程学院工商管理学院旅游管理教研室主任　涂远芬副教授
宜春学院经济与管理学院院长　胡林龙教授
南昌大学旅游学院　龚志强教授
南昌大学旅游学院院长　旷天伟副教授

委　员
副主编及参编（略）

秘书长
中国旅游出版社教材与学术编辑室　段向民主任

总 序

受中国旅游出版社的邀请，由我担任中国旅游业普通高等教育应用型规划教材编审委员会主任。本人自1993年跻身高等旅游教学团队之列，至今已30年，大概从2013年起，自认为在旅游管理教学方面有了一些心得，于是就产生了为我国高等院校旅游管理专业本科及其专业核心课程开发一套教材的想法。基于旅游行业对于应用型、实战型、复合型人才的要求，意欲对旅游管理专业的理论知识、技术或技能体系进行全方位、多维度的系统梳理，使教师能够更有自信并能更有针对性地开展教学，学生能更准确、更明白、更直接地了解、熟悉、掌握、运用有关旅游管理的理论知识、技术或技能体系，提高其从事旅游管理的业务能力。中国旅游出版社提出中国旅游业普通高等教育应用型规划教材的编写计划，可以说是正中下怀，得偿所愿。

2016年3月5日，中国旅游出版社和南昌大学旅游管理系（现为旅游学院），联合10多所高等院校，举行了编写会议。其后确定了以南昌大学江西发展研究院院长、旅游研究院院长黄细嘉教授为主任委员兼总主编和总协调人，江西财经大学旅游与城市管理学院院长邹勇文教授、江西师范大学旅游系冯淑华教授、江西科技师范大学旅游学院周叶教授、上饶师范学院殷剑教授、九江学院旅游与国土资源学院院长李松志教授、赣南师范大学历史文化与旅游学院副院长樊国敬教授、井冈山大学商学院旅游管理教研室主任王伟年教授、上饶师范学院历史地理与旅游学院张志荣教授、南昌工程学院工商管理学院旅游管理教研室主任涂远芬副教授、宜春学院经济与管理学院胡林龙教授、南昌大学旅游学院龚志强教授、南昌大学旅游学院院长旷天伟副教授12位江西旅游教育界学者为副主任委员，中国旅游出版社段向民编辑为秘书长的教材编审委员会。会议明确了该套教材由7门旅游管理专业本科核心课程和6门特色课程组成：旅游学原理、旅游经济学、服务运营管理、旅游目的地管理、旅游消费者行为学、旅游资源管理、旅游法规、旅游电子商务、旅游调查方法与实务、旅游形象推广、旅游规划与项目策划、旅游案例分析、旅游创意与创业。这次会议明确了组织构架，安排了相关编写人员，确定了编写计划，之后立即投入工作。

作为编审委员会主任，必须想清楚、弄明白到底什么是教材，以便于确立编写要求并指导编写。一般来说，将教材区别为广义和狭义两种。其中，广义的教材泛指对人有教育作用、有利于学习者增长知识或发展技能的所有材料。其形式并不仅限于教师自己编写或设计装订成册或正式出版的书本，还包括计算机网络上使用的各类学习材料。狭义的教材是根据教学大纲和实际需要，为师生教学应用而编选的材料（即教科书）。我个人认为，当下教育部倡导或组织编写的国家级规划教材，是最典型的教材，都是在总结前人研究成果和经验材料的基础上，形成一般性知识概念界定和成熟理论概括，并非提倡将个人的学术创见作为教科书传授的内容。也就是说，只有当一种理论和知识成为学界普遍接受的观点时，它才可以被写进教材。因此，教材虽是反映人类社会具有普遍价值的知识，但它还有一个不断修改、充实、提炼、完善和提高的过程。教材旨在为教师的教学工作提供核心主题、基本线索，为学生的学习活动提供知识结构、操作方法，旨在培养其能力素养。因此，教材就需要体现教师实力、贴近学生实际、跟随时代与行业潮流，引导学生进行自主探索与合作交流，并关注对学生人文精神的培养，注重多维教学方法的运用。只有明白教材的作用与意义，我们才能知道自己是否适合、是否可以、是否应该从事教材编写工作。教材虽是编纂、编写、编著，但同样是一件不容易的事，因为它反映和传播的是人类学术共同体的"共识"和社会所普遍接受的"共知"，所有的概念、原理、范式、模型，必须是深入其里、出乎其中、得其要义的。一般没有理论积淀、知识集成、教学积存、实践积累的人，是难以登其奥堂的。

可以说，教材编写，于学术研究是一项登堂入室才可出神入化的工作，于知识传承是承前启后方能继往开来的工作，于人才培养是一项利在当代才能功在千秋的工作，于教育教学是一项科学严谨才不会误人子弟的工作。因此，其编写人员，应该具有丰富的教学实践经验以及较深的学科专业造诣，对本学科专业及相关学科专业的现状及发展趋势，有全面深刻的了解，同时还要有与时俱进的能力和改革创新的精神。此次中国旅游业普通高等教育应用型规划教材，在方法上努力解决"怎样编"的问题，即把握好继承、发展与创新的关系，在研究、消化、吸收以往相关著作和同类教材的基础上，有所继承、有所发展、有所创新，把握趋势、调整方法；内容上明确"编什么"的问题，即要有一个宏观的把握，遵循完整性、系统性、科学性、实用性、针对性等原则，在素材和案例选取时，要体现旅游管理学科专业的本质、联系旅游产业发展实际、体现旅游管理专业特色，关注旅游业的热点问题。国内外旅游实践中的实例，应展现旅游管理应用型教材的知识概念、学理结论、逻辑思想、实践方法，即以是否反映教材知识的实际应用为原则，组织材料、编写内容；在主体对象上处理好"为谁编"的问题，即充分体现"以学生为本""以学生的终身职业发展为本"的教育理念，注重学生的实训、见习、实习、实践教学环节的设计及运用知识分析问题、解决问题的能力和创新、综合、实战能力的培养。

当然，旅游管理专业教材的编写，不能完全出于个人追求和意愿，最主要的还是要适应全域旅游发展趋势下对旅游管理人才培养的新要求。该套教材的编写，主要缘于教育部将旅游管理类专业确立为应用型专业的教学改革精神，为顺应中国旅游业转型升级对高等旅游管理教育的新期待，进一步提高旅游管理专业本科课程教材水平和质量，推动应用型高等旅游管理类专业的国家级规划教材建设，深化旅游管理专业教学改革，发挥教材建设在提高人才培养质量中的基础性作用，根据教育部普通高等学校旅游管理类专业本科教学指导委员会历次会议，关于教材建设的相关要求，现以我所在的南昌大学为主体，主要联合其他各大高等院校多年从事旅游管理专业本科教学的教师，共同完成教材编写工作。

本套教材是普通高等学校旅游管理专业本科核心课程和特色课程教材，编写者在认真研究21世纪旅游管理专业本科教材建设的新思路、新机制和新方法基础上，力求开发一批既能反映现代科学技术先进方法，又符合我国旅游行业人才培养目标和培养模式要求；既对应用型旅游管理专业本科人才培养具有普遍适用性，又对旅游管理高端应用型人才培养具有特殊针对性的教材。在此，对于教材的定位，有几点宏观的原则性要求：一是追求教育高品位、教学高水平、教材高质量的精品教材，二是致力于所编内容有分量、所选案例有价值、所做阐述有贡献的经典教材，三是编写占领学科前沿阵地、体现专业前卫实践、反映学生前景应用的先进教材，四是钻研体现教师严谨教风、学生严肃学风、教学严格作风的严实教材，五是开发树立涵养创意策划思想、培育创造精神、培养创业能力的创新教材。即编写一套材料选择精当、案例分析精到、表现形式精致、篇章内容精深的精华教材。

本套教材力求反映高等学校旅游管理专业本科教学必需的基础理论、基本知识、基本技能和业务操作常识，课程体系建设立足旅游行业的现状特点和发展态势，以及人才市场的新需求。教材的特色追求主要体现在：一是围绕高端应用型、技能型旅游管理专业本科人才培养目标，参照旅游行业职业岗位任职要求，引入行业、企业技术标准或规范，实现专业课程内容与职业标准对接；二是紧贴旅游行业的最新发展变化，主动适应旅游经济发展需要，突出应用性与基础性、实践性与理论性、前瞻性与回顾性、灵活性与原则性、内生性与开放性的统一；三是根据应用型旅游管理专业本科课程体系、教学内容要求和学生学习特点，在进行教学组织时，要求重视学生课堂的理论与知识讲解教学、教学基地的技能与技术实训演练、实际工作部门的见习与实习等实践活动，将旅游管理专业本科教学过程与旅游行业实践活动过程有效对接，提供相应的实践教学环节的课程设计、毕业设计方案；四是根据应用型人才培养需要，体现个性化与通用性、规范化与创新性、稳定性与动态性相结合,定制化培养旅游企业操盘手、项目营运师、职业经理人和文创策划师等高端应用型旅游管理人才,服务国家和地方旅游经济发展。

本套教材的主要适宜人群是从事旅游管理专业本科教学的师生以及旅游与文化等产业的从业人员。我们力求以旅游实践、行业技能等应用为导向,兼顾理论与知识体系的构建,为旅游管理专业师生提供一套较为系统完整的旅游管理理论知识、技术或技能体系。理论不断创新、知识不断更新、技术技能立新,教材的编写也存在一个既相对稳定又不断发展的过程。本套教材难免存在不足和疏漏之处,敬请各位同行和广大读者批评指正!

黄细嘉
2022 年 5 月

再版前言

2018年《传统文化与现代管理》一书出版后，得到读者的青睐。几个月前，收到中国旅游出版社的通知，希望能够对本书进行修订，得此消息欣慰不已。感激读者对中国传统文化与现代管理的学习热情，也深知一个管理理论研究者的责任所在。在新的时代，管理如何跟上科技的脚步，与时俱进，贯通古今，结合实际，推陈出新，是现代管理理论研究者的重大课题，也是本书的写作目的。

当下，我国正处在飞速发展的时期，国家实力与日俱增，各行各业都取得了非凡的成就，这背后都有中国式管理的助力。现代管理要结合社会实际、科技发展和产业水平，不能忽视与本民族的思想文化相结合。因为管理要落到实处，终究要依靠人来执行，只有根植于文化的管理才能产生更高效率和更好的效果。中华五千年文明，大量的管理思想和管理经验记录在汗牛充栋的典籍里，整理这些思想，结合现在的管理实践，才能让中国式管理更加有效、更高产、更可持续。

本书按照管理具体实践分类，将中国传统文化植入现代的制度管理、行政管理、财政管理、领导科学、社会保障、教育管理、战略管理、质量管理、人力资源管理、危机管理、市场营销之中，科学合理，条理清晰。此次修订时，将理论和实践契合点进行了再挖掘、整理和补充。经过反复研读和校对，更新了部分案例，补充了相关知识，以飨读者。

最后，感谢广大读者的厚爱，感谢中国旅游出版社的各位老师。本书虽然是再版，但由于编者水平有限，难免还有疏漏之处，还望读者批评指正。

艾晓玉
2024年1月26日

前　言

　　管理学是一门综合性的交叉学科，是系统研究管理活动基本规律和一般方法的科学。管理学的学科目的是在现有的条件下，通过合理地组织和配置人、财、物等因素，提高社会运转效率和生产力水平。众所周知，管理学是在工业社会化大生产的背景下产生的。可以说，西方是现代管理理论和实践的发源地。世界各地的管理学都是在西方管理理论和体系的基础上建立起来的，我国也不例外。改革开放以来，大量引进的西方管理思想直接或间接地促进了我国经济和社会的发展，缩小了我国与发达国家在管理水平上的差距。

　　但引进不是照搬照抄，而是要吸收、内化，进而发展、创新。从管理体系的架构看，管理学可以分为管理工具、管理制度和管理精神三个方面。从管理工具方面看，西方管理技术和方法经过实践，证明是相对科学和有效的，它们的引进和应用有利于中国与世界的交流与合作，是非常有必要的。管理制度也是我国要虚心学习的地方，是扫清很多管理障碍的一个重要参照。但就管理的精神层面而言，西方现代管理思想在中国就显得有些不适应了，因为西方管理理论和方法毕竟是舶来品，完全照搬照抄西方的管理精神来管理中国的各项事务，有时会出现"水土不服"，甚至适得其反。正所谓"橘生淮南则为橘，生于淮北则为枳。"西方管理学的引入很有必要，但将中国传统文化与西方现代管理体系相融合，与时俱进、相得益彰，更是大势所趋。

　　本书共分为十二章。第一章是总述，主要介绍中国传统文化与现代管理融合的条件和意义。第二章到第十二章是分述，从制度管理、行政管理、财政管理、领导科学、社会保障、教育管理、战略管理、质量管理、人力资源管理、危机管理、市场营销十一个管理学方向，分别介绍了我国在以上各个方向的管理历史和思想，结合我国的传统文化，着重论述了中国传统文化给予当下不同管理领域的启示。本书用现代管理学的语言和体系来阐释传统文化中蕴含的管理思想和方法，厘清了中国管理学思想中多个学派涉及的同一个管理领域的相同或不同观点，并阐释其当下的适应性，实现了中国传统管理思想和西方现代管理体系的有效衔接。

本书可以作为经济学、管理学本科专业传统文化和现代管理课程的教材，亦可作为史学、文学、教育学等相关专业学生的专业参考书。需要指出的是，由于本书编撰时间有限，难免存在错漏之处，还望读者包涵。

艾晓玉

2018 年 8 月 28 日

目 录

第一章 绪论 …………………………………………………………………… 1
 第一节 现代管理与中国传统管理思想 ………………………………… 1
 第二节 中国传统文化与现代管理融合的条件 ………………………… 9
 第三节 中国传统文化与现代管理融合的意义 ………………………… 11

第二章 传统文化与制度管理 ………………………………………………… 14
 第一节 制度管理的概述 ………………………………………………… 14
 第二节 中国古代制度管理的概况 ……………………………………… 18
 第三节 传统文化中的制度管理思想对现代管理的启示 ……………… 22

第三章 传统文化与行政管理 ………………………………………………… 32
 第一节 行政管理的概述 ………………………………………………… 32
 第二节 中国古代行政管理的概况 ……………………………………… 36
 第三节 传统文化中的行政管理思想对现代管理的启示 ……………… 40

第四章 传统文化与财政管理 ………………………………………………… 48
 第一节 财政管理的概述 ………………………………………………… 48
 第二节 中国古代财政管理的概况 ……………………………………… 51
 第三节 传统文化中的财政管理思想对现代管理的启示 ……………… 57

第五章 传统文化与领导科学 ………………………………………………… 64
 第一节 领导科学的概述 ………………………………………………… 64

第二节　中国古代领导科学的概况……………………………………………… 68
　　第三节　传统文化中的领导科学思想对现代管理的启示…………………… 72

第六章　传统文化与社会保障 …………………………………………………… 79
　　第一节　社会保障的概述………………………………………………………… 79
　　第二节　中国古代社会保障的概况……………………………………………… 81
　　第三节　传统文化中的社会保障思想对现代管理的启示…………………… 85

第七章　传统文化与教育管理 …………………………………………………… 89
　　第一节　教育管理的概述………………………………………………………… 89
　　第二节　中国古代教育管理的概况……………………………………………… 92
　　第三节　传统文化中的教育管理思想对现代管理的启示…………………… 95

第八章　传统文化与战略管理 …………………………………………………… 104
　　第一节　战略管理的概述………………………………………………………… 104
　　第二节　中国古代战略管理思想的概况………………………………………… 108
　　第三节　传统文化中的战略管理思想对现代管理的启示…………………… 112

第九章　传统文化与质量管理 …………………………………………………… 120
　　第一节　质量管理的概述………………………………………………………… 121
　　第二节　中国古代质量管理的概况……………………………………………… 123
　　第三节　传统文化中的质量管理思想对现代管理的启示…………………… 125

第十章　传统文化与人力资源管理 ……………………………………………… 133
　　第一节　人力资源管理的概述…………………………………………………… 133
　　第二节　中国古代人力资源管理的概况………………………………………… 137
　　第三节　传统文化中的人力资源管理思想对现代管理的启示……………… 141

第十一章　传统文化与危机管理 ………………………………………………… 149
　　第一节　危机管理的概述………………………………………………………… 149
　　第二节　中国古代危机管理的概况……………………………………………… 154
　　第三节　传统文化中的危机管理思想对现代管理的启示…………………… 156

第十二章 传统文化与市场营销 …………………………………………… 162
第一节 市场营销的概述 ……………………………………………… 162
第二节 中国古代市场营销的概况 …………………………………… 166
第三节 传统文化中的市场营销思想对现代管理的启示 …………… 169

参考文献 ………………………………………………………………………… 175

第一章

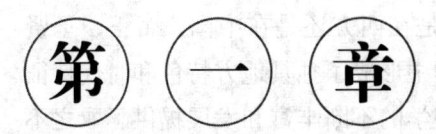

绪论

【本章导读】

中国古代有丰富的管理思想，作为传统文化的一部分，这些思想已经融入国人生活的方方面面。为使管理出成效，需要对中国传统文化有更深的了解和认识。当下，对西方管理学的引进、吸收只是第一步，融合、发展是第二步，创新、超越才是第三步。本章重点阐述了中国传统文化与现代管理融合的条件和意义，希望夯实中国传统文化与现代管理融合发展的基础，为实现当下管理的创新和超越提供可能。

【学习目标】

了解现代管理学与中国传统管理思想的基本情况，掌握中国传统文化与现代管理融合的经济、理论、心理和资料条件，思考现代管理与传统文化融合的意义。

第一节 现代管理与中国传统管理思想

管理是现代人类生活的重要组成部分，管理活动伴随着人类发展而不断推进，它广泛存在于社会活动的各个领域，大至国家、社会，小至企业、家庭、学校。现代管理学的诞生历史并不长，从弗雷德里克·温斯洛·泰罗的《科学管理原理》（1911年）和法约尔的《工业管理和一般管理》（1916年）至今，也不过一百多年，但管理实践和管理理论的研究却由来已久。随意翻开任何国家的历史，那尘封记载里随处可见的管理思想昭示着管理无处不在。可以说，管理伴随着人类协同劳动或劳动协作产生，伴随着人类生产方式的进步而发展，是人类智慧的结晶。无论是在西方还是在中国，帝王、圣贤和企业家们在治理国家、管理社会、经营企业的过程中形成了独具地方特色和时代特征的管理思想。正是这些宝贵的文化精髓，为现代管理学的不断丰富和发展提供了取之不尽、用之不竭的源能量。在此，首先应厘清现代管理的研究范畴和中国传统文化中管理思想的框架。

一、现代管理理论发展的基本脉络

无论是古代西方还是古代中国，不乏优秀的管理思想，但管理与科学的结合直到20世纪初才开始，也是从这个时候开始，管理开始运用科学的手段去调查、测量、评估，使管理过程有了科学标准，管理效率的提高有了科学方法，管理的效果有了科学量化的评价，从而大大促进了管理的进步。

管理学的百年发展史是一个科学不断推动管理的过程。首先是被誉为"管理之父"的泰勒，他提出科学管理理论，将管理与科学联系在一起，接着是法约尔的一般管理理论及韦伯的组织理论。他们分别从个人、组织和国家三个角度来研究企业与社会组织的管理问题，以科学严谨的研究方法在管理实践中发现普遍的管理规律，使管理者摆脱了单凭经验和感觉的管理方式。

20世纪四五十年代，梅奥和罗特利斯伯格提出人际管理理论，20世纪50年代，马斯洛提出了需求层次理论，麦格雷戈提出人性假设理论，坦南鲍姆和施密特提出领导行为理论，而德鲁克的经验主义学派巧妙地将科学管理理论和行为科学结合在一起。这些理论的提出都极大地推动了管理学的发展。

20世纪60年代，大规模机器生产，跨国公司的出现，人们开始对战略问题予以关注，出现了以安索夫和钱德勒为代表的战略管理学派。20世纪70年代，对激励问题的关注，阿尔德弗在马斯洛的需求层次理论的基础上提出了ERG理论。20世纪80年代，波特的《竞争战略》再一次推动了战略管理学派的发展，也把管理学推到一个新的高度。

20世纪90年代，随着经济全球化及信息技术的突飞猛进发展，管理理论也随之不断进步，如迈克尔·哈默和钱皮的流程再造理论、彼得·圣吉的学习型组织理论都是管理理论的开拓性进展。特别是，卡普兰和诺顿在前人管理理论和实践的基础上，提出了平衡计分卡理论，这是一个战略管理工具，又是一个组织和个人绩效的评价体系。由此，管理思想开始了相互融合、集成和互补，为各种管理活动提供了思路、方法、工具和策略。

二、现代管理理论的基本范畴

现代西方的管理学理论是在大工业生产的前提下产生的，是在注重自我价值和追求法治的西方文化背景下顺势而生的。西方管理理论主要经历了古典管理理论、行为科学管理理论、现代管理理论三个阶段。由于思考角度不同，各个管理理论的研究内容也存在差异，但随着管理研究的深入，管理的研究范畴也基本框定，这里主要介绍一下管理、管理者、管理环境、管理职能方面的内容。

（一）管理

管理是在社会组织中，在一定的环境条件下，管理者通过实施计划、组织、领导和控制等职能，以人为中心来协调各种资源，以便有效率和有效果地实现组织目标的过程。这一定义可以从以下几个方面进行深入理解。

1. 管理以组织为载体

脱离组织，管理也不存在了，这种依附性决定了管理必须存在于一定的组织当中。管理的实施保障了组织的有效运作。可以说，任何组织都需要管理、都存在着管理。

2. 管理以实现既定目标为目的

管理不是盲目的，管理的目标是管理活动开始的时候就确定的，是管理活动的起点，也是管理活动追求的结果。管理的目标是衡量管理成败的标准，也是整个管理过程的纠偏依据，是管理绩效的考核标准。

3. 管理的执行是以职能活动来实现的

管理职能包括管理过程中各项行为的内容和一般过程。管理职能需根据管理过程划分为几个不同的部分，这些职能清晰、相对独立地履行职能，又能有机地结合在一起共同实现管理的目标。

4. 管理的对象是一切可协调的资源

这些资源包括组织中的人力、资本、信息、原材料、土地、厂房、设备、顾客等各种类型的资源。

5. 管理的追求是效率和效果

效率是指在管理过程中的投入与产出之间的比例关系，选择合适而有效的路径以最快的速度接近目标。追求效率是手段，目标是资源利用的最少浪费，即以更少的投入得到更多的产出。管理就是要使资源成本最小化、效率最大化。效率是以最佳的方式做事，也叫作"正确地做事"。效果是指组织目标的实现程度，是实际工作与组织目标之间的距离。可以说效果是直指目标的，它看重的是结果。所以，效果是"做正确的事"。

6. 管理的核心是协调组织中的各种人际关系

管理的本质是协调，协调就是使个人的努力与组织目标相一致，组织目标分解成适合的人完成，直到最后实现。管理目标制定后，目标需要进行分解，变成每个部门、每个人的工作任务，在这些不同的工作任务完成的过程中，部门与部门之间、人员与人员之间需要不断地配合、沟通，达到协调。由于管理的各个环节都需要依靠人去筹划、落实，因此管理的核心是处理组织中的各种人际关系，协调的方式、时间和范围都会影响管理目标的实现。

（二）管理者

在一个组织内，根据工作内容，组织内的成员可以分成两类：管理者和操作者。一般情况下，组织内的操作者为多数，操作者是指在组织中直接从事工作或任务且不负有监督他人工作责任的人，如工厂中的流水线工人、银行客服、餐馆服务员等。而管理者则是指在组织中负责分配、指挥、监督或协调他人工作的人。一个正常的组织内，管理者必有下属，并对其直接下属的工作成败负责；而操作者必有上级，其主要的任务是完成分内的工作。所以，管理者应是指所有执行管理职能并对组织目标实现做出实质性贡献的人。管理者大致分成三类：第一类是执行管理职能、对他人工作负有责任的人；第二类是承担特殊任务而不对他人工作负有责任的人；第三类是介于这两者之间的人。同时，管理者既是管理的主体，也可能是管理的客体。当他管理他人的时候，他是管理的主体；而他被人管理时，他就成了管理的客体。

1. 管理者的层级

按照管理者在组织中所处的不同层次，从下到上，可将管理者分为基层管理者、中层管理者和高层管理者（见图1-1）。

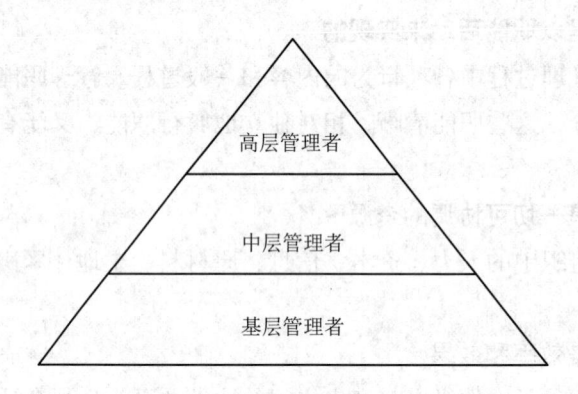

图1-1 组织中管理者的层级

（1）基层管理者。基层管理者是最直接的一线管理人员，主要负责直接指挥和监督实际作业人员的管理者，他们是整个管理系统的基础。

（2）中层管理者。中层管理者在组织中介于基层和高层管理人员之间，起承上启下作用的人。其主要职责为贯彻执行组织的重大决策和管理意图，监督和协调基层管理人员的工作。

（3）高层管理者。高层管理者是指组织中的高级领导人，对管理负有全面责任，主要任务是负责确定组织目标、制定战略、统筹计划、把握全局，以及对影响全组织成员的重大决策负责。

不同层次的管理者工作上的差别，不是职能的不同，而是各项管理职能履行的程度和重点不同。组织的层级虽有不同,但其工作的性质和内容基本上是一致的,都包括计划、组织、领导和控制几个内容,在组织中都负责协调人际关系、传递信息和制定决策等工作。

2. 管理者的素质

关于管理者的素质,有很多的学者进行了研究,虽然各有差异,但大体还是基本一致的。例如,法约尔的管理者六种素质包括:①身体——健康、体力旺盛、有活力;②智力——理解力、学习力、判断力、精力充沛、头脑灵活;③道德——毅力、责任心、自知之明、坚强、忠诚、尊重他人;④一般文化——具有不限于从事职能范围的各方面知识;⑤专业知识——技术或商业方面的知识;⑥经验——从业务实践中获得的知识,这是人们自己从行动中吸取的教训和记忆。

(三)管理环境

管理环境是指存在于组织的内部和外部影响组织绩效的各种力量与条件因素的总和。管理的环境不是一成不变的,当管理环境变化时,要求管理的内容、手段、方式、方法等随之调整,否则很难达到管理的目标。所以,需要根据环境因势利导、趋利避害,以更好地进行管理。

管理环境分为外部环境和内部环境,外部环境一般有政治环境、社会文化环境、经济环境、技术环境和自然环境。内部环境有人力资源环境、物力资源环境、财力资源环境及内部文化环境。

为了更好地分析管理环境,很多学者做了大量的研究,提供了许多行之有效的方法,如 SWOT 分析法、波特五力分析模型等。

(四)管理职能

管理职能是指管理过程中各项行为内容的概括,是人们对管理工作应有的一般过程和基本内容所做的理论概括。管理职能一般分为计划、组织、领导和控制。

1. 计划职能

计划是管理的首要职能。它是确定组织活动的目标,根据目标进行的事先筹划和安排,计划提供活动的步骤、方法和时间表等内容,计划的好坏直接关系到组织的活动能否有条不紊地进行。计划包含确定组织的目标,制定整体战略以实现这些目标,以及将这些计划逐层展开,以便协调和将各种活动一体化,这是一项具有前瞻性的工作。

2. 组织职能

组织职能很多,大致分为:任务确定是什么,谁去完成这些任务,这些任务怎么分配和组合,谁向谁报告,以及各种决策应在哪一级上决定等。组织职能发挥得好,表现在每个人都了解自己在组织工作中的地位,每个人都高效地发挥他们在组织中的作用,组织目标的实现过程有条不紊。组织关键是要协调组织中的全体成员与该组织的任务、目标之间的关系，使组织适应完成目标的需要，最大限度地发挥全体人员的积极性、主动性和创造性，使组织成为一个具有凝聚力的集体，调动所有资源，实现组织目标。

3. 领导职能

领导是指领导者依靠影响力，指挥、带领、引导和鼓励被领导者（下属）或追随者，实现组织目标的活动和艺术。它包括领导激励下属、指导他们的活动、选择最有效的沟通渠道、解决组织内部及与其他组织之间的矛盾冲突等。

4. 控制职能

控制是为了保证组织各部门、各环节能按预定的要求运作，而进行监视、纠偏的过程。控制贯穿于整个管理活动的全过程，在组织目标的实现过程中，不断地在计划制订与执行结果之间进行比较，发现两者之间的差距，找出这种差距的原因进而加以纠正，这个纠偏的过程在管理学中就称为控制。控制的目的是要保证实际工作与计划一致。

管理的四个职能是相辅相成、相互影响、相互作用、相互渗透、缺一不可的。每一个职能都有重要的作用及价值，缺了任何一个要素，管理活动都无法顺利进行、有序展开。每一项管理活动一般都是从计划开始，经组织贯彻、领导沟通、协调展开，最后对偏差及成果进行控制，以达到目标为结束。

三、中国传统管理思想的体系

中国传统文化博大精深，包括哲学、宗教、政治、经济、文学、艺术及社会生活等方方面面，本书主要选取中国传统文化中涉及管理并对现代管理具有启示意义的思想和理论进行分析，以管理学的体系为框架对中国传统文化中的管理思想进行梳理，主要分为制度管理、行政管理、财政管理、领导科学、社会保障、教育管理、战略管理、质量管理、人力资源管理、危机管理、市场营销 11 个方面。

（一）中国传统制度管理

制度是人类社会得以形成秩序的保证，社会需要稳定，就必须形成一定的组织，并在组织的规制下，以一定的、为绝大多数成员认可的方式或规则进行各种层面的交流与交换。中国古代的制度很多，其中政治制度和经济制度是对国家影响最深、最广的顶层设计。我国历史上，对政治影响最深的是君主制，结合世袭制、地方政治制度，加上君父伦理观念，架起了整个社会制度的基本框架。中国古代制度管理思想，如因道全法、法德相济、赏罚分明等在今天的制度建设和执行过程中依然具有很高的理论价值。

（二）中国传统行政管理

行政管理是国家行政机关运用国家权力，为实现统治阶级的意志和利益，通过领导、计划、组织、协调、控制等环节和手段所进行的一系列依法管理国家和社会事务的管理活动。中国历朝历代的统治者，为维护统治，都非常重视行政管理，在管理方法、手段、流程等问题上进行了深入的研究，主要体现在中央行政、地方行政及官员的任用和监察方面。中国古代行政管理思想对我国当下的管理影响深远，有糟粕，也有精华，如在位谋政、崇公尚廉、上下同欲等就是对现代管理极具有积极意义的思想。

（三）中国传统财政管理

财政管理，是指政府对财政收支所进行的管理，是政府为了履行社会管理职能，对所需的物质资源进行的决策、计划、组织、协调和监督活动的总称。中国古代政府管理更加倾向于政治统治，对经济的管理相对较弱，但经济基础决定上层建筑。当一个王朝经济发展，人民生活相对富足，社会自然较为安定，统治者的政权也相对更加稳固。在古代，财政收支是否平衡是一个王朝兴衰的标志。中国历代王朝在财政管理过程中不乏一些有益的思想，如义利统一、"入多出少乃谓功"及生财理财之道，对今天的财政管理也不无裨益。

（四）中国传统领导科学

领导是领导者运用自身的条件（如权力、人格魅力、知识等），为完成某个具体目标而努力工作的全过程。中国古代在高度集权的行政体制下形成了一套庞大的、等级森严的官僚体系，滋生了官僚主义的领导方式，严重阻滞了社会发展。但中国传统领导科学也不是一无是处，依然可以从中找到许多合理的成分和值得后人学习的地方，如以德为先、经世致用、三贵四毋等，在领导素质培养和领导方式优化等方面都有积极的推广价值。

（五）中国传统社会保障

社会保障是以政府为主体，依据法律规定，通过国民收入再分配，对公民在暂时或永久失去劳动能力及生活发生困难时给予物质帮助，保障其基本生活，以及全面增进社会福利的举措和制度安排。中国古代的社会保障虽然不成体系，但相关理论和实践直到今天依然具有现实价值，如以民为本、天下大同、互助互利、有备无患等都对今天的社会保障有重要的启示意义。

（六）中国传统教育管理

教育管理是教育管理者运用一定的理论与方法，在特定的条件下，合理配置教育资源，引导组织教育人员完成教育任务，实现教育目标的一种活动。中国历来注重教育的规范化，建立了较为完整的教育行政体系和学校管理制度。虽然中国古代教育并未面对大众，但教育管理的体系化还是非常完整。在我国古代的教育实践中，有教无类、传道授业解惑、齐之以礼等教育思想，对今天教育体制改革和素质教育的推广都具有非常重要的参考价值。

（七）中国传统战略管理

企业战略管理是确定组织使命，根据组织外部环境和内部经营要素确定组织目标，保证目标正确落实并使组织使命最终得以实现的一个动态过程。中国传统战略思想博大精深，特别是《孙子兵法》《三国演义》《三十六计》和《资治通鉴》等作品最为突出，其中的很多思想，如不畏强敌、冷静慎战、"五事、七计"、出奇制胜、因利而动、为将五德（智、信、仁、勇、严）和五危（必死、必生、忿速、廉洁、爱民）等，已经运用到当下的企业管理中，收效显著。

（八）中国传统质量管理

质量管理是指导和控制组织中与质量有关的相互协调的活动。指导和控制与质量相关的一系列活动，通常包括质量方针和质量目标的建立、质量策划、质量控制、质量保证和质量改进。虽然中国古代对产品质量的管理没有今天成体系，有关的产品质量、产品市场准入、产品质量检验、产品质量责任等制度不能和今天相提并论。但当我们看见几百年前甚至几千年前的古代工艺品依然熠熠生辉，令人惊叹，有的今天依然可以正常使用，而有些文物的精巧技艺在科技发达的今天人们都还未曾参透。除了技艺以外，那些古代严格的质量管理制度是这些产品质量的保障，如精益求精、诚者天道、巧诈不如拙诚等思想值得今天的生产企业和质量管理部门反复思考。

（九）中国传统人力资源管理

人力资源是为社会创造物质、精神财富，推动社会和经济发展的具有体力劳动和智力劳动能力的人的总称。人力资源管理是对人力资源的战略规划、获取配置、整合开发、调控激励、维持保障。中国传统的社会秩序，不是光靠法律来维系的，还靠宗法、纲常来维持，是"人治"结合"法治"的状态。所以，对人的管理、对人才的选拔和任用是历代帝王在管理中的重要内容，其中对人才的争夺更是在诸侯纷争和改朝换代之时达到白热化的程度。在众多的记载和文学作品里，我国人力资源管理的内容非常丰富，很多在今天依然是非常客观和有效的，如唯才是举、不拘一格、富贵敬誉等都是人力资源管理方面的思想精华。

（十）中国传统危机管理

危机管理是政府或其他社会组织通过监测、预警、预控、预防、应急处理、评估、恢复等措施，防止可能发生的危机，处理已经发生的危机，达到减轻损失，甚至将危险转化为机会的目的，以保护公民的人身和财产安全，维护社会和国家安全。由于通信和交通的限制，古代危机管理的效率和效果不能与今天相提并论。但在中国古代依然具有灾情奏报、灾情勘验、应急处理、稳定恢复等完整的危机管理体系，其中很多危机管理的思想，如福祸相依、未雨绸缪、临事而静等都是永不过时的。

（十一）中国传统市场营销

市场营销是在创造、沟通、传播和交换产品中，为客户、合作伙伴及整个社会带来经济价值的活动、过程和体系。虽然现代的市场营销远远地超越了中国古代的市场营销的内容和方式，但那些真挚、朴实、原始的营销方式依然在今天发挥着作用，而且许多百年老店、地方品牌中也可看出中国传统营销的端倪，"买必随时，卖需当令"、公平交易、广行招徕、察言观色等营销经验对今天的市场营销依然具有启发意义。

第二节 中国传统文化与现代管理融合的条件

中国历史悠久，文化延续性强，无论时代如何变迁，国人自身的思维特色和根基都依然存在。在管理理论的运用过程中，中国的管理者本着"拿来主义"的精神，不仅洋为中用，而且古为今用，以西方管理学为框架，融入我国的管理思想，结合当下的管理实际，提升管理的效率。就像王国维先生所说的，"我们要做的不是改变中华文化，或消灭中华文化，而是使这种文化转型以适合世界潮流"。因此，在开放和变化的中国，为更加有效地实施管理工作，不仅是理论联系实际的问题，而且是用适合的理论联系当下的课题。而适合的理论，需要将中国传统管理和现代管理融合起来。同时，这种融合，也是对现代管理学的一种有益的补充和完善，对管理学的发展和进步也具有非常重要的意义。

一、经济条件

我国的管理学思想形成于漫长的奴隶和封建制时代，管理的目的是固国安民。中国式管理非常重视管理者的德行，施政强调以民为本，民安则国安。管理者常怀儒家的忧患意识，一如范仲淹在《岳阳楼记》写道："居庙堂之高则忧其民，处江湖之远则忧其君"。而西方管理学思想是在工业化发展的基础上建立起来的，目的是提高生产效率。西方管理学更多具有科学的实验和统计依据，这是我国需要着重学习的地方。随着我国经济的发展，工业化、城镇化的进程不断推进，人们不再如封建时代时被捆绑在土地上，而是拥有更大的发展空间和活动半径。对西方管理学的引进变得非常热门，建立在科学基础上的西方管理学在中国大受欢迎，各种绩效考核、各种标杆管理不断地被运用。经过多年的发展，各种管理实务不断跟进，我国的生产效率和产品质量不断提高，中国也已一跃成为世界第二大经济体。但在管理实践中，却出现了一些令人扼腕的问题。这些是西方管理学运用不到位，还是传统文化中的某些优秀管理思想的缺失，抑或二者兼而有之？中国经济稳步向前，中国管理亦要不断革新跟进。这不仅需要外取，向西方管理学取经；而且需要内收，吸收我国传统文化中的管理精髓，以更好地服务于我们的管理实践。

二、理论条件

中国的管理思想体系化不足，而且各家渊源不同，派系林立。理论的创立者往往由于各种原因，提出思想后没有机会进行管理的实际操作，都是留待后人进行开发和进一步实践，这些理论的创立者大多只是思想家。在后来的许多管理实务有这些管理思想家的影子，追根溯源可以寻找到理论的源头。但后来的管理者在具体管理的过程中或由于理论水平不高，或为提高管理的权威性，很多的践行者喜欢引古法以服众，牵强附会有之，张冠李戴有之，无中生有亦有之，很难实现理论与实际的契合，更谈不上超越和创新。这点与西方管理学相差很大，西方很多管理学派的学者大都是亲自设计实验、亲自实施计划，不断地调整改革，思想具体化为实验，实验提炼出理论，一次次地实践总结。实证是其理论不可缺少的环节，这些管理学家其本身既是理论家，又是优秀的管理者。比较我国的管理思想和西方的管理理论后发现，两者在很多方面有类似和契合之处，思想虽不同源，但亦归于一处，如"一生二，二生三，三生万物"的道法自然的系统管理思想，与彼得·M.圣吉的组织理论存在相似的出发点；如孟子的"性善论"、荀子的"性恶论"与道格拉斯·M.麦格雷戈的X-Y理论对人性的思考有许多类似的地方；儒家"修身、齐家、治国、平天下"在个人成就中的顺推关系，与马斯洛的需求层次理论在结构上有类似的考虑；儒家的"爱有等差"理念对亲缘、地缘关系的强调，与霍桑的人际关系学说中的正式组织和非正式组织的分析似有同样的出发点；等等。

三、心理条件

中国人对待西方文化思想从全盘否定，到接受，再到"拿来"落地，经过了一百多年的时间。当今时代，科技发展了，使"拿来—吸收—运用—改进—再运用"的过程变得更加迅速。情感沟通的方式改变了，但情感本身却从未变化，中国人对乡土的眷恋，从每年的春运就可以看出来。中国人深层的心理依然希望回归不被束缚的田园生活，期待大家庭的和谐融洽。这使得即使给予几倍的金钱激励，人们依旧不为所动，即便千山万水都要回到故乡，即使只是待上几天，也感到无比的愉悦，这是无法用金钱来衡量的快乐。当下国人的职业倦怠如此之深、抑郁症的比率如此之高，管理的适应性似乎是需要着重考虑的问题。中国儒家的"仁者爱人"、道家的"与民休息"的思想，与现在一些西方人本主义管理思想有异曲同工之妙，需要在管理实践中不断吸收和运用。

四、资料条件

自有历史记载以来，中国大地经历过数不清的战火洗礼和文明浩劫，但我国的历史资料可以说基本保存完整。从史料看，商代以来，中国就具有了严密的组织制度和国家机器。三千多年来，江山易主，改朝换代，但辽阔的国土和众多的人民基本上在国家机器的管理控制之下，分分合合，生生不息。历史上，小到家庭管理，大到地方管理、行业管理，直至国家管理，都在各个层面上计划、组织、领导、控制着国人完成一个个目标，规范着一日又一日的行为。不同氏族的家规、家法，不同地域、行业的地方公约、行业公约，历代王朝的制度和法律在历史上不断地兴废和修订。在这个过程中，管理实践和经验不断地实施和总结。"管理的内容""管理的方法""管理优劣的评价标准"也成为我国各类管理者、学者不断探讨的话题。浩如烟海的经史子集、大量的古典著作蕴含着丰富的管理思想，记录着各类管理活动。历朝历代的思想家、政治家、文学家写的散文和议论文，甚至小说、诗歌、笔谈等，都从当时的历史背景出发，直接或间接地表达着作者对管理家庭、地域、行业、军事、国家等各类事物的看法和观点。这些与"管理"有关的文献都体现着我国历代人民的管理才华和管理智慧，对我们今天的管理实践具有极强的参考价值。当然，也不可回避的是，我国的管理思想虽然非常丰富，但管理的体系性却严重不足。这使很多管理思想和管理经验如珍珠般散落在历史文献资料的大海之中，随便翻阅时虽有惊喜和启发，但仍需要不断地挖掘和整理，才能使其重放光芒。

第三节　中国传统文化与现代管理融合的意义

中国传统管理思想的生命力，体现在与当下管理实践的接轨上，这是现实价值，也是检验其意义的标志。本书较深入地讨论了中国传统管理思想与现代管理学的融合，展示着现代管理的"刚柔并济"，指引着管理中"人"的回归，丰富了管理的理论，再一次提升了中国传统管理思想的价值和意义。

一、中国传统文化丰富了现代管理的内涵

西方管理学更加注重管理的"工具性"，强调可操作性，所以更加注重管理的制度化、定量化和严格化。直到梅奥的行为科学学派才开始有所改观，着力解决效率与人性之间的矛盾，将"人"定义成"社会人"而非"经济人"。但今天，在许多领域，管理依然意味着"严格制度""物质激励""责权明确""绩效评价"等科学管理学派的管理方法。如果被管理的是物品、资金、信息等，运用西方管理学的量化管理，管理效果和效率都会很高。但如果被管理的是人，完全的量化管理则显得冰冷而无情。流水线式的苛刻管理、淡漠的人际关系、动辄得咎的工作氛围，都将极大地影响员工的积极性和工作热情。中国传统的管理是依法治人、以情感人、以理服人三者的结合，将人放在非常重要的地位，要求管理者尊重人、关心人、鼓励人。在中国，"人"的这种社会性更加明显，每个人都处在各种管理和被管理的角色当中，这种角色的充当和转换将每个成员

都纳入一张角色责任网。在这张网里，每个人"在其位，谋其政，担其忧"，各司其职。所以，应把人作为有差别又有共同愿景的个体，而不是无差别独立存在的机器，这种"以人为本"的思想是对现代管理的一种深入，使得管理不再浮于表面，而是深入人心。

二、中国传统文化拓宽了现代管理的范围

西方管理将管理的内容进行划分，在这个基础上成立不同的部门，各部门分工合作，哪个部门有问题就找哪个部门解决，看起来责权明确，无懈可击。但现实的情况是有些部门的问题不仅是这个部门的问题，可能是受某些部门的牵连；或几个部门同时出现问题但此部门的问题为显性，而其他部门的问题隐性或延迟反应。如果只找某个出现问题的部门解决问题，往往只是在"头疼医头，脚痛医脚"，治标不治本。"学习型组织之父"彼得·M.圣吉看到这些问题，以系统思考代替机械思考，以整体思考代替片段思考，以动态思考代替静止思考，撰写了《第五项修炼：学习型组织的艺术与实务》一书，以直逼本源的思考方式，建立学习型组织，来提高企业的"群体智力"。这种系统的观念在中国传统文化中非常普遍，中国人历来强调"牵一发而动全身"，强调整体观念。一如中医对于病患，强调"调理"整体身心一样，不赞成直指病灶、立下猛药。在管理实践中，儒家认为"修身齐家治国平天下"是从自身出发着眼天下；道家强调"天人合一""道法自然"，以不折腾为原则，避免为"管"而"管"的"伪"；兵家强调管理在"道、天、地、将、法"等管理要素紧密配合下才能更好地实现。这些系统的观念在许多管理的实践中，可以提示我们随时关注周围，随时对照自身，通观全局，系统思考。

三、中国传统文化增加了现代管理的和谐度

管理学发端于工作动作的研究，泰勒等的科学管理学派以"积极性"加"刺激性"的管理原则，科学地挑选工人，以雇主和雇员达到共同富裕为目的，以期工作效率达到最高。共同富裕是一场"精神革命"，也是一种管理的理想状态。"精神革命"是基于科学管理的理念，认为雇主和雇员双方的利益是一致的，对于雇主而言，追求的不仅是利润，更重要的是事业的发展。而事业的发展不仅会给雇员带来较丰厚的工资，而且更意味着充分发挥其个人潜质，满足自我实现的需要。但现实并非如此，雇主总是逐利的，为提高产量、节约成本，雇主不断地盘剥工人。工人一不劳动就衣食无着，根本无法视厂为家，更谈不上什么自我实现。所以，科学管理成就了更加冰冷的工作与收入之间的紧密连接。而现代管理要认清各方的利益诉求，效率提高的结果是各方的利益都得到最大化的合理满足，整个管理过程又是和谐和较少冲突的。所以，随着管理的深入，管理应更加倡导人本，注重和谐。在某种程度上可以说，在管理过程中更加注重协同合作、利益共享、风险共担。中国传统文化认为"君子和而不同，小人同而不合"，强调各种不同要素共存并和谐共处，而非抹杀个性，强调同一性。这种和谐观念加深了雇员

与企业的感情，职员对管理的参与度越高，越容易产生一种归属感和价值感，管理的流程将更加顺畅。这也是孟子强调的"天时不如地利，地利不如人和"。所以，中国传统文化的和谐始终围绕"人"这个核心，既强调个人的自我修养，又主张"修己安人"，同时以天下为己任的责任意识，推动事业不断取得成功。

四、中国传统文化加强了现代管理的灵活度

为保持企业的核心竞争力，谋求企业的长足发展，20世纪60年代，来源于战争的"战略"一词被引入管理学界，渐渐形成巨大影响，战略管理学派由此产生。许多战略管理大师立足不同的理论假设和观察视角，得出了许多战略管理的模型和分析工具，推动了管理学的发展和进步。而在中国，先秦兵家在战略上的论述，在今天看来依然具有非常强的现实意义。兵家管理文化的一个基本原则是，所有兵法或管理行为方式，都像水一样，即"兵无常势，水无常形"。在实际运行过程中，由于各种客观、主观条件的变化，人所面对的环境，都不会静止不变。种种复杂情况，随时可能出现，像水一样，因形而形，因形而动。所有的管理决策必须遵循一个原则——兵形象水。综合地看，兵家思想都是围绕着管理主体如何改造、构筑、操作客体世界这一总观念展开的，由"道、天、地、将、法"等兵家管理战略要素组成，同时强调"兵无常势""战无常法"的柔性管理，以灵活机智的战术操作程序适应不同现状。当下社会发展日新月异，各种新鲜事物不断涌现，如何灵活应变，适应迅速变化的世界，是管理学的一个重大课题，兵家的管理学思想或许能给我们带来更多的启示。

【复习与思考】

1. 谈谈你对中国传统管理思想的看法。
2. 中国传统文化与现代管理融合的条件有哪些？
3. 试阐述中国传统文化与现代管理融合的意义。

第二章

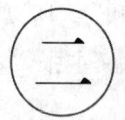

传统文化与制度管理

【本章导读】

本章首先对制度管理进行了概述，然后对中国古代的政治和经济制度进行了简单介绍，最后详细地论述了中国古代制度管理思想对现代管理的启示。中国古代的大部分制度由于其落后性已经无法适用于今天的政治和经济管理，但当很多引进的和新创的制度无法提高社会效率和效益的时候，我们又重新把眼光投向传统，投向中国式管理的深处，以此重新审视当下的各项制度。中国古代的制度管理思想，如因道全法、法德相济、赏罚分明等管理思想，符合中国的国情，放在今日亦是行之有效的。

【学习目标】

了解制度管理思想与中国古代主要的管理制度，通过对中国古代制度管理的分析，进而思考中国古代制度管理思想对现代管理的启示。

第一节　制度管理的概述

制度是人类社会秩序的保证，任何组织的管理都离不开制度。凡勃伦是旧制度经济学中最早给制度下定义的人，他在《有闲阶级论》（1899年）中将制度定义为：制度实质上就是个人或社会对某些关系或某些作用的一般思想习惯，而生活方式是由在某一时期或社会发展的某一阶段通行制度的综合构成的。因此从心理学角度来说，可以概括地把它说成是一种流行的精神态度或一种流行的生活理论。而康芒斯在他的《制度经济学》中写道:"如果我们要找出一种普遍的规则,适用于一切所谓属于'制度'的行为,我们可以把制度解释为集体行为控制个体行为。集体行为的种类和范围很广,从无组织的习俗到那许多有组织的所谓'运行中的机构',如家庭、公司、控股公司、同业协会、工会、联邦储备银行及国家。大家所共有的原则或多或少是个体行动受集体行动的控制。"麦考密克和魏因贝格尔在他们合著的《制度法论》中写道:"制度概念是用规则或通过规则表述的,规则的任何出现、发展或进化的过程都可以是制度的出现、发展或进化的过程。而规则又可以细分为创制规则、结果规则和终止规则,这种三合一的规则结构提供了法律制度的结构。"

如今,我们对制度的定义,一般认为是要求大家共同遵守的办事规程和行动准则,是实现某种功能和特定目标的社会组织乃至整个社会的一系列规范体系。制度的第一含义便是指要求成员共同遵守的、按一定程序办事的规程。汉语中"制"有节制、限制的意思,"度"有尺度、标准的意思。这两个字结合起来,表明制度是节制人们行为的尺度。

在组织内,制度使组织成员以大多数人认可的方式和相对固定的规则进行不同层次的交流与协同。制度时时刻刻规范、指导和约束着个人的行为。个人只有在遵守制度的前提下才谈得上自由,因为任何违反制度的行为都会受到组织成员的集体抵制或纠偏。当然,制度也不是一成不变的,世易时移,任何制度都不可能永远不变。制度的改变,需要与时俱进的同时,还需要相当的勇气,因为制度的改变对组织和组织内的成员均会产生巨大影响。因此,制度实质就是集体行动控制个体行为。这种对个人行为的控制,其目的和结果应对大多数人有益,这也是判断一个制度优劣的标准,也是该制度是否需要改变的基础。

组织制定一系列的制度,其中有可辨别的正式制度,也有难以辨识的非正式制度,这些制度是组织用来规范组织成员行为。按照斯金纳的操作条件反射理论,制度一旦制定并执行,人们会按照这些标准形成特定的行为习惯,条件反射式去做什么,不做什么,以及怎样做。长久以后,组织成员将贯彻执行该制度进入集体无意识的状态,组织成员的自觉执行行为和对他人违反制度的抵制情绪将同步产生。这样的集体行为一方面是对个体行为的控制,但在控制的范围内个体也得到解放,"游刃有余而不越矩",个人将免受强迫、威胁、歧视或者不公平,之后更加遵守该制度。

一、制度的构成

诺斯认为制度是一个社会的游戏规则,更规范地说,它们是为人们的相互关系而人为设定的一些制约。他将制度分为三种类型,即正式规则、非正式规则和这些规则的执行机制。

第一,正式规则又称正式制度,是指政府、国家或统治者等按照一定的目的和程序有意识地创造一系列的政治规则、经济规律及法律法规，以及由此构成的社会等级结构，包括从宪法到成文法与普通法，再到详尽细致的规则和契约等，它们共同构成人们行为的激励和约束。

第二，非正式规则是人们在长期实践中无意识逐渐形成的，相对于正式规则而言，非正式规则的生命力更加持久。非正式规则是文化的一部分，世代相传，主要包括价值信念、伦理规范、道德观念、风俗习惯及意识形态等方面的内容。

第三，执行机制是为了确保上述规则得以执行的相关措施和安排，它是制度真正落实的关键一环。

二、制度的特点

（一）指导性和约束性

制度的指导性体现在规范组织内的人员做什么、怎么做，同时也明确指出不能做什么，违背后的处罚是什么。

（二）鞭策性和激励性

制度形成后，以印发下传的方式晓以利弊，广而告之，某些重要制度还会在工作场所张贴或悬挂，随时鞭策和激励着人员遵守制度，并方便随时查阅。

（三）规范性和程序性

制度的制定必须以有关法律法规为依据，制度下发前必须通过多次调研、反复论证，谨慎下发，才能体现制度的严谨性和科学性。一个好的制度能将工作程序规范化、岗位责任法规化、管理方法科学化。

三、制度的功能

（一）社会协调和整合作用

一个好的制度是符合大多数人利益的，对遵规者的鼓励和对违规者的惩罚明确清晰，各司其职，协调有序，衔接合理，统一整合。所以，制度是社会规范的一个重要的手段，在制度的规范下，人们参照制度行为，社会秩序将得到保障。

（二）对资源进行分配和提高经济效益

制度的产生和形成本身是在一定社会环境下形成的有效管理方式，制度的科学性能对有限资源进行分配。制度保障秩序，而秩序又是提高经济效益的保证。当一项制度存在分配不公，限制了经济效益，人们必将难以认同，对其进行调整。

（三）提供物质资源和精神价值的保障

制度对组织内人的生命和财产安全进行保障，对人自我价值的追求进行鼓励，同时制度的制定是在保证遵守制度者的尊严、自由、平等的基础上制定的，只有使在组织内的人内心安定，才有维持制度的信心。

（四）建立社会系统的基本架构

任何组织都是有一定的范围，但组织不是僵死的，组织以组织的名义或组织内的成员以个人身份与组织外的人员进行交流。所以，制度是在组织的开放性和封闭性之间找到适度的平衡。在封闭性空间里，它应当有利于促进组织内部增长，为组织的存续和发展提供必要的凝聚力；从开放性角度看，制度系统必须保持与外界的沟通与交流，从外部的学习和交流中找到促进本组织增长和进化的动力。

四、制度的本质

（一）制度是以执行力为保障的

没有有效的执行，再好的制度也是一纸空文。制度只有执行才能实现，制度的规范约束作用才能发挥。制度如尺，若没有真的用来测量，也是一根普通的木条而已。所以制度的制定只是开始，条条框框的文字要落到人们的行为中，还需要在执行中一步步地实现，其作用才能发挥出来。可以说制度的执行是将制度从静态发展到动态的过程。通过对制度的执行，人们对制度的理解将更加深刻，遵守起来会更加容易形成习惯。无形的规范内化到组织成员的内心，引导或约束着组织成员的行为。这是一个从外到内，又由内及外的过程。反复循环，组织成员执行制度的自觉性会不断加强。而束之高阁的制度不会有人遵守，可以说是"死"的制度，根本没有约束力和规范性。当然正式的制度执行起来一般比较严格，如国家的法律或法规，越是规范的组织执行制度越坚决，如国家政府机关、政法部门、军队等。而非正式制度的执行往往靠舆论、道德和人际关系，相对来说，执行力会差一些。

（二）制度是交易协调保障机制

随着社会的进步、经济的发展，组织与组织间、组织成员间、组织成员与其他组织及成员间的交流合作日益增多。新制度经济学把人们的一切交互行为都看作交易，交易的多样化和复杂性，加上信息的不对称性，交易中的欺诈、偷懒及搭便车等行为在所难免，这就需要一个协调机制来促进公平交易的实现。另外，在复杂交易中各行为主体的意愿发生抵触的情况也时有发生，所导致的利益冲突和摩擦致使交易无法顺利进行，这就需要一个协调机制来促进交易的实现。最初这种协调的工作由有威望的人来调解和审判，促进共识、达到谅解。随着经验逐渐丰富，加上文字的出现，一些经验被记录下来，经过整理形成了调解的原则和方式。这样调解机制渐渐形成了，各方的利益都得到保障，共同维护制度的继续执行。这正是契约论所描述的制度自然形成的过程，因此，可以说制度实质上就是一种交易的协调保障机制。

（三）制度指导交易中主体间利益分配和交易费用分摊

新制度经济学认为，产权是受制度保护的利益。一切交易行为发生之前就必须先界定产权，这关系到成本与收益的核算，但产权界定本身也需要成本，行为主体间为此进行了相互的博弈，博弈的结果需要以某种具有约束力的方式即契约或制度确定下来，才能保障之后的交易按博弈的结果顺利进行。所以，契约与制度存在着一定的共性，那就是在交易过程中起到权利分配和义务分摊的指导作用。可以说，契约是制度中比较特殊的一种形式，其发挥作用的时间比较短，一般只针对单次交易行为；而制度所发挥的作用从时间上看比较长久，调节范围一般较广，对于同类的或相似的交易都是适用的，所以产权界定后一般会以制度的方式确立下来，即产权制度。在产权制度的基础上，人们之间的合作或交换，就可以看作是产权的交易。可以说，制度协调交易的过程，实质上就是一个指导交易行为主体的交易费用（人与人之间的交互行动所引起的成本）分摊和利益分配的过程。

第二节　中国古代制度管理的概况

翻开古代的官方历史资料，除了纪年记事外，最多的要数各种制度的记载。这些制度全面而系统，保障了中华民族历经千年依然人心不散，聚力安邦。虽然今天看来，有些制度已经陈旧，但很多在当时可以说是适应时代发展需求的，在稳定社会、提高社会运作效率方面发挥着无可替代的功用。本书将其分成政治制度和经济制度两部分，简略概括，涉及的具体管理制度将在以下的章节分而述之。我国历史上，政治制度方面影响最深的是君主制，结合封建土地私有制等经济制度，加上君父伦理观念，架起了整个封建社会的基本制度框架。

一、政治制度

（一）君主制

我国历史上最早的国家是夏朝，君主制也起源于夏。但由于年代久远，文献缺失，对夏的记载基本是后人的追述。到了商代，从殷墟出土的甲骨文可以看出，当时的君主制已经相当稳固了。武王伐纣后建立周朝，分封诸侯，加入了宗法制的成分。从此，君主制确立，同时从上到下构成了一个严密的政治体系。《孟子》一书追述了这套君主制度的大致情况：天子一位，公一位，侯一位，伯一位，子、男同一位，凡五等也。君一位，卿一位，大夫一位，上士一位，中士一位，下士一位，凡六等。天子之制，地方千里。公侯皆方百里，伯七十里，子、男五十里，凡四等。不能五十里，不达于天子，附于诸侯曰附庸。天子之卿受地视侯，大夫受地视伯，元士受地视子、男[①]。由此可见，周时代的君主制度，是以土地为基础、以爵秩为名号的一个宝塔形结构。到了周后期，由于铁器的出现及经济的发展，社会也发生了巨大的变革。

在周天子统治下的许多公、侯、伯、子、男诸国，相互战争、兼并，结果周王室被大大削弱。秦王嬴政击灭六国，统一天下，建立秦朝，建立了皇帝制度。该制度规定，君主享有至高无上的权力，这一权力为绝对权力。这种权力登峰造极，君主集全国行政、立法、司法等权力于一身；一切财物皆归君主所有；一切国家官吏，都是君主的臣僚；一切人民都听从君主的指令。同时，君主自称"天子"，受命于天，权力无边。无人可以限制君主的权力，而君主的权力又是无所不包的。君主制是终身制，无论其智力、体力、精力是否能承担君主的职责和任务，君主都是终身为君的，其他人如果窥视皇位，视为谋反。正是由于君主拥有这种无边无际又不受约束的权力，导致在其位者自我膨胀后无法自拔，肆无忌惮地胡作非为，同时又诱惑着不在位者铤而走险，如飞蛾扑火般地去争夺帝位。

（二）世袭制

君主虽然是终身制，但人终究逃不过自然规律，人总会死亡，会离开人世。君主逝去之后，谁来继位为君就成了一个非常重要的问题。我国古代，君主除非改朝换代，一般采取的是父死子继的方式。

"父死子继"这个原则，早在奴隶制时代的西周已经确立。虽然也有过"兄终弟及"的王位继承案例，但都是例外，且遭到史家抨击。春秋时期，宋宣公认为幼子尚弱，便将王位传给其弟。其弟继位后，临死，把王位交还给宣公的儿子。但这时宋宣公的侄子不服气，出来争位，并刺杀了宣公之子。从此宋国大乱，五世不绝。孔子严厉批判了此事，在《春秋》中说："宋之祸，宣公为之。"因此，在中国古代即使子嗣年纪幼小，一般也会传子。

"父死子继"的皇位继承原则只是保障了大权不会旁落，却无法保证接班人的品行。因为这种选择方式，其选择的范围非常狭窄。但这种狭窄正是在位的君主喜欢看到的，这样可以打消掉其他人对王位的觊觎，从制度上保障了自己后代在自己死后依然站在权力的顶端。完全服从于家族的血缘关系，实则是根据生物的血统论的皇位世袭制。但君主的权力又无所不及、无所不包，没有限制，如果无道之人掌握了这至高无上的权力，百姓在水深火热之中就在所难免了。

[①] 孟子.孟子[M].段雪莲，陈玉潇，译.北京：北京联合出版有限责任公司，2015.

(三) 宗法制

在周朝，宗法制就已经确立，并将宗族分为大宗和小宗。周王为天子，自然是天下大宗，除嫡长子以外的其他诸子被封为诸侯，即为小宗。各诸侯对天子而言是小宗，但在其封国内却是大宗。以此类推。经过各王朝的统治者对宗法制度的加工和改造，逐渐形成了融汇政权、族权、神权、夫权的封建宗法制。宗法制在政治方面的最重要的表现体现在理论上整个社会"家国同构"，这个理论精致而融通。"家国同构"是指家庭或家族与国家在组织结构方面具有共同性，也就是说不论国家或家族、家庭，他们的组织系统和权力结构都是严格的父权家长制。家国同构的共同性具体表现为"家是小国，国是大家"。在家庭或家族内，父亲地位尊，权力最大；在国内，君主的地位至尊，权力最大。所以，父为家之"君"，即"家人有严君焉，父母之谓也"[①]。而君为国之"父"，即"夫君者，民众父母也"[②]。所以，家国同构是以君与父互为表里的，这在理论上使得国与家达到沟通。因此，才有"欲治其国，必先齐其家"的说法[③]。家国同构直接导致了家庭成员和国家子民品质的统一，这就是忠、孝同义，也即"求忠臣于孝子之门"之说。忠的内容和孝一样都是对权力的绝对顺从，所不同的仅仅在于他们所顺从的对象不一样。宗法关系通过这样的巧妙连接，渗透到社会各个方面，它掩盖了阶级的不平等，以看似合理的类推，使得国民、家人顺从国君和家长的权威，达到权力层层递进式的稳固。

二、经济制度

(一) 土地私有制

我国封建时代最基本的经济制度就是封建土地所有制。经济基础决定上层建筑，封建时代，土地是最重要的生产资料，拥有土地是拥有权力和财富的象征。从秦朝开始，君主制确立了国家范围内所有的土地都是君主所有，封建土地所有制完全确立。秦朝开启了郡县制，与郡县制建立的同时，土地的经营方式也改变了，这就是佃耕制度的兴起。佃耕制度兴起的前提条件是土地的私人占有。在封建时代，财富与权力高度集中，土地是不动产形式的财富，同时利用土地的所有权控制民众是当时阶级压迫的重要手段。封建地主占有的土地的同时，还控制了依赖土地生存的人民，供自己驱使，甚至拥有了对这些人生杀予夺的权力。所以，土地私有制是对封建君主制的经济保障。

由于土地私有，土地便可以自由买卖，表面上这很公平，价高者得，自由交易。但购买土地需要资金，而资金却不是人人都有的。大量的资金往往掌握在豪强地主手中，

[①] 黄寿祺, 张善. 周易译注 [M]. 上海: 上海古籍出版社, 2007.
[②] 欧阳修, 宋祁. 新唐书 [M]. 北京: 中华书局, 1975.
[③] 胡平生, 张萌. 礼记 [M]. 北京: 中华书局, 2017.

用这些资金去购买土地,通过已拥有的土地所制造的财富再去购买新土地,财富如滚雪球一般,大量地聚集,造成"贫者越贫,富者越富"的现象。同时加上豪强手中的权力和军队,巧取豪夺、强买强卖或直接抢占时常发生,土地逐渐集中在少数人手中,造成土地兼并。兼并的结果有时候会直接威胁帝王的地位,这是连帝王都不愿看到的。但贯穿整个封建时代,这个问题一直都得不到很好的解决。土地的矛盾一旦激化到无法调和,改朝换代似乎在所难免。新的王朝夺取了前朝皇室和豪强等的土地,进行重新分配,矛盾暂时得到缓解。但由于土地是私有的,随着时间的推移,土地不断交易,有些人必然渐渐失去土地,失去的土地渐渐又会聚集到少数人手中,贫富差距拉大,阶级分化明显。

(二)货币制度

秦朝建立之初,秦始皇统一了货币。但西汉建立后,货币并不是统一的,各诸侯都有铸币的权力,而且铸币比较随意,重量不同,价值不同。武帝时将铸币权收回,下令禁止郡国铸钱,把全国各地私钱运到京师销毁,并废文帝时的四铢钱。此后,西汉成立专门的铸币机构,由水衡都尉的属官——钟官、辨铜、技巧三官负责铸造五铢钱,成为当时唯一合法的货币。由于钱种统一、质量统一,方便流通,极大地促进了商业的发展。从此以后,各朝的铸币权皆归中央,并严禁地方造币,并将私造货币皆视为重罪,所造之币皆以皇帝年号刻于铜钱之上。

(三)赋税制度

赋税是封建国家的收入来源,是政府赖以运转的经济基础。西汉王朝建立之初,赋税主要有田赋、口赋、献费三种。唐朝继续实行均田制,624年颁布《均田令》,并将前代的租调制发展为租庸调制。在均田制的基础上,颁行租庸调制:每丁每年缴纳租粟二石,户调随乡土所产,绫、绢、绝各二丈,绵三两。如果缴布,则加1/5,即二丈五尺,麻三斤。规定每丁每年服役20天,闰年22天。如果不服徭役,可纳绢或布代役,一天折合绢三尺,称为庸。如果政府额外加役,加役15天免调;加役30天,租调全免。额外加役,不得超过30天。唐代的庸,正式把部分力役税转变为实物税。建中元年(780年),唐德宗在宰相杨炎的建议和推动下,实行了两税法。两税法是在先前地税和户税基础上的一次税制改革,具体做法是废止已陷入困境中的租庸调制,改行统一按每户的实有田亩和资产征税,每年分夏秋两次交纳,因称两税法。

两税法开始了中国赋税发展史的又一个新阶段。这个阶段田赋制度主要表现出两个基本特点:第一,资产税开始取代人丁税;第二,货币税逐渐取代实物税。这一取代过程虽然经过多次反复,但在中国封建社会后期却一直贯彻着,是田赋制度发展的一个趋势。从唐中叶两税法开始,中间经过北宋中叶王安石变法,明中叶张居正推行一条鞭法,到清中叶摊丁入地改革,这种取代终于最后完成了。

第三节 传统文化中的制度管理思想对现代管理的启示

从以上中国古代的主要管理制度可以看出，中国古代的管理制度非常庞杂，有些还非常严苛，制定这些制度的主要目的是维护封建统治、稳定国家治安、规范社会行为。其中有许多封建糟粕，如统治阶层对权力的绝对控制，社会等级的严格划分，对君父的无条件服从，以君权神授的"合法性"欺骗剥削人民等，这些都是应该抛弃的。但剥离这些后，也能发现中国古代的制度管理也有其合理的成分，依然提示着当下的制度制定者和执行者要符合人性、尊重规律、宽严相济、清晰明确、坚决执行等，否则该制度将会受到抵制或被抛弃。

现代组织内存在各种关系和矛盾，如领导者与被领导者之间、平级之间、个人与个人之间、个人与组织之间、部门与部门之间、组织与其他组织之间、组织与环境之间的关系。为压缩协调成本，需要一定的规章、条例、纪律、政策、指令、计划等制度来规范各种流程。组织成员通过这些制度，了解组织的结构和自我的位置，掌握组织的运行规律，以正确的方式协调组织里的各种关系。尤其要指出的是，企业的制度除了符合国家法律以外，在某种程度上也是企业所有者和最高管理者意志的表现。这些制度是压制、打击那些企业领导者认为"恶"的行为（不符合社会利益、企业利益的行为），鼓励、扶植其认为"善"的行为（符合社会、企业利益的行为）的一种有力工具，是企业领导者建设理想企业的目的手段，也是维护股东利益和企业利益的利器。从这个角度来看，现代企业制度的内核跟我国古代的制度基本一致，都是领导者管理组织的工具，体现其治理理想。当然现在的企业管理更加符合人性，同时管理者和被管理者在人格上是平等的，拥有更多个人的自由和尊严。

组织的制度，是为"禁恶"而存在，似乎天然带有某种消极的意味。但中国有句古话，"没有规矩不成方圆"。一方面，制度就像"规"和"矩"，是章法，是一个组织协调一致的基础。一个组织没有制度，管理就会无章可循，个人行为无法协调一致为组织行为，混乱由此产生。从这个角度来说，制度具有积极的管理作用，是一个组织存在和发展的基础。另一方面，制度与自由似乎也是一对矛盾的概念。当我们希望"从心所欲"的时候，不要忽略了孔子这话的后半句"不逾矩"。所以，自由是相对的，不是绝对的，只有在"矩"的范围内，才是自由的。制度制定的初衷是实现组织目标，人们各种破坏组织目标实现的行为都会被约束和禁止，这是制度制定的目的，是不能"逾"的。但与此同时，制度又保障了人们的基本权利和自由不受侵犯。在制度的范围内充分地享受自由，发挥自己的才能。中国古代制度管理对现代管理有启示作用的理论和案例很多，本节从因道全法、法德相济、赏罚分明三方面进行阐述。

一、因道全法

韩非在《韩非子·外储说右下》指出:"因事之理,则不劳而成。"意思是,遵循事物的客观规律,根本无须更多的气力就能取得很好的效果。在这一篇中,韩非子还用了一个生动的例子说明这个道理。讲的是一个叫延陵卓子的人乘坐的车子由名为"苍龙"和"翟文"的马来拉,马装扮得十分华贵,前面有交错的钩、勒等饰物,后面有锋利的鞭针。马前进时就向后紧拉,马后退就用鞭抽打。马前不能进,后不能退,于是就避开前后而乱跑,于是卓子就下车抽刀砍断了马的腿。造父看见了,流泪不止,整天不吃饭,仰天叹息说:"马鞭是用来让马前进的,钩、勒却又在前;缰绳是用来让马后退的,鞭针却又在后。现在君主因为臣下廉洁而加以任用,却又因为他不迎合身边亲信而予以辞退;因为他公正而加以称赞,却又因为他不听从旨意而予以废黜。人们因此而害怕,站着不动,不知所措。这也就是圣人为之哭泣的原因。"这一对对矛盾在管理上根本不符合"道",必然是行不通的,这就是逆"因道全法"的典型事例。

"因道"与"全法"是一对因果关系。"因道"是因,"全法"是果。"因道"是"全法"的前提,"全法"是"因道"在管理领域中的具体体现。"因道"立法,法才符合客观规律,才能顺利实施,才有可能真正依法办事。"因道"立法,法才能制定得比较全面、完整,才有可能一切依法办事。因此,"因道全法"原则的根本在"因道",这是立法所必须紧紧把握住的关键。

组织的各项规章制度都应该"因道"而立。在管理的过程中,不同的组织所在行业不同,各有各的操作流程和原理。根据正常职工的体力、脑力进行工作的分配;根据产品的性质,规范工作流程;根据员工的岗位,承担不一样的职责。这些相关的制度都应根据普遍规律来制定,不能违背人性延长工作时间;不能不顾工作的危险性,强迫员工在没有保护的情况下工作;不同的岗位应有相匹配的责任和权力,不能只有责任没有权力。需要指出的是,制度是固定的,但如何执行却是一门艺术。中国文化忌直接、喜委婉。如批评的方式,西方管理一般"有话直说",发现问题当面指出,这样教育直接,又警示了他人。但在中国,批评的方式和方法似乎比批评的内容更重要,这直接关系到对方对批评的接受程度及效果,先了解情况,掌握主动,体面处理,在不打击员工自尊心的前提下,让其改正错误,并继续保持工作的积极性。

在中国古代,"道"有很多种意思,但基本的意思是事物的客观规律。而且很多伦理的"道"也被赋予客观性和合理性,所以也认为"道"是不变的规律。遵守这些规律就是遵道,所以遵道的体现就是保持制度的不变,如果真的要变,则是在强调制度不变的情况下增加更多的细则,以保护制度的核心。其实这是忽略了制度也有与时俱进的需求,这才是对变化规律的尊重。中国传统文化中保守的成分居多,但时移世易,"变则通,通则久",需要人们不断地改变自身去适应它。

对于现代管理而言,"因道全法"是制度制定的原则。组织的各种规章、条例、纪律、政策、计划等制度都应该是成文法，一经制定应该相对稳定，不可随心所欲，朝令夕改。制度是"一民之轨"，是统一的行为规范，变动无常就起不到客观准则的作用了。而且这些规章、条例、纪律、政策、计划等制度应该内容基本统一，不能互相冲突，否则会带来执行的困难，让人不知何者为是、何者为非，最后无法执行或激起不满。同时要注意的是，制度不能随意变，也不能不变。变与不变的关键在于外在环境是否已经改变，该制度与当下时事的契合性如何。对于制度变革，不能盲目，也不能保守。

二、法德相济

人的复杂性决定了管理手段的多样性，应按制度管理、条理清晰、责权明确、奖惩有据。但制度天然具有落后性，一个制度制定时考虑的是当下的情况及未来的预估，由于人的局限性，不可能面面俱到地解决制度制定后所有的情况。所以，需要在遵守制度的大前提下，同时具备原则性和灵活性。同时，法律亦不外乎人情，所有的制度都是为了更高的组织效率和更好的管理结果。执行过于严格的制度，一时间或产生整肃和稳定的效果，但如果严格到压抑人性、无视生命的程度，将引来对该制度的强烈反感。对于任何一个组织来说，仅仅依靠单一的法治手段是不够的，在强调制度的同时，还须以"柔"的手段在组织内保障人的尊严、体现人的价值、推动人的发展。这样组织才会严肃中不失活力，整齐中不乏个性，组织才能有凝聚力、认同感和创造性。所以，结合法家和儒家，提出法德相济的主张，对组织来说，是更全面的管理范式。

（一）法者王本

从法家的角度看，法是根本，有法必依，执法必严。在多年的管理实践中，也确实如此。以制度为根本，在原则性管理的基础上才谈得上灵活性管理，灵活性不能凌驾于原则性的基础之上。以制度为根本，杜绝了因人设法和多重标准，是管理的依据，具有权威性和法定性。同时，制度本身也是对执法者的一种限制，执法者首先需是一个守法者，否则法将失去执行的公信力。所以，制度对管理者和被管理者都有约束力。当管理者和被管理者都受到约束，组织的稳定性就会加强。所以，韩非子说，"法者，王之本也"[①]。这句话的意思是，法是帝王功业的基础，是一个国家稳定、繁荣的保障。韩非子在这里说的"法"相当于今天的制度。

法家认为人人遵守制度的国家，比一个人人开口闭口都讲仁义道德的国家要更加稳定、和谐。法家不是不提倡"德"，而是认为法的规范性前提下，"德"才是真正的品德和节操。没有遵法为前提的"德"容易激发人们以"德行"为幌子，行尽违背人性的急功近利的行为。历史上著名的"易牙烹子"的故事就是一个显著的案例。春秋时期，易牙是齐桓公的厨师，由于厨艺精湛，得到齐桓公的赏识。有一次，桓公半开玩笑

---

① 韩非子.韩非子[M].高华平，王齐洲，张三夕，译注.北京：中华书局，2015.

地对易牙说："我什么都吃过了，就是蒸婴儿的肉没有吃过。"易牙听后，回去做了一道菜献给齐桓公，齐桓公非常喜欢，便问这是什么，易牙回答说是自己三岁的儿子。这种灭绝人性的行为，本应受到谴责和刑罚，但桓公认为易牙对自己忠心耿耿，从此提拔重用他，易牙便成为宠臣。后来大臣管仲生病，齐桓公前去探望，并问管仲："君将何以教我？"仲曰："君勿近易牙和竖刁。"桓公说："易牙烹子飨我，还不能信任吗？"管仲说"人无不爱其子，自己的儿子尚且不爱，焉能爱君。"直到管仲死后，桓公仍不信其言。不久易牙果然拥立齐桓公的宠妾卫共姬的儿子作乱，闭塞宫门，内外不通，桓公最后落得个活活饿死的下场。"易牙烹子"还不是个案，历史上很多满口仁义道德、一肚子男盗女娼者不可胜数。汉朝时，普通人做官要靠"举孝廉"，由地方长官举荐"孝顺亲长，廉能正直"的人。有人为了显孝，把自己的亲生幼儿活埋了，声称省下粮食来奉养老母；还有人父母都健在，就用木头刻块灵牌，每天对着牌位供奉磕头，以便被人发现以举荐为官。因此，法是底线和最低标准，德是一种自我突破和更高要求。若一个人连做人的基本道德都没有，还谈什么为官呢？

（二）道之以德

俗话说，"国有国法，家有家规"。一定的规矩和底线是需要的，但严刑峻法，动辄得咎的管理，到了被管理者忍无可忍的程度时，会揭竿而起，将其推翻。秦代的刑罚手段非常残酷，各种死刑花样百出，滥用肉刑，稍稍触犯就要断足割鼻，民众苦不堪言。据《史记》记载，秦始皇时，处宫刑的人多达70多万。秦代还广泛采用株连，族刑成为法定刑罚制度。一人犯罪，同居的父母、兄弟、妻子都要受罚，甚至同村人都要受牵连。严刑酷法的结果，使全国到处都是罪犯，当时情景为"赭衣塞路，囹圄成市"（《汉书·刑法志》）。严格的法治，使秦国迅速崛起，也使秦国迅速走上灭亡之路。但后续王朝还是无一例外地重蹈其覆辙，开国之时都以励精图治、关心民生开始，却也都以穷奢极侈、失德败行告终。因此，在制度制定之初，本着仁德之心，以维护大多数人利益为基础，这样的制度会得到拥护和支持，执行起来阻力也比较小。如果制度本身就是压抑和束缚大多数人的，权利和义务根本不相匹配，执行起来惩罚严苛而奖励打折，这样的制度将使人无法承受，最后组织涣散、离心离德、无法为继。

因为古代没有民主，所有的制度制定都是统治阶层从自身出发制定出来的，所以很多毫无人道可言的制度堂而皇之地出现，并被长期执行，而他们自己却往往不受这些制度的约束。这给现代管理者的启示是，在组织内，管理者需"法""德"兼顾，过分强调"法"不重视"德"，容易使管理过于严苛，组织失去活力；过分强调"德"不重视"法"，容易使管理陷入松散，组织失去凝聚力。二者结合，才能使管理宽严有度、动力十足。

其实，中国古代很多思想家反对严刑酷法，主张重德而轻刑，严谨审慎。两汉总结秦朝酷法的教训，建立了录囚制度。唐朝建立了改判、重审、三司推事制度。宋朝进一步完善大案奏裁制、审判分离制及为冤假错案平反昭雪制度。明朝对死刑犯的处置更加慎重，完善了朝审、大审、重大案件三堂会审制度。清朝再定秋审制度，人命犯在立秋霜降后才能处决。这都反映了立法、执法的审慎，同时也防止了司法腐败、草菅人命。此外，中国古代思想家极力主张王法面前人人平等。《商君书·赏刑》提出官吏无法外特权，"自卿相将军以至大夫庶人，有不从王令、犯国禁、乱上制者，罪死不赦"。宋代《庆元条法事类》明文规定："诸犯罪未发及已发未论决而法改者，法重听依犯罪时法，轻从轻法。"这可能是刑法上最早的、概括性的"从重兼从轻"原则，有利于保护民众的权利。它比1787年美国宪法和法国1789年大革命时的《人权宣言》的规定要早近600年。司法掌握生杀予夺的大权，不可草率，需要慎而又慎。所有的制度里面，司法是公平和正义的量尺。这里不仅仅要求制度是"仁德"的，而且要求执法者是"仁德"之人。若执法者失德，中饱私囊，贪赃枉法，再"仁德"的法也起不到"仁德"的效果。所以，在执行制度的时候，执行者也需要有德之人来担任，执法必严，违法必究。

一个组织的有效运行，首先有赖于规章制度的建立、健全。在制度缺失的情形下，试图依靠领导人的垂范、员工的自觉，建立并维持企业的正常秩序，不是不可能，但只能在一些非常特殊的情形下，如企业初创、规模很小且创业团队成员高度团结的时候，才能发挥作用。制度建设到位是企业健康、高效运行的基础。企业管理层还必须认识到，"法"是对员工底线的要求，而"德"是一种更高标准的要求。因此，在制定企业规章制度的时候，一定要切合实际，要让大部分人能够自觉履行的责任固化为规章制度，而对违规的少数人给予严厉的惩罚；不能任意地拔高标准，将只有少数人能够履行的职责固化为规章制度。这样的规章制度实施起来非常困难，结果只能是制度上写一套，实际行动上做一套。久而久之，不仅这一规章制度施行不到位，还对其他规章制度的施行造成非常恶劣的影响，导致企业中员工行为的异化。

在这一问题上，柳传志的认识很深刻，他说："高层要有事业心，中层要有上进心，基层要有责任心"，对不同管理层次的要求存在着很大的梯度。所谓责任心，是规章制度的底线要求，属于"法"的范畴，是必须做到的，只有基层各尽其责，整个企业的正常秩序才能有保障；所谓上进心和事业心，是更高标准的要求，已经属于"德"的范畴，但这种"德"的标准不能强加到每一位员工的头上。因此，上进心和事业心是对中层管理者和高层管理者进一步的希望，这是企业所鼓励和期望的，暂时难以升格为强制性的要求。显而易见，事业心的层次要远远高于上进心的层次。对不同的管理层次所做出的梯度性要求，使一个企业既能脚踏实地，又不会丧失理想、追求和前进的动力。

但"法"与"德"并非泾渭分明，随着员工整体素质的提高和企业总体管理水平的上升，原来处于"德"层次上的期望可能转变为"法"层次上的要求。如此循环往复，企业的管理水平得以不断提升，华为的创始人任正非所说的"我们崇尚雷锋、焦裕禄精神，并在公司的价值评价和价值分配中体现，绝不让雷锋们、焦裕禄们吃亏，奉献者定当得到合理的回报"，就属于此类的升华。

三、赏罚分明

（一）赏如日月

　　奖赏属于正向激励，惩罚属于负向激励。一个好的管理制度需要明确奖惩，才能带动组织良性运转。一个好的管理者一定善于利用奖惩机制，达到激励人心和严肃纪律的作用。《尉缭子·兵令下》指出"赏如日月"，意思是奖赏要像日月当空一样光明，清晰可辨，一目了然。商鞅"徙木立信"的典故就说明一个及时兑现的奖励是如何很快凝聚人心的。孝公十三年（前356年）和十九年（前350年）商鞅先后两次实行变法，变法内容主要为"废井田、开阡陌，实行郡县制，奖励耕织和战斗，实行连坐之法"。开始推行革新时，为了取信于民，他派人在城南门外竖立一木，并告知："谁人能将之搬到城北门，便赏赐十金"。秦民无人敢信，后加至五十金，于是有人扛起木头搬到城北门，果然获赏五十金，从此宣示与开展变法。北宋王安石在一首称赞商鞅的诗中以"一言为重百金轻"来比喻言出必行的重要性。在中国古代，不少政治家都实行过变法，其初衷都是利国利民的，但变法不仅仅靠行政命令，更重要的是民众的支持，示之以利弊，是对新法很好的解说。商鞅变法就是一个成功的案例，从徙木立信开始，秦朝的变法开始正式实行。人们看到了执行新法，即使只是扛一块木头都立刻有奖赏，都纷纷支持新法。

　　奖赏是否公平也是评价管理者水平的一个标准。一个组织里，员工奋发努力、建功立业，需要及时给予奖励，方可稳定人心，再次激励员工继续努力工作。但有些管理者不记他人功业，只记亲人得失，造成奖赏不公，引发不满。春秋时期，晋公子重耳被迫流亡途中，在一处渺无人烟的地方，又累又饿。大家万分着急，介子推走到僻静处，从自己的大腿上割下了一块肉，煮了一碗肉汤给重耳吃，重耳吃了渐渐有了精神，当他发现肉是介子推从自己腿上割下的时候，感激地流下了眼泪，发誓日后报答。十九年后，重耳作了国君，即历史上的晋文公。即位后文公重赏了随他流亡的功臣，唯独忘了介子推。很多人为介子推鸣不平，劝他去讨赏，可是介子推却打好行装，同母亲悄悄地到绵山隐居去了。晋文公听说后羞愧莫及，亲自带人去请介子推。然而绵山山高路险、树木茂密，寻找两个人谈何容易，于是有人献计，从三面火烧绵山，逼出介子推。大火烧遍绵山，却没见介子推的身影。火熄后，人们才发现背着老母亲的介子推已坐在一棵老柳树下死了。晋文公见了，悲痛不已，之后从树洞里发现一封血书，上写道："割肉奉君尽丹心，但愿主公常清明"。为了纪念介子推，晋文公下令把绵山改名为"介山"，这一天全国不准生火，只吃瓜果点心一类冷食，定为"寒食节"。第二年，晋文公率众臣登山祭奠，发现老柳树死而复活，便赐老柳树为"清明柳"，并昭告天下，把寒食节的后一天定为"清明节"。之后，晋文公把血书袖在身边，作为鞭策自己执政的座右铭。后来，晋文公励精图治、勤政爱民，成为春秋五霸之一。

奖惩还要有策略，根据不同的情况，奖惩起到的效果不同。《六韬·将威》中说，"杀一人而三军震者，杀之；赏一人而万人悦者，赏之。杀贵大，赏贵小。"意思是，如果杀一个人能让全军震惊，那无论是谁都可以杀掉；如果奖赏一个人能让很多人快乐，那无论是谁都要奖赏他。要诛杀那些地位高的人，能很快立威；奖赏地位低的人，能迅速体现仁德。虽然今天的管理不能以剥夺他人性命立威，但这种"杀大立小"的方式是可取的，在犯规中找出那个地位最高的人进行惩罚，这样其他犯规者不再侥幸，迅速服众。在可以受奖赏的人里找地位等级低的人，这样能使其他人感觉自己亦有被奖赏的可能，迅速聚集人心。从小人物入手进行奖励，表现管理者鼓励先进的决心和求贤若渴的诚心，能迅速培养员工对自己的信任感。在管理的关键时刻，对位高权重的人只要违纪绝不留情，能起到杀一儆百的作用，既强化了自己的威信，又维持整个团队的秩序。这是惩罚的技巧，是对管理心理学的有效把握。但在实际中，往往领导者对亲信无甚功劳却恩赏有加，对普通员工小错一犯就翻脸无情，反倒与"杀大立小"的效果相反。这样，献媚者多，实干者少；上层骄横，下层压抑，这样的组织很难有生命力。所以，管理要善用奖赏和惩罚两个手段，言出必行，不开空头支票，不找替罪羔羊。这样团队人际关系和谐，人人感到制度的约束，又对自己在组织中的发展有信心，员工也将自觉自愿为组织目标持续地努力，团结一致，奋勇向前。奖励制度一经制定，必须兑现，否则将功亏一篑，失去人心。有些领导为了组织的发展或解决组织的难题，以高额奖励鼓励员工，但当员工真正做到了，又吝啬利益，刻薄寡恩，开出空头支票或削减原本承诺的奖励以糊弄属下，这更会引起员工强烈不满。所以，奖励的设置要在可以兑现的范围内，不能空许无法实现的诺言，更不能以一个看似不可能完成的任务去吸引员工努力，等真的实现了又去反悔。比如，某企业领导在年初做出承诺，如果哪个销售部门创造的收入和净利润均比上一年度增长100%，那净利润的30%将分配给销售人员。因为行业竞争激烈，收入和净利润成倍增长基本上不太可能，承诺这事的领导也觉得这不过是一个吊在牛前面的"胡萝卜"，看得见吃不着却激励牛不断地前进的诱饵。但其中一个销售部门却信以为真，非常努力，日夜不停地工作，到了年底，奇迹出现了，该部门的业绩达到了承诺奖励的要求。根据承诺，需将30%的净利润分配给该部门，奖金额高达500多万元，这是轻许诺言的领导所不愿看到的。如果按承诺给予奖励，内心十分不舍，如果不按承诺给予奖励又会失信于员工。最后，该领导还是出于自身利益的考虑，以100万元奖励搪塞过去。该销售团队非常气愤，集体辞职，投入竞争对手门下，带走了诸多客户。该企业无形中壮大了对手，同时由于失信于员工，剩下的员工也失去了积极性，自然元气大伤。从此，该企业一蹶不振，再难有起色了。

（二）令行禁止

制度规定了的奖励需要兑现，规定的惩罚也要不折不扣地执行，否则制度将是一纸空文。一方面，对奖惩的严格执行就是维护制度。我国古代关于"赏罚分明"有许多精彩的论断，如"当赏者，虽仇怨必录；当罚者，虽父子不舍""赏不过宿，罚不过午"，这样才能使"忠直者及职，奸佞者胆慑"。另一方面，除了奖励外，惩罚权的运用也需要恰当，惩罚只是手段不是目的，不能为罚而罚，而应以惩恶扬善为目的。这是一种态度，对那些组织所不能容忍和禁止的行为绝不姑息的态度，姑息即为"养奸"。这也是一道警示线，违者必罚，遵守才有安全或奖励。这也是一个激励，因为犯错，没有拿到奖励，反而受到惩罚，而其他遵守者都得到了奖励，这会在一定程度上给员工一种标准，反向激励犯错的员工下次遵纪守法。这更是一种立威的方式，能迅速表明领导者的态度和管理的决心，产生深刻的警示效应，从而达到抑恶扬善、严遵法纪的目的。

三国时期，诸葛亮深谙赏罚之道，以法治蜀，执法如山，从而大大稳固了蜀汉政权，也为后人提供了借鉴。赤壁之战后，刘备夺取了益州等地。益州原来的政治状况很不稳定，在刘焉、刘璋等人统治益州时期，法令松弛，政治腐败，地主豪强和官僚专横自恣，侵夺百姓，鱼肉乡里，因而阶级矛盾非常尖锐。公元188年，就曾发生了以马相等为首的农民起义。起义虽然被镇压，但阶级矛盾并没有缓和，那种"德政不举，威刑不肃"，继续纵容豪强官僚欺压、凌辱百姓的局面愈演愈烈。这些豪强正是诸葛亮要着力打击的对象，诸葛亮主持制定了法典《蜀科》。在《蜀科》的相应条文上，规定了对蜀地豪强采取抑制并打击的措施。在实践上，诸葛亮执法严明，依法行事，不避权责，不徇私情，赏罚分明。对于破坏法纪的豪强，一律坚决镇压，毫不留情；对于以私废公、放肆专权的李严、廖立等，均绳之以法，该罢官的罢官，该刑罚的刑罚；对于挑拨是非、搬弄是非的来敏等人，坚决予以革职。这些典型事例，表现了诸葛亮执法如山、铁面无私的政治家作风。与此同时，对于严明守法、廉洁自律的官吏，如蒋琬、费祎等，则大加褒扬、一再提拔。诸葛亮厉行法治，使得蜀汉文武官员大都能兢兢业业、恪于职守，很少发生弄虚作假、犯法违纪之事。蜀汉的社会经济得以繁荣，人民也得以安居乐业。

穰苴立威的故事就是很好的例子。据《史记·司马穰苴列传》记载，齐景公召穰苴，与语兵事，大悦之，以为将军，将兵扞燕晋之师。穰苴曰："臣素卑贱，君擢之闾伍之中，加之大夫之上，士卒未附，百姓不信，人微权轻。愿得君之宠臣，国之所尊，以监军，乃可。"于是景公许之，使庄贾往。穰苴既辞，与庄贾约曰："旦日日中会于军门。"穰苴先驰至军，立表下漏待贾。贾素骄贵，以为将己之军而己为监，不甚急；亲戚左右送之，留饮。日中而贾不至。穰苴则仆表决漏，入，行军勒兵，申明约束。约束既定，夕时，庄贾乃至。穰苴曰："何后期为？"贾谢曰："不佞大夫亲戚送之，故留。"穰苴曰："将受命之日则忘其家，临军约束则忘其亲，援枹鼓之急则忘其身。今敌国深侵，邦内骚动，士卒暴露于境，君寝不安席，食不甘味，百姓之命皆悬于君，何谓相送乎！"召军正问曰："军法期而后至者云何？"对曰："当斩。"庄贾惧，使人驰报景公，请救。既往，未及反，于是遂斩庄贾以徇三军。三军之士皆振栗。司马穰苴杀了庄贾，齐军面貌立刻改观，成了纪律严明、军容整肃、令行禁止、悉听约束的能战之师。之后，他立即率军奔赴前线。在军旅中，他对士卒们的休息、宿营、掘井、修灶、饮食、疾病、医药都亲自过问和安抚，把供给将军的全部费用和粮食都用以犒赏士卒，自己与士卒吃一样的伙食，对体弱士卒特别亲近，很快就取得了将士们的信任。三天后部署调整军队时，病兵都要求同行，士卒都争着奋勇参战。晋军得知这个消息，就撤兵走了。

司马穰苴采取的惩罚方式极具震撼力。由于所处的时代不同，当时的军法已经不适合今天的管理，现在的任何组织也不能设置如此残酷的法律，也不能采取这样的方式剥夺人的性命。所以，不能采取这样极端的方式达到令人遵纪守法的目的。但当下，也出现过一些对没有完成任务的员工进行人格侮辱的事件，如逼迫他们下跪道歉、掌掴他们，希望他们"知耻而后勇"，奋发努力去完成任务。这不仅起不到激励的效果，反而激起了员工的不满和社会的口诛笔伐。时代不同了，对人的惩罚要建立在人基本尊严的基础上，惩罚手段和幅度也需要更加理性和适度。但令行禁止本身并没有错，广泛征求意见，画好底线，广而告之，"踩线"必罚，罚之则有理有据，适当适量，令人心服口服，确是今天需要强调的执法态度和方式。应该强调的是令行禁止须以公平为原则，无论何种身份地位，一旦违法，同而视之。

【案例】

国家发展改革委：推进投资项目审批制度改革，助力扩大有效投资[①]

近年来，国家发展改革委全面贯彻落实党中央、国务院决策部署，围绕助力扩大有效投资，推动投资项目审批制度改革取得积极成效。

一是企业投资主体地位进一步巩固。深入落实《关于进一步推进投资项目审批制度改革的若干意见》，进一步优化简化投资项目审批程序，持续深化"一网通办"。近3年，备案类项目数量占企业投资项目比重超过98%。

二是投资决策水平进一步提升。加强对投资项目前期工作的政策指导，制定印发投资项目可行性研究报告编写大纲，并针对地方、企业、咨询机构和金融企业开展了系列专题培训，以高质量可行性研究工作促进投资决策科学化水平提升。

三是投资制度体系进一步完善。适应投资管理新形势、新要求，在系统梳理现行有效的投资管理规章、规范性文件的基础上，集中修订和废止了一批规章、规范性文件，切实维护投资管理法规制度体系的统一性和协调性。

四是投资管理方式进一步创新。各地结合实际，积极探索投资管理新模式，例如，有的地方协同推进"承诺制""区域评估"等改革，大幅压减审批时间；还有的地方依托投资在线平台统筹建设管理系统，持续深化投资审批"一网通办"。

---

① https://www.360kuai.com/pc/99386884b01121b72?cota=3&kuai_so=1&refer_scene=so_3&sign=360_da20e874.

下一步，国家发展改革委将深入贯彻落实党中央、国务院决策部署，坚持系统观念，突出问题导向，聚焦企业和地方反映的堵点难点问题，纵深推进投资项目审批制度改革，为促进投资高质量发展提供有力支撑。近期，将重点推进以下三方面工作。

一是加强投资领域相关改革的衔接。坚持"项目跟着规划走、要素跟着项目走"原则，加强投资项目审批制度改革与用地、环评、报建等领域改革的衔接，确保改革协同发力。继续加大投资审批数据资源共享力度，着力推进跨层级、跨部门的审批数据共享、业务协同。

二是提升投资主体融资便利化水平。依托投资项目在线审批监管平台，与有关银行建立投贷联动试点合作机制，促进投资项目审批数据与银行信贷等信息资源的整合共享，为银行发现投资项目价值、高效审贷提供权威信息支撑，引导银行为重点项目提供更加精准的融资支持，助力投资主体融资便利化。

三是持续推广地方创新经验。总结地方在开展"项目分层确权""联合验收"等方面的经验做法，适时在全国范围内进行推广。研究拓展投资领域"承诺制"改革的范围，指导地方着力向报建审批领域延伸，重点推动解决报建审批程序烦琐、周期长、项目落地慢等问题。

除了推进国内投资项目审批制度改革，政策层面还将不断提升贸易投资自由化便利化水平，推进更高水平对外开放。下一步，将全面对接国际高标准市场规则体系，推进更高水平开放型经济新体制建设，稳步扩大规则、规制、管理、标准等制度型开放，将重点开展以下三方面工作。

一是推出更大力度引资政策。在现有政策基础上，将研究出台更大力度吸引外资的政策措施，优化公平竞争环境，畅通创新要素流动，促进内外资企业务实合作。

二是合理缩减外资准入负面清单。将在评估近几年外资准入负面清单实施效果基础上，深入了解地方、外资企业等方面扩大外资市场准入的诉求，研究缩减海南自由贸易港外资准入负面清单等措施。

三是进一步做好外商投资促进和服务。将继续举办国际产业投资合作系列活动，为跨国公司在华投资和地方招商引资提供平台，健全外资企业直接联系点机制，畅通沟通渠道，及时协调解决企业反映的问题和合理诉求，为企业投资和生产经营提供便利。

【复习与思考】

1. 制度的本质是什么？其功能有哪些？
2. 中国古代最重要的政治和经济制度分别是什么？
3. 谈谈你对法治和德治的看法。
4. 如何在实际的管理中体现"奖赏的正向激励"和"惩罚的负向激励"？

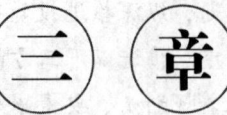

第三章 传统文化与行政管理

【本章导读】

本章首先对行政管理的基本理论进行了概述，然后对中国古代的行政管理进行了简介，最后详细地论述了中国古代行政管理思想对现代管理的启示。中国古代的行政管理体系是封建时代管理国家和维持统治秩序的有效手段，维持了中国在历史的大部分时期内国家统一、政令通畅、上下一心。虽然其中很多行政管理的方式和手段已经不适应现代的行政管理，但依然有助于我国现在的行政体制改革，追根溯源，可以找到症结，也可找到答案。其中，中国古代行政管理所强调的在位谋政、崇公尚廉、上下同欲等思想对今天的行政管理亦有极高的参考价值。

【学习目标】

了解行政管理思想与中国古代的行政管理模式，思考中国古代行政管理思想对现代行政的启示，能结合当下的行政体制改革，发现古代行政管理思想对现代管理的影响，并对其中具有积极意义的部分进行阐述。

第一节 行政管理的概述

很多人对管理的最初印象发端于行政管理，行政管理伴随国家机构产生，可以说，有国家和政府就有行政管理。"行政"一词由来已久。在我国，战国时期的著作《左传》中就有"行其政令""行其政事"的描述。在西方,"行政"一词的英文为"administration",该词源于拉丁文"adminiatrare",古希腊学者亚里士多德在其著作中曾使用过这一词汇。在古代,"行政"的范围一般指国家政务或国家事务的管理。可以说,行政管理是随着国家的出现而产生的一种特殊的管理活动,有了行政管理也就产生了行政管理思想。在西方,从希腊时期的亚里士多德、中世纪时期的马基雅维利到近代的洛克、孟德斯鸠等都给我们留下了丰富的国家行政治理方面的理论。中国古代的政治家、思想家也从不同的角度提出了各自的行政治国理论。

无论东西方,古代都有丰富多彩的国家管理实践和形形色色的行政管理思想,但并未形成现代意味的行政学。但作为一门独立的学科,行政学产生比较晚。直到近代,资本主义的社会生产力飞跃式发展,经济结构发生了巨大变化,公共事务日益增多,社会关系日益复杂,社会问题层出不穷,政府管理的任务日益繁重,行政职能不断扩大。为适应资本主义政府职能的履行和管理实践的发展,行政学应运而生。1887年,美国学者威尔逊在《政治学季刊》上发表《行政的研究》一文,主张建立行政科学,以作为政府管理方式变革的理论指导,力求使政府不走弯路,加强和纯洁政府的组织机构。正因此文,威尔逊被誉为行政学的创始人。1926年,美国学者L. D. 怀特撰写的《行政学导论》出版,这是美国第一本行政学教科书,该书的内容涉及组织管理、人事行政、财务行政和行政法规等内容。第二年,美国行政学者W. F. 魏劳毕出版了《行政学原理》一书,比较系统地阐述了行政管理学的理论体系。这两本大学教科书的出版标志着一门新学科——行政学的产生。

行政学是研究国家行政组织有效管理国家政务和社会公共事务规律的一门学科。行政管理是指国家各级政府部门在执行法定职能和具体运作的过程中所涉及的一系列程序和环节,包括所需处理的相关问题和事项等一系列的管理活动。行政管理系统是一类组织系统,它是社会系统的一个重要分系统。随着社会的发展,行政管理的对象日益广泛,包括经济建设、文化教育、市政建设、社会秩序、公共卫生、环境保护等各个方面。现代行政管理发展到今天,正在逐步采用系统工程的思想和方法,以减少人力、物力、财力和时间的支出和浪费,提高行政管理的效能和效率。

一、行政管理的主要特点

第一,行政是直接或间接围绕国家权力开展的,是以国家权力为基础的管理活动。

第二,行政管理是根据国家法律推行政务的组织活动。在执行中又能动地参与和影响国家立法和政治决策,制定政策是行政管理的一种重要活动方式。

第三,行政管理既管理社会的公共事务,又执行阶级统治的政治职能。

第四,行政管理要讲究管理的效能和效率。它通过计划、组织、指挥、控制、协调、监督和改革等方式,以最优的方式实现预定的国家任务,并达到应有的社会效果。

二、行政管理基本职能

行政管理的主体是国家权力机关的执行机关，即行政机关，也就是从中央到地方的各级政府；客体是依法管理的国家事务和社会公共事务。政府职能的范围就是行政管理的范围。行政管理具有一定的"公共性"，这种"公共性"恰恰体现了行政管理的责任和任务。当然，社会公共性的事务也并非全部由政府承担，政府无须垄断公共事务的管理和解决。结合我国的实际，行政管理主要有以下四项基本职能。

（一）政治职能

政治职能是政府作为国家机器所承担的维护国家利益、维护阶级统治和保障人民权利的一项基本职能，也是政府最古老的职能。政治职能的内容包括专政和民主两个方面。对外，政府通过国防建设和军队建设，以及积极的外交活动，保卫国家安全和主权独立，防御外来侵略，创造有利于本国发展的国际环境。对内，政府一方面运用警察、监狱等暴力机器，防范和打击各种犯罪，维护社会治安，创造安定团结的政治局面和社会秩序。另一方面政府通过完善各种民主制度建立健全民主监督程序，提高政府活动的公开性、民主性，不断扩大政府同群众的联系渠道，增强公民的参政议政意识，完善民主参政议政的机制，加强社会主义民主建设，同时加强法治建设，推行依法行政，以保证社会主义民主的制度化、法律化。

（二）经济职能

发展社会生产力、富民强国，是政府的重要责任。经济职能表现为政府在经济生活和经济行政管理中的职责范围和应发挥的作用。经济职能成为当今各国政府最重要的职能，也是在政府管理实践中较难以把握的一项内容，而我国政府的经济职能主要体现在三个方面。其一，宏观调控职能。即政府通过制定和运用财政税收政策和货币政策，对整个国民经济运行进行间接的、宏观的调控。其二，提供公共产品和服务职能。政府通过政府管理、制定产业政策、计划指导、就业规划等方式对整个国民经济实行间接控制；同时，还要发挥社会中介组织和企业的力量，与政府一道共同承担提供公共产品的任务。其三，市场监管职能。即政府为确保市场运行畅通、保证公平竞争和公平交易、维护企业合法权益而对企业和市场所进行的管理和监督。

（三）文化职能

文化职能是指国家行政机关所承担的全民思想道德建设及教育、科技、文化、卫生、体育、新闻出版、广播影视、文学艺术等事业的发展和管理任务。我国政府的文化职能主要有四类：其一，发展科学技术的职能，即政府通过制定科学技术发展战略，加强对重大科技工作的宏观调控，做好科技规划和预测等工作，重视基础性、高技术及其产业化研究。一般的科技工作主要依靠市场机制来推动。其二，发展教育的职能。即政府通过制定社会教育发展战略，优化教育结构，加快教育体制改革，逐步形成政府办学与社会办学相结合的新体制。其三，发展文化事业的职能。即政府通过制定各种方针、政策、法规等，引导整个社会文学艺术、广播影视、新闻出版和哲学社会科学研究等各项事业健康繁荣地发展。其四，发展卫生体育的职能。即政府制定各种方针、政策、法规等，引导全社会卫生体育事业的发展。

（四）社会职能

社会职能是国家行政机关为了维护人民正常的生产、生活秩序，保障人民基本的生活水平，增进社会福利而采取的各种服务措施及开展的管理活动。在我国，政府的社会服务和社会保障工作是坚持为人民服务的根本宗旨的具体体现。政府的社会职能主要有：其一，调节社会分配和组织社会保障的职能。即政府为保证社会公平、缩小地区发展差距和个人收入差距，运用各种手段来调节社会分配、组织社会保障，以提高社会整体福利水平，最终实现共同富裕。其二，保护生态环境和自然资源的职能。即政府通过各种手段，对因经济发展、人口膨胀等因素所造成的环境恶化、自然资源破坏等进行恢复、治理、监督、控制，从而促进经济的可持续发展。其三，促进社会化服务体系建立的职能。即政府通过制定法律法规、政策扶持等措施，促进社会自我管理能力的不断提高。

三、行政管理与公共管理的联系与区别

行政管理与公共管理是一对容易混淆的概念，它们的联系与区别体现在三个方面。

（一）主体与职能不同

行政管理的主体具有一元性，即政府，它强调政府行政或政府管理的合法性、权威性；而公共管理的主体可以多元化，政府、非营利部门、非政府组织甚至私人部门等都是公共管理中地位平等的主体。可以说，行政管理专指政府的官僚体系管理，更多以法治为特征，是垄断性质的管理，以政策、法规为准绳，限制自由裁量。

（二）学科分类上的包含关系

在我国的学科分类中，将行政管理作为二级学科归并到作为一级学科的公共管理之中，这也是从另一方面说明行政管理与公共管理之间的差异。

（三）语义上的区分

行政管理的英文为"administrative management"，指的是政府事业单位的决策管理，兼有行政命令、公共决策与提供服务的色彩。而公共管理的英文为"public management"，该词用来强调政府、非营利部门、非政府组织甚至私人部门等在国家事务的参与度，以合作伙伴的方式共同完成公共管理的使命。

当下，我国的行政体制改革，正在聚集各种越来越多的社会力量的参与，以期达到公共管理的状态。但从历史上看，我国的国家管理长期以来都是由官僚体制执行，其他力量参与国家管理的力量非常薄弱，这一点是我们需要改进的地方。

四、行政管理文化

行政管理活动是伴随着国家和政府而产生的，随着国家的发展，行政管理也不断地调整履行职能的方式。而这种履行职能的方式是与其社会状况、人民生活密不可分的。行政组织不断的发展和实践，渐渐会沉淀出一种文化，即行政文化。不同的历史时期，不同的经济体制，行政文化亦有不同。一般来讲，不同历史时期、不同地域、不同民族中形成的行政文化之间差异要大一些；而同一时期、同一领域、同一民族内部不同行政组织的行政文化之间差异相对小一些。因此，我们通常把不同地域、不同民族的文化用"文化模式"一词相区别。在同一文化模式之下，各种行政文化表现出一定的相似性，呈现某种稳定的特征。按宏观的地域划分，大体上可分为东方行政文化、西方行政文化。东方行政文化讲究天道观念、伦理道德、人治和集权等；西方行政文化则讲求实证、法治、规范和民主等。

第二节 中国古代行政管理的概况

中国古代的行政管理是建立在封建中央集权的基础之上的"人治"。君主统揽大权，其他人只能效忠，行政管理中亦体现了这种绝对的服从。因为所有的政府机构都是君主设立的，所有的官吏都是君主任命的。所以，所有的政府机构是维持封建国家运作的机器，所有的官吏都是君主统治地方的委托人。这种从上到下的统一，需要从下到上的服从。所以，封建君主非常重视行政管理，任人为官，代己行权，除了有才能和德行，还要忠诚。这样君主才能一言九鼎，天下皆服从号令，把权力牢牢掌握在自己手中。

每个王朝都是在刀光剑影中建立起来的，但治理国家，所有的帝王一致选择了文官，从举孝廉、九品中正制到科举制，制度虽异，但都由选出来的人才组成庞大的官僚体系。这些文官大多数是"十年寒窗"的读书人，所读之书是由朝廷制定的四书五经及官定的解释文本，以写八股文应试，格式、教材、考试的等级和时间都是官方所定，考试由政府统一组织，考试通过之后就能"学而优则仕"，出任朝廷官职。从这种选拔官吏的机制看，所有备选的人才都经过了封建教育和严格筛选，选出的人才是统一的、服从封建朝廷并争先恐后为之所用的，而非各种各样、不拘一格的。这套严密的选官制度为文官体系的思想统一和行为效忠打下了坚实的基础。这些官员被派到各个政府岗位，为封建王朝服务。这使得我国古代行政管理高度的统一，禁止任何地方自行其是；整个官僚系统高度集权，任何抢班夺权都受到严厉镇压；强调集体主义，个人利益完全服从集体利益；强调官方权威，只有官方授予的权力才是正统；强调下级对上级的绝对服从，对君主和上级的指令要不折不扣地完成。正因如此，中国历史上的各个王朝基本上能做到政令通达，地方对中央的绝对服从，中央能有效地调度各种资源，这套行政管理模式在对外战争、大型工程、灾荒救济等国家重大事务中的作用十分突出。

所以，对行政管理的重视是历朝历代帝王维护统一的重要手段。帝王们及各级官吏为管理国家，可谓使尽浑身解数。朝代各异，效果不同，但都是管理方法、手段、流程的问题，管理的基础和管理的内容在整个封建时代基本不变。这里主要介绍中国古代的中央行政、地方行政及官员的任用监察等方面内容。

一、中国古代中央行政管理

在古希腊和古罗马的国家形成以后，很快地就形成了立法、司法、行政三权分立的政治体系，还出现了系统的神权政治。中国自国家形成之日起，首先确立的是独尊的专制王权，并不存在独立于专制王权以外至高无上的神权，从来没有神权的绝对统治。至于立法、司法、行政诸权，亦都隶属在王权之下。在专制王权的统一控制下，各级政府机构分别主管各方面的政务。这种在专制君主统一控制下行政权力包揽一切的做法，贯穿于中国古代行政管理的历史当中。在这种情况下，各部门的职权活动都在行政权力控制之下。随着封建社会的发展，逐渐形成司法、监察、军事、财政、文教、礼仪、经济等一整套行政系统。

秦朝创设了皇帝制，强化了行政管理的专制主宰力量，而两汉官僚中枢组织经历了从丞相开府到尚书台（省）及中书省、门下省的演变。朝廷政务管理，先是九卿负责制，而后又是尚书省与九卿复合施政。

隋唐到宋元，中央行政中枢和政务管理，完成了群体宰相辅政和六部施政的过渡。宰相变为群体后，相权分散，且频繁变换名称，皇帝在整个行政管理中的权力中心地位更为突出。

明代废除了宰相制度，皇帝改而以宫廷御用秘书班子为辅政工具，躬领朝廷庶政。六部等中央施政机构，直接对皇帝负责，地位明显提高，这体现了中国封建社会末期专制集权已经向专制极权过渡。清代基本继承了明代的行政制度，但军机处的设立使得专制主义中央极权发展到了极致。

二、地方行政管理

中国的地方行政实行长官负责制，地方行政长官是同级的最高司法审判官，同时还掌管辖区内所有的财政、经济、文教礼仪等方面的事务，并且监督辖区内所有官吏的尽职履责情况。因此，选派合适的地方行政官员就显得非常重要。为使自己的权威能延伸到国土的任何一个角落,历代统治者把持着选派、监督、考核各地方行政长官的权力,把这些官吏牢牢地控制在手中,对他们实行特别严格的控制。

中国的地方行政在秦朝建立郡县制之前是分封制,到汉代开始改为州郡制,从隋唐开始至明清为府州制。虽然历朝历代的地方政治制度略有不同,地方行政长官的称呼各异,但在所辖地区他们一如"皇帝",掌握行政、立法、司法的最后决定权力,集各种权力于一身。一切地方事务都由该长官把握,实为该地方的最高权力主宰。但无论是州郡制还是府州制,都取消世袭,地方长官实行任期制度,并有相关的考核,这有利于中央对地方的控制,保证地方对皇帝的服从,避免了诸侯混战,保障了国家的统一,更重要的是皇帝的地位更加巩固。州郡制和府州制有一个区别,就是隋朝以前,州郡佐属自辟,即州郡里的官吏都由地方长官自己设置和选拔。到了隋朝,这一制度被废除,地方的各级官吏都由中央来配置。这与另外一个制度的兴起有关,这个制度就是科举制。但州郡佐属自辟,地方官直接选拔人才,主属之间关系比较亲密,有一种"赏识"和"被赏识"的关系,这有利于行政效率的提高。但也容易造成地方长官任人唯私、培植党羽的情形,更重要的是对封建朝廷形成一种威胁,"尾大不掉"容易失控。所以,为加强中央对地方的控制,由中央统一选拔人才,任用到各个地方的行政岗位,这些人的提拔和任用都由中央控制,官员只对皇帝负责,而非对地方长官效忠,这正是帝王所希望看到的。

三、官员的选拔、任用和考核

(一)官员的选拔

科举制是我国古代持续时间最久的官员选拔制度。隋文帝开皇十八年(598年),皇帝诏令"以志行修谨,清平干济二科举人",这标志着我国封建王朝以科举选拔官吏的开始。虽然历朝历代科举的内容、层次和时间有所不同,但作为政府组织的一场选拔官吏的统一考试从此确定下来。这一制度将选士权从地方官吏手中收归中央,由中央政府专门负责。因此,科举制阻断了地方官吏垄断的进仕之路,打破了世族垄断政治权力的局面,避免了皇权被威胁和分散。另外,科举制选拔了大批优秀人才。据统计,唐代宰相中有半数以上是进士出身,唐敬宗以后各朝(825—906年)进士出身者在宰相中的比例达80%以上。除去后妃宫官和宗室、宦官等特殊出身者及武功出身任武职者,有官员1383人,其中进士有469人,占总数的40%,其他朝略有出入(元朝例外)[①]。可以说,在封建时代进士科已成为士子入仕的主要途径。科举选拔官员,符合"学而优则仕"的儒家理想,同时可以从基层选拔人才,任用到各级岗位,直接由朝廷任命,一定程度上削弱了地方行政长官的权力,有利于中央对地方的控制。

---

① 赵沛. 中国古代行政制度[M]. 天津:南开大学出版社,2008.

（二）官员的任用

隋唐时期，九品中正制废除，官员选任权收归中央。官员均由中央任免，且有品级之分，一般来说五品以上的官员由皇帝亲自任免，五品以下的官员则由吏部选拔。从隋朝开始，吏部列为六部之首，位置十分重要，是掌管全国中下级官吏的专门机构，职责是文官的选授、考课、封爵、褒崇等事务。在吏部，主官为吏部尚书，下设吏部侍郎、主爵侍郎、司勋侍郎、考功侍郎等。《隋书》载刘炫对牛弘说道："往昔州唯置纲纪、郡置守丞、县唯令而已，其所具僚，则长官自辟，今则不然，大小之官，悉由吏部。"

（三）官员的考核

隋唐时期，官吏的考核制度进一步完备，并且由尚书省吏部考功司具体执行。官吏的考核，分为短期考核和长期考核。如唐代每年都要进行一次考核，称为"小考"；每隔四年（也有三年或五年）又举行一次"大考"。到明清，称为考满与考察制度，一年一考，三考为满。此外，对九品以外的流外官也分四等考察其功过。评定考课等第的目的是选贤任能、赏善罚恶、奖勤罚懒。凡考课列于中等以上者，在政治上可以升迁，在经济上可以加禄；列于中等以下者，就要降职罚禄。这一制度一直延续至清朝灭亡。

四、监察管理

监察制度的形成是在秦汉时期。秦时中央监察机关为御史府，御史大夫是御史府长官，御史府设有御史中丞、侍御史、监御史（或监察史）等官。御史大夫的地位很高，在秦朝是仅次于丞相的副丞相。汉代沿袭秦制，以御史府为主要的中央监察机构，负责对各级官员的监察和弹劾。

魏晋南北朝时期，监察机构是属于皇帝直接操纵的独立机构，御史可以风闻言事，不必提供确凿的证据，从而大大扩张了御史的权力；没有固定的地方监察机构，而是由中央不定期地派遣巡视御史进行监察。

隋代和唐代实行动态行政监察机制，即经常性监察与临时性巡察相结合。长期与临时相互交替的巡察方式对地方官员进行考察监督。监察体系内部虽有上下级之别，但在监察权上是独立的，监察御史可独立行使弹劾权、纠举权，无须请示。在行使职权时，不受任何官吏的约束，甚至连御史台的长官也无权干涉，即所谓"台无长官"。

宋朝是我国封建制度由盛转衰的转折点，反映在监察制度上，一方面，封建统治者集历代监察制度之大成，使监察体制更为系统化；另一方面，宋代统治者又以各种方式剥夺监察官吏的职权，使封建监察制度趋向保守。宋代监察官由皇帝亲自任命，以遏制相权，同时监察官被置于皇权的严密控制之下，其本身也受监察；另设独立的中央谏官机构；加强了对地方的监督，中央委派的转运使、观察使、校察使、外任御史等都有监督权。

明代《宪纲条例》和清朝《钦定台规》等监察法规的制定，对于监察机构的设置、官员的职权的范围、奖惩的标准及官员的升迁等方面做了比较严密而详细的说明。通过这些法规，监察官员可以依据职权，正确而有效地开展监察工作。同时御史台的地位再次提高，明初的御史台与中书、都督并列，成为中枢机构的三大府之一，改变前朝监察官的相对卑微地位。清代都察院在地位和职权上实现了超越，都御史可以参加"三法司会审"，审录大狱重囚；可以参与朝政，参加廷议，谋划国政；可以参与廷推，讨论重大人事变更，推荐大臣进用等。

第三节　传统文化中的行政管理思想对现代管理的启示

从以上中国古代的行政管理框架可以看出，中国古代的行政管理中充斥着官僚作风、愚忠思想、集体主义、官方霸权。作为一个组织系统，中国古代的行政管理体系是一座金字塔，金字塔的顶端是皇帝，底端是民众，中间各层是各级官吏。同时，它还是一个闭合环，从下到上，百姓对管理自己的官吏负责，各级对上级负责，最后对皇帝负责，皇帝对百姓负责，这样形成了一个从塔尖到塔底的闭合环。另外，中国古代的行政管理是一个系统的横纵管理，从中央开始各个职能部门对口下一级的相关部门，以地域划分行政管辖区域，中央任命行政长官，每一级对上一级负责。每一级的职能部门接受地方行政长官的领导，同时对上一级职能部门负责。这样的行政体制放在特定的历史时代，除去交通和信息传递较为落后等原因，其行政的效率和效果还是相当高的。从现代组织结构看，我国古代的行政组织结构基本属于直线职能结构。所以，它具备直线职能型组织结构的优点，既保证了集中统一的指挥，又发挥了各种专项管理的作用。各级的目标、责任、权力及其在分工中的地位关系排列组合，并以此综合而成一个国家政府系统的目标和它在整个社会中的地位关系。但是，这样的组织结构也有缺点，如各职能单位自成体系，不重视信息的横向沟通，工作易重复，造成效率不高；若职能部门授权过大，容易干扰直线指挥命令系统；职能部门缺乏弹性，对环境变化的反应迟钝，可能增加管理费用。我国古代的行政体系也具有同样的问题，这也是我国现在行政体系存在的问题，需要在实践中不断地改善。

在此，本节梳理了中国古代行政管理思想里对现代管理有启示作用的理论和案例，从在位谋政、崇公尚廉、上下同欲三方面进行阐述。

一、在位谋政

（一）名正言顺

《商君书·定分》中，通过一只兔子的例子，说明名分的重要性。"一兔走，百人逐之，非以兔可分以为百也，由名分之未定也。夫卖兔者满市，而盗不敢取，由名分已定也。"一只兔子在奔跑，上百个人去追逐，不是一只兔子可以分给这一百个人，而是由于这只兔子没有名分，谁都可以拥有。在市场上，到处都是卖兔子的，连盗贼都不敢去取，因为这些兔子都是有主人的。根据这个例子，提出了名分对治理天下的作用——故夫名分定，势治之道也；名分不定，势乱之道也。确定名分是势所必治的方法，不确定名分是势所必乱的方法。所以，在中国古代非常重视"名分"，名分是一个人社会生存和与人交往的基础，这个思想在中国已经根深蒂固。所以，一个人得到政府的任用就有了某个官职的名分，可以按这个官职的职责行事，其他人违抗其令就是违抗任用这个官职背后的政府。这样行使行政权的时候就能政令通畅，否则容易造成百姓议论和质疑。

对今天的行政管理而言，所有的人事任免都要根据组织程序，所有的候选人都需要公布个人的年龄、学历、任职经历、奖惩等情况，广泛征求群众意见，最后挑选出最符合的人选，公示后正式任命。任命过程公平、公开，这样接受任命的人方可在这个岗位上顺利地开展工作。《论语·子路》中的一段话也有详细的说明。子路曰："卫君待子而为政，子将奚先？"子曰："必也正名乎！"子路曰："有是哉，子之迂也！奚其正？"子曰："野哉，由也！君子于其所不知，盖阙如也。名不正，则言不顺；言不顺，则事不成；事不成，则礼乐不兴；礼乐不兴，则刑罚不中；刑罚不中，则民无所措手足。故君子名之必可言也，言之必可行也。君子于其言，无所苟而已矣。"这段话能很好地证明孔子对于"正名"的观点。孔子认为名分不正，说话就不顺当；说话不顺当，事情就办不成；事情办不成，礼乐制度就不能够兴起；礼乐制度不能够兴起，刑罚就不能够得当；刑罚不得当，老百姓就无所适从。所以，君子有一个名分就一定要说出和它相应的话来，说出话来就一定要实行，正名是让职位取信于民的第一步。

在某些时候，某些工作岗位会出现职位的空缺，一时找不到合适的人选接任，便指定人员临时负责，但效果却不太理想。因为"名不正"，没有正式的任命，临时负责者没有底气，管理就不敢下力气；并非正式领导，下属表面和气，但却不太服气，这样管理的效果自然不佳。

（二）不出其位

"正名"之后，该如何行政，孔子说："不在其位，不谋其政"（《论语·宪问》），"君子素其位而行，不愿乎其外"（《中庸》）。说的都是一个人的行为要和其身份相符合，这对行政管理是个非常重要的命题。在一定岗位上的人需按职务认真地履职尽职，一方面，不能超越权限，越权行政；另一方面，不能尸位素餐，在位不为。

中国历史上曾出现了不少在位执政，认真履责、刚正廉明的清官廉吏。如东汉光武帝时的"强项令"董宣，唐代的狄仁杰，宋代的包拯、欧阳修、范仲淹，明代的都御史顾佐、按察使周新、大理寺卿薛瑄、应天巡抚海瑞、御史杨继盛，清代的清官于成龙、孙嘉淦、魏象枢、张伯行等都是"在其位，谋其政"的典型。

所有行政权力的正确行使是政府有序管理的前提。将所有官员的行政权力都规范在其职责范围内，不干涉非职权范围内的事情，在自己的岗位上施展自己的才华和能力，尽全力做好本职工作。而在现实中，某些行政机关"要管的不去管，不该管的偏去管"，使民众有问题不知道该找哪个部门，这种管理上的混乱很容易引起群众不满，使政府机关失去公信力。

二、崇公尚廉

（一）天下为公

《吕氏春秋》中说："圣王之治天下也，必先公，公则天下太平矣，平得于公。"明代薛瑄在《从政录》中说道："人心公则如烛，四方上下无所不照。"公而忘私是人类追求的永恒目标，只有一心为公，心底无私天地宽，廉政才能实现。所以说，官员具有大公无私的思想境界和公而忘私的优良品行，是政治清明、风清气正、社会和谐的前提。"天下为公"是中国古代儒家学说中的重要思想，崇公尚廉、公而忘私一直是中国古代思想家坚持的行政伦理。历史上开明君主大都希冀官员忠君爱国、勤政为民，把公正品德和廉洁行为贯穿于施政过程，培养和造就一批又一批的贤相良臣和清官廉吏，进而消弭社会矛盾，建立永久稳定的清明王朝。一些有抱负的封建士大夫也把公道明察、廉洁清正的人格品质和政治实践作为毕生追求，通过践行公廉思想为国尽忠、为民造福，从而升华自己的思想道德情操，以流芳千古。

政府的行政管理是公共行政管理，其主体是国家权力机关的执行机关，即行政机关，也就是从中央到地方的各级政府。这种公共，就是相对"私"的公。在古代，公而忘私是官员的从政品质。远古的尧舜之所以被称颂为圣君，正是因为他们具有天下为公、公而忘私的高尚品德，帝位不传子却禅让贤明，受到人们的敬仰和爱戴。尽管后来的历史充满了血腥、征战、残暴、攻伐，但正是这种无休止的争夺更激起人们对大公无私的怀念和渴求。早在先秦时期，生活在兵荒马乱年代的思想家就痛感公道思想的沦丧，要求人类回归天下为公的正道。孔子为此设想描绘了一幅大同社会的理想蓝图。荀子认为："公生明，偏生暗。"当时的秦国，从西北边陲的小国一跃而成为问鼎中原、统一六国的强国，其重要原因在于秦国上下都能为公无私、团结一心。这也对我们当下行政管理部门所要时刻谨记的，所有的职位都是根据工作目标设置的，当然具有一定的权力，但这不是个人的权力，而是公权力，不允许任何组织和个人利用这样的权力来为己谋私。

（二）厉行节俭

行政人员要避免奢华，节制财用，以裕人民。孔子主张在一切行政活动中都要遵循厉行节俭的原则。他说："礼，与其奢也，宁俭"（《论语·八佾》），"麻冕，礼也。今也纯。俭，吾从众"(《论语·子罕》)，"节用而爱人，使民以时"(《论语·学而》)。孟子在《孟子·尽心下》中说："堂高数仞，榱题数尺，我得志，弗为也；食前方丈，侍妾数百人，我得志，弗为也；般乐饮酒，驱驰田猎，后车千乘，我得志，弗为也。"这是他自己心迹的表白，也反映了他对当时奢靡之风的反感。此外，荀子也提倡"节用裕民""节用以礼""节其流，开其源"，倡导统治者在治国理政中要爱惜民力、节制财用。老子认为，统治者要尽量克制自己的欲望，减少劳民伤财的活动，总的原则是"去奢、去泰、去甚"，具体指薄税敛、轻刑罚、慎用兵、尚节俭。董仲舒还认为"食禄者不与民争利"，即不能凭借职权从民众手中夺取私利。司马光告诫子孙"由俭入奢易，由奢入俭难"。

节用惠民是我国古代廉政思想的出发点，也是历代廉吏时刻谨记的为官原则。自身节俭，约束家人，以身作则，带动全社会的节俭之风，以此治国安民。历史一次次地证明：勤俭节约不仅是消除腐败的良药，也是廉洁自律的法宝。明代廉吏王琼一生历仕成化、弘治、正德、嘉靖四朝，为官48载，先后任户、兵、吏三部尚书，权力不可谓不大，但王琼既敏捷干练、勤于政务，又精打细算、爱惜民力。他办事节俭，处处以民生为虑，体恤百姓。明代中期，官场腐败，公然行贿，腐败盛行。其中，漕运、河工涉及钱物用度浩繁，但管理极其混乱。其中修治河堤所用草料是河防重要材料，一边是新旧材料混杂，堆积腐烂都无人过问；另外一边是地方官年年照例摊派，乘机渔利，民众苦不堪言。王琼主持漕政后，立马核实草料库存数量和实际需用量，量用而征，大大减少浪费，由于管理严格，很快供需平衡，草不积腐，民不困征。数年后，河防储备充足，每年所征草木的数量比过去减少十分之七，两年节省储银三万余两。同时，王琼还非常注重实际调查，为国家精打细算，善于理财。《明史·王琼传》载："琼为人有心计，善钩校。为郎时悉录故牍条例，尽得其敛散盈缩状，及为尚书，益明习国计。"他担任户部尚书，总理天下钱财，出入钱谷十分精确。一次，边关将帅请拨军需粮草，王琼屈指计算：某仓储粮多少，某仓储草多少，各地每年输送粮草多少，边疆士兵每年采集青草多少。然后说，足矣，再索要就别妄想。边帅非常惊奇，佩服之余，对多索粮草之事亦只能作罢了。

（三）廉洁不贪

廉洁奉公是治国理政的基本要求。廉是前提，《周礼》已对官员有"廉善、廉能、廉敬、廉正、廉法、廉辩"的六计考核要求。可见，廉始终是贯穿其中的一条红线，是主旋律，离开了廉洁，其他一切品质都失去了光泽。《管子·牧民》篇讲道："礼义廉耻，国之四维，四维不张，国乃灭亡。""吏不畏吾严，而畏吾廉；民不服吾能，而服吾公。公则民不敢慢，廉则吏不敢欺。公生明，廉生威。"这段为官要公廉的碑文至今一直被人们传颂。公廉思想孕育出包拯、于谦、海瑞、于成龙等一批清官廉吏。清代清官张伯行的《禁止馈送檄》，至今读来仍让人感动，令人肃然起敬："一丝一粒，我之名节；

一厘一毫，民之脂膏。宽一分则民受赐不止一分；取一文我为人不值一文。谁云交际之常，廉耻实伤；倘非不义之财，此物何来？"

三、上下同欲

（一）通志与众

《黄石公三略·上略》中写道："主将之法，务揽英雄之心，赏禄有功，通志与众。故与众同好靡不成，与众同恶靡不倾。"这段话说的是：担任军队主帅的要诀在于，务必笼络英雄豪杰的心，重赏那些有功之人，使部下知晓主帅的志向。所以，与众人同喜好，就没有不成功的事业；与众人同憎恶，就没有打不垮的敌人。对于行政管理来说，只有做到"通志与众"，才能让政府为人民服务的意识真正演变成全体公务员的实际行动，成为确保国家稳定和经济可持续发展的"火车头"。

有一则寓言故事，讲的是猎人带着猎狗去打猎，一只兔子被赶出了窝。猎狗追赶了一阵子后，兔子逃脱了，猎狗只能无功而返。猎人对猎狗很是不满，训斥道："小的动物比大的动物跑得还快！"猎狗回答道："我奔跑只为一顿饭，而兔子奔跑为的是性命！"这就要求现代我国行政管理体系中的政府公务员不能只把工作当作饭碗，而要通志与众，共同愿景能让国家的兴衰与公务员个人的发展紧密结合，整体的蓝图与个人的前景融为一体。

（二）乐之为上

在孔子看来，"知之者不如好之者，好之者不如乐之者"（《论语·雍也》）。无论是学知识还是做事情，懂得它的人不如爱好它的人；爱好它的人又不如以此为乐的人。当我们对某件事情产生兴趣之后，自然就会全身心地投入其中。

行政机关招聘公务员应选择那些服务大众的"乐之者"，这样他们会有发自内心的意愿，自愿为人民服务。由于服务大众是自发，没有任何强迫，这是一种自我激励，比起外在激励而言是一种更加长效的激励，这样的激励会激发员工更大的创造力和驱动力。可以引导行政机关工作人员为实现目标不断地克服困难，排除干扰，沿着正确的方向达到成功的彼岸。另外，"乐之者"相比较而言，更愿意承担风险，也更具开拓精神，这是创造未来的凝聚力。早在1954年，彼得·德鲁克在《管理实践》一书中就提出了目标管理（management by objective，MBO）的理念与方法。目标管理的基本原理是通过目标对下属进行有效管理，而目标制定的过程则是一个下属参与其中、上下级之间协商互动的过程，上级应该注重强化下属自我控制的意识和能力，关注下属的工作成果和绩效，而不是一味牢牢地掌控员工的工作过程，这其实就是培养"乐之者"的过程。经过了自我管理和参与管理，每一位下属将变成既独立自主又有集体协作能力的个体，更具积极性、主动性和创造性。

【案例】

贺州市坚持"四气"并举推进清廉医院建设[①]

近年来,贺州市围绕"党风清正、行风清明、院风清朗、医风清新"工作目标,坚持"四气"并举,一体推进清廉医院、清廉机关、清廉家庭建设行稳致远。贺州市卫生健康委在2024年全区清廉医院建设暨医药领域腐败问题集中整治工作推进会作经验交流发言,委机关作为2023年全区清廉机关现场会参观示范点和获评市直清廉机关建设示范单位;贺州市人民医院等4家医院被评为自治区级清廉医院示范单位;贺州市中医医院代表贺州市在2023年全区清廉家庭建设工作现场推进会上作经验交流发言。

坚持固本培元扶"正气"。一是坚持理论武装。坚持把党的政治建设摆在首位,市清廉医院专班第一时间组织传达学习清廉广西建设领导小组办公室2024年第1次全体会议、清廉广西建设提质增效三年行动部署会、清廉贺州建设工作现场推进会等会议和文件精神,制定印发《贺州市清廉医院建设提质增效三年行动实施方案(2024—2026年)》,明确重点工作任务,细化工作措施,全力推进清廉医院建设走深走实。二是坚持党建引领。深入推进公立医院党委领导下的院长负责制,公立医院全覆盖修订完善医院党组织会议和院长办公会议议事规则,按照应建尽建的原则,开展公立医院内设机构党组织覆盖攻坚行动,调整优化党支部70个,向自治区卫生健康委推荐星级党支部24个。三是坚持从严治党。认真做好"一月一警示""一业一警示",组织党员干部学习自治区卫健委制作的警示教育读本《院长忏悔录》等。组织市直各医疗机构和县(区)卫生健康行政部门主要领导开展警示教育"新年第一课"活动;组织全市医疗卫生单位全覆盖到清廉文化警示教育基地接受警示教育;在全系统开展为期6个月的"以案促改"专项警示教育活动;联合市纪委监委拍摄《迷失的自我》警示教育片。2023年以来,全系统开展警示教育超2.8万人次,召开专项动员部署会和典型案例剖析194场次,专题民主生活会或组织生活会65场,覆盖率达96%。

坚持靶向施治祛"邪气"。一是聚焦制度建设。针对人事、设备采购、财务等重点岗位实行定期轮岗,避免出现腐败问题。制定《贺州市市直公立医院医疗设备采购集中式管理办法(试行)》,通过开展集中式管理,在医疗卫生机构与供应商之间架构廉洁"防火墙"和防腐"隔离带",持续铲除医疗卫生机构医疗设备采购过程中容易滋生腐败的土壤。二是聚焦风险防控。定期开展谈心谈话活动,定期开展廉政风险排查活动,健全廉政风险防范制度75个。修订完善权责清单、风险清单、防控清单和权力运行流程图(即"三单一图"),并对外公开晾晒。三是聚焦专项整治。深入开展领导干部利用职权或影响力插手工程项目谋私贪腐问题、医疗物资采购腐败问题和全市医药领

[①] http://gx.people.com.cn/n2/2024/0614/c390645-40878900.html。

域腐败问题等专项整治工作，在系统内形成高压震慑态势，严厉打击涉医涉药违法违规行为。截至 2024 年 5 月，组织 147 家公立机构和社会组织共计 1.6 万余人开展自查自纠。

坚持德艺双馨接"地气"。一是强化医德医风建设。坚持党建引领行风，坚持标本兼治、综合治理、惩防并举，切实加强医德医风建设，改善行业作风，不断提高服务质量。深化纠治"四风"，高标准开展好"三个年"（解放思想对标对表提升年、干部作风强化年、广西东融先行示范区建设攻坚年）行动，进一步巩固发展风清气正的政治生态。二是强化正面典型引领。坚持用先进典型教育人鼓舞人，广泛宣传推介党的二十大代表庞茜、全国人大代表陈桂娥等系统先进典型事迹，评选"三牛"式卫健人 30 名、优秀医护人员 514 名、"行医 30 年特别贡献奖" 138 名，选树表扬全市卫生健康系统 31 个"勤廉优"集体和 63 名"勤廉优"个人。三是强化医疗服务能力。市人民医院正式获批国家级急性上消化道出血急诊救治快速通道救治基地，生殖医学科试管婴儿技术通过国家卫生健康委评审正式运行；桂东人民医院乳腺甲状腺外科成功入选国家卫生健康委"甲状腺微创介入建设中心"，建立临床重点专科 73 个（含培训项目），其中国家级 1 个、自治区级 19 个。在全区率先实现的 120 院前急救指挥调度系统市域一体化经验在全区推广。

坚持"三清两白"聚"人气"。一是以"三清两白"为载体，进一步构建"清亲"医患关系。修改完善《贺州市卫健系统开展"三清两白"示范医院创建活动工作方案》，持续开展"病情清、治疗清、收费清、患者明白、医院医生清白"医院建设活动，强化医患沟通，建立医患互信，提高群众就医满意度。自开展清廉医院建设以来，全市医疗机构实现三降一升（即门诊患者次均费用同比下降，医疗投诉、医疗纠纷同比下降，患者满意度提升）。二是以"十个无"为载体，进一步明确清廉医院建设标准。完善出台《贺州市卫生健康系统开展"十个无"医院星级评定创建工作实施方案》，在全系统深入开展"无过错医疗纠纷、无重大医疗事故、无'红包'、无回扣"等"十个无"清廉医院（科室）品牌创建活动。2023 年以来，全市无"红包"医院有 78 家、无酒驾醉驾医院有 67 家；违规"吃、喝、玩"、过度诊疗和重大医疗事故医院发生率为 0。三是以"十个一"为载体，进一步落实清廉医院建设路径。印制《贺州市卫健系统开展清廉文化教育"十个一"活动任务细化清单》，深入开展建设一批清廉文化教育阵地、健全一批廉政风险防范制度等"十个一"清廉文化教育活动。截至目前，全系统共建设清廉文化教育阵地 18 个、健全廉政风险防范制度 75 个、系列"家庭助廉"活动 88 次等。

【复习与思考】

1. 什么是行政管理？行政管理的主要特点有哪些？

2. 中国古代行政管理制度的框架是什么？
3. 谈谈你对当下部分官员"懒政"的看法。
4. 如何在实际的行政管理中进行崇公尚廉教育？
5. 如何通过"上下同欲"建立共同愿景？如何树立各级政府在民众中的良好形象？

第四章

传统文化与财政管理

【本章导读】

本章首先对财政管理进行了概述,然后对中国古代的财政管理的发展进行了梳理,最后详细地论述了中国古代财政管理思想对现代管理的启示。财政管理不仅关系到王朝的收支,而且维系着王朝的稳定和发展,历代王朝都非常重视。所谓太平盛世都是建立在物质丰富、国库充盈的基础上的,但在封建时代,做到通过财政手段促进经济发展绝非易事。很多财政管理思想精髓在千百年后的今天依然熠熠生辉,值得今人学习和借鉴,如义利统一、入多出少乃谓功、利出一孔等。

【学习目标】

了解财政管理思想与中国古代的财政管理的基本情况,思考中国古代财政管理思想对现代财政的启示,能结合当下的政府体制改革,发现古代财政管理思想对现代管理的影响,并对其中具有积极意义的部分进行阐述。

第一节 财政管理的概述

最开始,财政管理仅限于对政府收入和支出的管理,其主要的管理内容为政府资金的征收、使用和管理。如德国官房学派以国库行政为中心,着重研究了政府如何征收租税和相关管理费用的办法,这是现代财政学的雏形。官房学派又称计臣学派,拉丁语名称为"kamera",意为房屋,即国王储藏私产的地方,后指国库或国王的会计室。当时的德国大学设有官房学,专门培养经济、财政和行政人才。16世纪中期,正是资本主义萌芽时期,英国重商主义学派详尽研究了如何利用过境税等财政手段来加速资本的积累的问题。随着资本主义经济的兴起,人们渐渐注意到财政不仅是政府开支的管理,它还有经济调控的功能。法国的重农学派提倡简化税制,主张以"纯产品"理论为基础的单一税制,也就是地租税。17世纪法国的财政部长柯尔伯特则认为,所谓征税,就是拔最多鹅毛、鹅叫最少的技术。1663年,威廉·配第出版的《赋税论》,涉及各种公共经费、税收理论、征税方法等内容,该书为财政学的创立奠定了基础。但西方财政学作为一门独立的学科是由西方古典经济学的创始人亚当·斯密在18世纪后半叶创立的,迄今为止已有200多年的历史。

1930年,一场席卷整个资本主义世界的经济危机打破了古典经济学的市场自动调节神话,市场这只"看不见的手"面对经济崩溃毫无招架之力。此时,古典经济学被以宏观经济分析为主要特色的凯恩斯主义经济学所取代。凯恩斯主义经济学把财政提到一个前所未有的高度,成为经济学中宏观经济调控的重要手段。凯恩斯在其1936年发表的《就业、利息与货币通论》中认为,税收、支出、公债、预算等内容不过是财政学的一小部分,甚至是很浅表的一部分。他主张财政政策应从传统的预算平衡概念中解放出来,走向积极主动的赤字预算,以此刺激社会经济活动,增加国民收入。凯恩斯这一财政理论被现代世界各国所接受,不断改进并发扬光大。

凯恩斯之后,财政管理受到各国政府的高度重视,财政管理与政治、经济日益密切。通常认为,财政管理是国家对财政分配过程进行组织、指挥、协调、控制等一系列活动的总称。所以,财政管理的主体是国家,国家财政管理工作具体承担者为各级政府的财政部门,所以财政管理属于国家管理的范畴。同时,财政管理的客体是财政分配活动,包括财政收支活动及与之相关的经济活动,因而它又属于经济管理的范畴。现在财政管理手段已经远远超出经济的范畴,利用管理国家所能采取的全部手段,如行政手段、经济手段和法律手段,进行财政管理的工作。财政管理旨在通过对财政分配活动的组织、指挥、协调和控制,以优化财政分配过程,促进国家经济协调有序地发展。

一、财政管理地位、作用

财政管理是整个国民经济管理活动的重要组成部分,是一项贯穿财政工作始终、覆盖所有财政领域和财政过程的经常性工作,是一种制定和执行财政政策法规、规范财政关系及运行的行为。它不仅要与国家的经济体制相吻合,而且还要同国家的其他宏观经济政策相协调,是一种高难度的经济管理活动。财政管理不仅决定着财政工作的整体水平和最终成效,而且极大地制约着财政改革的效果和财政职能的发挥。财政管理的质量和水平是影响国家财政经济状况和运行机制的一个关键性因素,所以各级政府对其都予以了高度重视。

二、财政管理的一般特征

（一）国家主体性

财政分配是以国家为主体的社会产品分配，财政部门的一切财政活动直接代表国家。国家一方面以社会管理者的身份，凭借政治权力，对各种经济及公民个人的一部分社会产品或国民收入进行分配；另一方面以生产资料所有者的身份，凭借财产权利，对国有经济的一部分社会产品或国民收入进行分配。为此，以国家为主体就成为财政分配与其他分配形式的一个重要区别，也决定了财政分配必然是全社会集中性分配。

（二）无偿性

财政通常是一种无偿性的分配，财政分配是主要以剩余产品为客体的一种分配。财政分配的结果，通常使社会产品发生单方面转移，形成无偿分配，财政收支的对方单位得不到直接的、相应的或者等价的报偿。可以说，财政分配通常是所有权和使用权相统一的分配。

（三）强制性

财政通常是一种具有强制性的分配，财政分配的强制性是指国家作为统治机关本身不进行生产，凭借国家权力，以立法或行政权力的形式强制地取得一部分社会产品，并给予相应的调节、监督和管理，在规定范围内任何单位和个人都不得拒绝，否则就要受到一定的制裁。强制实质上体现的是一种权威，而财政及其管理本身就是一种权威。

三、财政管理职能

（一）维护国家的职能

维护国家的职能是指财政具有维护国家机器存在和发展的职责与功能，是政府政治作用在财政领域的延续与体现。财政维护国家职能的目标是财政要保证以物质资料支持国家机器的存在与发展。在我国社会主义市场经济体制下，财政维护国家就是要为国家机器的建立、巩固和发展提供资金保障。

（二）配置资源的职能

配置资源的职能是指财政具有通过一定方式引导人才和物力的流向，促进资源配置趋向"帕累托最优"状态的职责与功能。财政配置资源职能的目标是消除垄断、提供公共产品、克服外部性、控制风险和不确定性，以实现资源配置的"帕累托最优"。财政配置资源职能的实现，取决于市场失灵的程度和人们对政府的态度及对财政配置资源的成本收益比较。

（三）分配收入的职能

分配收入的职能是指财政具有通过对社会产品的占有、使用来调整市场参与者之间的物质利益关系，从而实现社会公平的职责与功能。财政分配收入职能的目标是影响社会各阶层之间的分配关系与利益格局，推动实现社会公平与共同富裕。

（四）稳定经济的职能

稳定经济的职能是指财政具有通过一定方式促进国民经济实现总量平衡并适度增长的职责与功能。财政稳定经济的目标是实现充分就业、物价稳定、适度的经济增长和国际收支平衡。

（五）监督管理的职能

监督管理的职能是指财政具有通过一定方式对财政资金运动进行监督、控制，对财政资金使用效益进行考核分析的职责与功能。财政监督管理的职能不仅是政府自我管理、克服政府失灵的内在需要，也是实现民主政治的根本要求，其目标是抑制财政参与者的机会主义倾向。

四、财政管理与经济关系

财政管理的范围就是政府的经济活动。政府为什么征税，征多少税，征的税怎么用，人们越来越要求政府的管理活动讲求经济效益。这对财政管理提出了效益管理的要求，认为财政管理要注重过程的管理，要注重运用经济分析的方法。

一定时期、一定条件下的财政管理，是由一国的经济体制特别是财政体制的属性和宏观经济运行、管理模式所决定的，并与之相适应。认清了财政管理与经济的关系，有利于我们克服片面追求经济增长，忽视经济效率和效益，不计投入产出效应的粗放型增长方式；有利于我们改正以往用计划代替管理，用增长代替质量，只知用投入去追求产出，而不讲成本与效益分析，忽视财政监督等旧的观念。

第二节　中国古代财政管理的概况

财政管理在我国悠久的国家管理中占有重要地位，历代统治者都给予了高度重视。春秋时期，著名的理财家管仲认为加强财政管理是一个国家存亡的根本。他认为，天下不患无财，患无人分之。所谓"无人分之"指不能很好地进行管理，又说"塞民之养，隘其利途，故予之在君，夺之在君，贫之在君，富之在君"①，充分强调了国家在财政分配管理中的调控作用。进入封建社会，人们对加强财政管理重要性的认识又更进一步。东汉崔富认为财政管理首要的在制度建设，认为财政管理"必明法度以闭民欲，崇堤防以御水害"，同时他还强调财政管理的制度要持之以恒，因为"法堕而不恒"，财政管理根本无从谈起。北朝时期的著名理财家苏绰认为财政管理应从赋役管理出发，认为"不舍豪强而征贫弱，不纵奸巧而困愚拙"，只有这样，赋役才能管好，否则不仅使国家财政亏空，甚至会激化阶级矛盾，威胁王朝的统治地位。唐中叶，李翱强调财政管理应首先从财政收入把好关，他指出"重敛"虽然得财，但长期"重敛"会使"人日益困，财日益匮"，而"轻敛"则地有余利，国家则"人日益富，兵日益强"②。这一观点充分说明了国家财政的亏盈直接关系到生产，生产衰败则民穷国困，国家财政的征收不能"竭泽而渔"，而应该"与民休息"，民富则国强。北宋著名的改革家、理财家王安石，尤其重视管理生财，他认为国家财政的关键在于会不会理财。为此，王安石提出"理财方为今先急"。他总结历代财政兴衰的经验，指出"治世未尝以不足为天下之公患也，患在治财无其道也"。明代著名理财家张居正指出，天地生财，自有定数，取之有制，用之有节则裕。取之无制，用之无节则乏③。这里所说的"制"与"节"，都是财政管理的手段，由此说明加强财政支出管理的重要性。明代的思想家李蛰提出，不言理财者，决不能平治天下。清代以擅长经济、经世之学而称著的王源对财政管理更为看重，他在其取士办法中，把财政管理定为一个专科，称为"理财科"。不仅如此，王源还主张在官制中设"货部"，置主管财政管理的官员，其责任就是"均上下，均贫富，均有无，均出入"④，正确合理地进行财政管理，使国家财政管理在收支、分配、调拨各方面都达到尽善尽美。

一、中国古代用财管理

中国古代财政平衡理想是每年都能做到收大于支，不断增加财政储备，多数统治时间较长的王朝确实曾经历过这样的阶段。收支平衡可以有两条管理原则——量入为出和量出为入（或量出制入），前者是根据国家财政收入的数额确定支出的数额，后者则反之。从理论上量入为出的原则在中国古代被多数人视为唯一正确的原则，但在实践中为了保持财政收支的平衡，许多财政管理官员又往往实行量出为入的原则。《周礼·冢宰上》对赋、贡收入实行专项专用，在使用方面列了九式："以九式均节财用：一曰祭祀之式，二曰宾客之式，三曰丧荒之式，四曰羞服之式，五曰工事之式，六曰币帛（礼品）之式，七曰刍秣之式，八曰匪颁（分赐群臣）之式，九曰好用（宣好赐予）之式。"

---

① 黎翔凤，梁运华.管子校注［M］.北京：中华书局，2018.
② 李翱.李文公集［M］.北京：商务印书馆，1929.
③ 张居正.张文忠公全集［M］.北京：商务印书馆，1929.
④ 李塨.平书订［M］.北京：商务印书馆，1937.

这种划分表明《周礼》对财政收支平衡的考虑贯彻了量入为出的原则。

量入为出原则的正式文字记载始见于汉文帝时的《礼记·王制》："冢宰制国用，必于岁之杪，五谷皆入，然后制国用。用地小大，视年之丰耗，以三十年之通制国用，量入以为出。"就是说要在每年年底作为赋税征收的五谷都收齐以后，以此安排明年的财政支出，以留有余地的财政收入结余为财政目标，即量入为出。

唐德宗建中元年（780年），宰相杨炎建议颁行"两税法"。按当时的财政支出需要确定税额，他提出："凡百役之费，一钱之敛，先度其数而赋于人，量出以制入。"这是中国古代第一次也是唯一的一次正式提出量出为入的财政平衡管理原则。杨炎所说的量出制入，本意只是指在确定两税税额时偶一为之，税额一经确定，这一原则就不再实行。但两税法实行后政府的财政收支仍不能平衡，仍在继续加税，量出为入仍然是在暗中实行着的财政平衡管理原则。

在中国封建社会中，量入为出的财政平衡管理原则得到普遍肯定，是符合客观经济规律的要求的。封建社会生产力发展缓慢、剩余产品数量有限，国家的财政开支特别需要量入为出，以防止超越社会生产力发展水平所容许的限度。如果实行量出为入的财政原则，除桑弘羊、刘晏等少数财政管理者有所谓"民不加赋而国用饶"的效果外，一般只能采取加税的办法，加税则很容易走上竭泽而渔的道路。因此为了避免出现这一情况最可靠的办法就是量入为出，以保护社会生产力的正常发展，并安定人民生活和巩固封建秩序。问题在于历代封建王朝经常出现财政的困境，不可能始终实行量入为出的原则。而当量出为入发展到竭泽而渔，以致民穷财尽、经济凋敝，这个王朝也即将走向灭亡了。

二、中国古代生财管理

根据史料，中国古代政府的财政收入来源一般包括：国营工商业的收入、国家从钱币铸造和纸币发行中取得的收入、国家从食盐征税和专卖中取得的收入等，但中国古代历代王朝的赋税主要来源于农业赋税。所以农业赋税是古代政府最为重视的方面，可以说这是封建政府的生财之路。但如何才能达到赋税与经济发展的相互促进？赋税过高，经济发展受限制；赋税过低，国家财政不够用；增加赋税，抑制农业发展；减少赋税，国家很多事项无法开支。在这种两难当中，很多政治家对农业赋税进行了各种改革尝试，希望通过赋税这一杠杆一方面促进经济发展，另一方面充盈国家财政。但在实际执行过程中却总是不尽如人意，很难平衡，国富民强的时代很少，国弱民弊的时候居多。

（一）田赋征收率

孟子认为夏、商、周三代都实行什一税，夏后氏五十（亩）而贡，殷人七十助，周人百亩而彻，其实皆什一也①。孟子的主张对后世有很大影响很大，大多把什一税看成最理想的税率。西汉景帝时田赋最轻时三十税一，但财政还是非常宽裕。但三十税一执行的时期较短，很多王朝的田赋征收率都远远不止如此。正如清初黄宗羲认为什一税在井田制下是轻税，因为"其田皆上之田"。自秦而后，民所自有之田也，上既不能养民使民自养，又从而赋之，虽三十而税一，较之于古亦未尝为轻也。所以，后世什一税其实已是重税，而连什一税也未能坚持，这是不断地量出为入造成的。天下之赋日增，而后之为民者日困于前②。

（二）合理负担

田赋的合理负担包括不同地区之间的合理负担和不同纳税人之间的合理负担。夏禹时《尚书·禹贡》记载，把全国分为九州，将九州的土地和田赋分别定为九等。土地的分等决定于土地的肥瘠程度，田赋的分等则还要结合人口疏密情况，因此两者并不一致。管仲主张"相地而衰征"③，荀子提出"相地而衰政（征），理道之远近而致贡"④，都是针对不同地区采取不同负担的政策。但随着时代发展，田赋税不均的情况越来越严重。

西魏苏绰提出管理国家的方针《六条诏书》，其中第六条是"均赋役"，均赋役的含义是"夫平均者，不舍豪强而征贫弱，不纵奸巧而困愚拙，此之谓均也。"就是要使贫富的负担合理，不要把应由富人负担的赋役转到穷人身上，不要使奸巧者得以逃避所应负担的赋役。唐宋在此方面做过多种尝试，但都很难实行。即使到明代张居正实行了一条鞭法时，田赋不均的问题依然存在。田赋轻重悬殊不仅有江南和江北、此省和彼省的差别，甚至还有县和县、一县中的不同地区的差别。普遍反映田赋特重的是苏州和松江两府，苏州又超过松江，要求减轻苏、松田赋的主张在明清时期经常出现。

（三）以丁定税和以资产定税

中国古代的农业赋税存在着以丁定税和以资产定税两种计税办法。田赋按田亩征收就是以资产定税，算赋、丁税是以丁定税。但具体以何者来定税，历来多有论争，而以丁定税，不问土地的多少有无，都要纳同样的税，乃是更严重的"失平"。人力只有和生产资料结合才能生出财产来。以丁定税，显然有利于富户，富户财产多但人丁少，按人丁算，与穷户交一样的税，这样有失公平。有些政治家提出以资产定税，但以资产定税，在资产核实上会有不精确的地方，但是对资产中的土地一项来说，核实并不太困难。所以，历史上的诸多的田赋改革方向都是以田定税，如王安石变法、张居正一条鞭

---

① 孟子.孟子[M].段雪莲，陈玉潇，译.北京：北京联合出版有限责任公司，2015.
② 黄宗羲.明夷待访录[M].李伟，译注.长沙：岳麓书社，2016.
③ 左丘明.国语[M].韦昭注，注.胡文波，校点.上海：上海古籍出版社，2015.
④ 荀子.荀子[M].方勇，译注.北京：中华书局，2011.

法等。因此，以田定税是赋税制度发展的方向。

（四）征农产品和征货币

以农产品征税，农民非常方便，将自己生产的农产抵扣税收，但收上来的这些农产品储存运输不便，变现不易，于是有的政治家提出货币税。向农民征收货币赋税，农民为了获得货币，往往被商人压价而贱卖其农产品，西汉以来不断有人指出这一情况。两税法以钱为计算标准，但钱币流通数量不足，以致形成了钱贵物贱的趋势。实行两税法的四十年间物价下跌非常严重，所以向农民征收货币赋税遭到了很多人的反对。在众人的反对下，唐元和十五年（820年）穆宗采纳杨於陵的建议，终于取消两税征钱而改征布帛。北宋王安石变法后造成了钱荒也是货币征税出现的弊端。明代赋役逐步向征银转化，实行一条鞭法后除漕粮外，赋税普遍征银，这在商品经济发达地区是适当的，但有些地区仍存在着赋税征货币所产生的弊病，因此有不少思想家还是主张赋税征本色。

三、中国古代财会管理

我国可追溯的最早的财会管理历史是商代，从殷墟出土的甲骨文中就有王朝财会事项的记载，而"会计"一词的命名和职责范围的明确要从西周算起。当时"会计"的意思是指通过日积月累的零星核算和最终的总和核算，达到正确考核王朝财政经济收支的目的。据《周礼》记载，西周国家设立"司会"一职，该职位的职责范围是对财务收支活动进行"月计岁会"，同时还设立了司书、职内、职岁和职币四职分工处理各类会计业务，其中司书掌管会计账簿，职内掌管财务收入账户，职岁掌管财务支出类账户，职内掌管财务结余。由此看出，西周时期我国的国家财会职务和职责范围已经确立、各类财会工作的分工合作协调配合，已初步形成会计工作组织系统。同时，还建立了定期会计报表、专仓出纳、财务稽核等财会制度，采取的是文字叙述式的"单式记账法"，财会制度管理和流程管理已经较为成熟。

（一）先秦时期

先秦时期，在会计的原则、法律、方法方面均有所发展。孔子提出了中国最早的会计原则——"会计当而已矣"。"当"的意思是会计要平衡、真实、准确，虽然是简单的一个字，却道出了会计的收支平衡并正确无误的最基本原则，相当于现在所说的"客观性"原则。战国时期，中国还出现了最早的封建法典——《法经》，其中包含"会计"方面的内容，如在会计簿书真实性和保管方面，规定会计簿书如果丢失、错讹，与被盗数额同罪；在会计凭证和印鉴方面，规定契券（当时的原始凭证）如有伪造、更改等情节严重者与盗贼同罪论处，轻者以欺诈论处；如上计报告不真实，有欺诈隐瞒者，根据情节轻重判刑；在仓储保管方面，规定对于账目不符的，区分通盗、责任事故、非责任事故等不同情况进行处理；在度量衡方面，规定度量衡不准者，按情况不同实行杖打等处罚。

周代的财会组织中的财务行政、会计、国库组织各自有一独立系统,并在其间构建了相互牵制和监督的关系。司会主天下之大计,是整个王朝财会的总监,九府出纳管理整个王朝的财用收入和支出,而宰夫的职责是稽查财会的流程和核算的准确。周代每年一度的大计,三年一度的大会,既是当期的财会决算,又是下期的财会预算,加之围绕财物管理所建立的牵制关系,针对国库财物出纳所进行的就地稽查,又保证了量入为出。可以说,周朝的财会组织制度和财会分工及协调方法,处于当时世界的发达水平。

(二)秦汉时期

秦汉时期,会计制度虽然没有大的突破,但在记账方法上已超越文字叙述式的"单式记账法",建立起符号形式的"单式记账法",即以"入、出"为会计记录符号的定式简明会计记录方法。它以"入-出=余"作为结算的基本公式,即"三柱结算法",又称为"入出(或收付)记账法"。西汉时采用的由郡国向朝廷呈报财务收支簿——"上计簿"可视为"会计报告"的原型。

(三)隋唐时期

在唐代,"单式记账法"得到快速发展,并日趋成熟。这个时期的会计核算仍以入、出作为主要记账符号。根据经济事项的具体内容,人们将记账符号或放于首位,或在内容摘要中加以明确,运用更加灵活,不拘一格。在唐代的官厅会计核算中,有时会在一笔会计记录里反映经济事项的两个方面,这样记录只是为了清晰地反映事情的来龙去脉,以备日后检查核对。唐代会计记录中,为了防止有人篡改其中的数字,开创性地使用了一套会计体数码字,就相当于现在的大写数字,如壹、贰、叁等,这是经过历代演变而形成的最终写法。这一创新的数字书写方法,直到现在还被我们广泛使用。我国的收付记账法,记账所用的数码字、计量单位都在此时传入日本,为日本官方和民间广泛采用。

值得一提的是,在唐代我国产生了《元和国计簿》《太和国计簿》等具有代表性的会计著作。《元和国计簿》和《太和国计簿》分别为唐人李吉甫、韦处厚所撰,收录了唐代人口、赋役、财政、税收等方面的统计资料,按照国家财政收入项目分别记载其收入数字,是研究唐代财政状况的重要史料。

(四)宋元时期

到宋、元时期,会计方法又有了新的进展,会计账簿已有了序时账和总分类账的区别,特别是创建和运用了"四柱结算法"。当时封建官府办理钱粮报销和移交手续时所造的表册叫"四柱清册"。所谓四柱,即旧管(期初结存)、新收(本期收入)、开除(本期付出)、实在(期末结存)。四柱之间的平衡关系,可用会计方程式表示为:

旧管＋新收－开除＝实在。

四柱结算法在当时是最科学合理的会计方式，它的创建和运用，是我国会计工作者对财务管理的一项重大贡献，为我国长期通行的收付记账法奠定了理论基础。这一方法很快在民间也推广开来，运用到商业的往来当中，极大地促进了宋元时期经济的发展。

宋真宗咸平三年（1000年），中式会计在盛唐的基础上又有新的进展，并依旧在世界上处于领先地位。1002—1068年，连续三代皇帝推行财计组织体制改革，试图以此理顺中央与地方财会之关系。1069年，王安石以"理财"为纲进行变革，并以"制置三司条例司"作为改革的总机关。1074年，设置"三司会计司"，以此总考天下财赋出入，实行一州一路会计考核制度。尽管以上改革未果，但这些事件却在会计发展史上造成了重要影响。1078—1085年，宋神宗通过推行新官制，使中央政府机构又回复到唐朝的"三省六部"体制，并重新确立了政府会计、出纳及审计的组织地位，使会计工作恢复到正常状态。

（五）明清时期

明末清初之际，中国又出现了一种新的记账法——"龙门账法"。此账法是山西人傅山根据唐宋以来"四柱结算法"原理设计出的一种新的会计核算方法，其要点是将全部账目划分为进、缴、存、该四大类。"进"指全部收入，"缴"指全部支出，"存"指资产并包括债权，"该"指负债并包括业主投资，四者的关系为：该＋进＝存＋缴（进－缴＝存－该）。

根据这个公式，结账时"进"大于"缴"或"存"大于"该"即为赢利。傅山将这类双轨计算盈亏并检查账目平衡关系的会计方法，形象地称为"合龙门"，"龙门账"因此而得名。"龙门账"的诞生标志着中式簿记由单式记账向复式记账的转变。到了清代，国家会计制度出现了新的突破，即在"龙门账"的基础上设计发明了四脚账法。四脚账是一种比较成熟的复式记账方法，其特点为：注重经济业务的收方（即来方）和付方（即去方）的账务处理，不论现金收付事项或非现金收付事项（转账事项）都在账簿上记录两笔，即记入"来账"，又记入"去账"，而且来账和去账所记金额必须相等，否则说明账务处理有误。这种账法的基本原理已与西式复式记账法相同，但随着西式会计的引入，中式会计趋于衰落。

第三节　传统文化中的财政管理思想对现代管理的启示

从以上中国古代财政管理的具体措施和管理的成效中，我们可以看出，要振兴国家财政，必须加强财政管理。这不仅是经济发展的问题，也是政治稳定的问题，这是从中国几千年来国家财政盛衰发展中得出的经验，是直接关系到国家安定和生死存亡的大问题。历史经验证明，对于财政：管则兴，不管则败；管则存，不管则亡。所以，一定要高度重视财政管理工作，把财政管理放到关系国家兴败存亡的高度去认识。

加强财政管理要以生财为中心，应把财政管理真正看作兴财之道，而不要将其局限在计财、审财和守财等狭隘的范围之内，要跳出财政谈财政管理。因此，在加强财政管理中，一定要正确处理财政与发展经济的关系，要重视社会经济的发展，进一步提高社会生产力，为振兴财政广开财源、搞活财源、巩固财源，使国家财政建立在雄厚的经济基础上。加强财政管理，首先要把重点放在开源节流上，开源节流是合理调整财政收支平衡的重要手段。在财政收入上抓住主要的财源，调节税收比例，要轻重有别，合理负担。在财政支出上要集中财力保证重点，专款专用，不可铺张浪费。

中国传统财政管理今天看已经过时了，先进的管理手段和管理方法使财政管理更加科学化和精确化。但几千年的管理实践对我们今天的财政管理也是有参考价值的，如义利统一、入多出少乃谓功、利出一孔等，以下进行详细的论述。

一、义利统一

"义利之说，乃儒者第一要义"[①]。可见义利关系是儒家的最基本问题，也是儒家思想体系的核心内容。儒家的义利观对古代政治与经济的影响很深，"君子喻于义，小人喻于利"，封建王朝标榜以"德"治国，虽得天下之利，却抑制民众的逐利行为。显然，这是从统治阶级的立场上来看问题的。如果按统治阶级所定义的要求，人们就会安于自己所处的阶级地位，不会僭越，不会犯上作乱，统治阶级因此获得利益，阶级地位越高的人，获得的利益也越大。以孔子、孟子为代表的先秦儒家对利采取贬抑的态度。孔子说："放于利而行多怨"，认为人们无限制地追求私利造成了社会的动乱。他自己"罕言利"，反对"不义而富且贵"，还希望人们树立"见利思义"的美德。孟子主张"何必曰利"而讲"仁义"，很鄙视"鸡鸣而起，孳孳利者"，认为"鸡鸣而起，孳孳为善者，舜之徒也；鸡鸣而起，孳孳利者，跖之徒也。欲知舜与跖之分，无他，利与善之间也[②]。"然而，若不是有这么多"鸡鸣而起，孳孳利者"的辛勤劳作，哪来的帝王将相、后宫嫔妃的锦衣玉食。百姓一日不劳作，一日不得食，薄粥咸菜，艰难度日，早起晚睡，艰辛求生。以"小人喻于利"是忽视了社会经济生活中"经济人"的假设。一国财政收入都是这些"小人"辛勤劳动、集体创造的结果，需要对民众的这种正常"逐利"行为予以肯定和赞扬。社会经济是国家财政的基础，财政收入是社会经济的体现。对于百姓正常"逐利"行为的鼓励和支持是社会经济发展的推动力。物质丰富了，人民富足了，国家财政随之振兴。所以，要振兴国家财政，必须首先要鼓励百姓正常"逐利"，只有这样才能发展社会经济。

---

① 朱熹．朱子文集［M］．北京：商务印书馆，1912．
② 孟子．孟子［M］．段雪莲，陈玉潇，译．北京：北京联合出版有限责任公司，2015．

与儒家重义轻利相反，以商鞅、韩非为代表的先秦法家则根本否定"义"的积极作用，积极肯定"利"的作用，他们认为人的本性是好利的。商鞅说："民之性，饥而求食，劳而求佚（逸），苦则索乐，辱则求荣，此民情也……故民，生则计利，死则虑名。"又说："于利也，若水于下也，四旁无择也①。"认为人的追求利益，就像水向下流一样。韩非把所有人和人的关系，包括君臣、父子关系在内，都归结为利害关系②。商、韩的主张实际上是强调了物质利益原则，这种主张适应了当时地主阶级富国强兵的需要，在秦国实行后取得了很大的成功。但否定道德观念的制约作用，单纯用来刺激人们的积极性，仍具有极大的片面性。秦王朝迅速被推翻，和无视仁义等封建道德观念对巩固封建统治的作用不无关系。但凡事都以"利"为先，虽然能够导致社会生产短期大发展，但长期的"逐利"引导，容易导致为利铤而走险，不顾人伦道德，社会崩溃。一如马克思所说，资本如果有百分之五十的利润，它就会铤而走险；如果有百分之百的利润，它就敢践踏人间一切法律；如果有百分之三百的利润，它就敢犯下任何罪行，甚至冒着被绞死的危险。所以在强调"义"的同时不能忽视"利"，在鼓励逐"利"的时候要保持"义"，这样经济发展、财政收入、政治稳定才能同时实现。

《吕氏春秋·察微》记载了子路拯溺和子贡赎奴两个故事，能很好地说明儒家义与利平衡观点。子路拯溺的故事为：子路者，其人拜之以牛，子路受之。孔子曰："鲁人必拯溺者矣。"有一个人掉到水里去了，子路跳下水去，把人救起来了，家属感谢他，给他一头牛，他就收了。别人就议论了：下水救人还要钱？孔子知道了，表扬这个学生，说这个学生做得对，这会使更多的落水人被救。因为救了人之后，人家给钱，是可以收的，于是再有人落水，就有人愿意去救。所以要看客观的效果。孔子的另一个学生子贡赎奴的故事恰恰相反，鲁国之法，鲁人有赎人臣妾于诸侯，皆受金于府。子贡赎人而不受金，孔子闻而恶之，曰："赐失之矣！夫圣人举事，可以移风易俗，而教道可施于百姓，非独适己之行也。今鲁国富者寡而贫者众，受金则为不廉，何以相赎乎？自今以后，不复赎人于诸侯矣！"当时在春秋时代，鲁国有个规定，凡在鲁国外看到有鲁国人在外国被卖为奴隶的，可以花钱把他赎出来，回到鲁国后，到国库去报账，国库照付。子贡真的在鲁国外看到有鲁国人被卖为奴隶了，就把他赎出来。赎出来以后，他没到国库去报账，别人都说这个人品格高尚。孔子知道后，大骂这个学生，说这个学生做错了，他这种做法实际上妨碍了更多的奴隶被赎出来。这个人回来后没有去报账，将来别人看见做奴隶的鲁国人，本想赎他出来，又想，我赎了以后，如果去报账，别人就要议论：以前某某人不报账，你去报账，你的品格不如他。这样，这个人就可能装作没看见，不去赎人了。所以，这个做法就妨碍了更多的鲁国奴隶被人家赎买出来，是有害的。这两个故事告诉人们有些表面的仁义思想会妨碍实际的仁义之举，即使是逐"利"

---

① 商鞅.商君书［M］.石磊，译注.北京：中华书局，1998.
② 韩非子.韩非子［M］.高华平，王齐洲，张三夕，译注.北京：中华书局，2015.

也可以为他人谋取福利，利己和利他有时候是可以两全的。沽名钓誉之风如果盛行，虚伪之人大行其道，貌似仁义道德，造成的却是整体利益的损失。国家财政取之于民、用之于民，并非与民争利，以"义""利"结合相导，社会才能稳定和谐。

二、入多出少乃谓功

韩非子提出了"入多"和"事功"的原则，前者是增加收入的原则，后者是提高经济效益的原则。韩非子认为，任何生产事业必须计算收支的多少，收大于支的事可以大干，反之就不应该干或尽量少干。他还从社会的生产、流通和消费方面考察了"入多"的原因，将其分作三类：一是"山林泽谷之利"；二是风调雨顺的自然原因，即所谓"天功"；三是人为的因素。他认为人为的因素最重要，所谓"入多，皆人为也"。他要求人们善于利用自然条件，加强生产管理，致力于农牧科学研究，改进生产工具，提高功效，组织流通，指导消费，以造成"入多"。关于"事功"，他认为："凡功者，其入多，其出少，乃可谓功。今大费无罪而少得为功，则人臣出大费而成小功。小功成而主亦有害。"这就是要讲求为政的效率，用最小代价获取最大功效。但施政行事难免利弊并存，"无难之法，无害之功，天下无有也"，此时就必须"出其小害，计其大利"，"权其害而功多则为之"。此外，韩非子还从劳动时间的丧失论证了对经济效果的影响。他说："一人之功，日亡半日，十日则亡五人之功矣；万人之作，日亡半日，十日则亡五万人之功矣。"这一观点无疑是非常可贵的。

韩非子治国的功利思想，是我国历史上最早提出的朴素的投入产出理论，为提高经济管理效益指明了方向，也是国家进行经济决策和经济考核应该遵循的原则。同时，从另一个侧面说明，一个国家的入大于出不是因为"德行"，而是应为劳动者实实在在的劳动创造的。这对"四体不勤，五谷不分"的儒家的驳斥。真正的社会财富的积累需要的是正确的投入和产出，当收入多、投入少时，就会有剩余的产品，否则就会出现亏空。一人如此，一家如此，一国亦如此。所以，必须重视投入，重视民众之功，民众的劳动才是国家最坚实的基础。

而投入产出往往是投入越多产出越大，舍不得投入自然产出极低，甚至没有产出。一国财政也是如此，要有理财的思维，国家才能平顺，政局才能稳定。《新约·马太福音》有这样一个故事，国王远行前交给三个仆人各一锭银子，并让他在自己远行期间去做生意。国王回来后把三个仆人集到一起，发现第一个仆人已经赚了十锭银子，第二个仆人赚了五锭银子，只有第三个仆人因为怕亏本什么生意也不敢做，最终还是攥着那一锭银子。于是，国王奖励给第一个仆人十座城邑，奖励第二个仆人五座城邑，第三个仆人认为国王会奖给他一座城邑。可国王非但没有奖励他，还将他的一锭银子没收，奖赏给第一个仆人。国王说："少的就让他更少，多的就让他更多。"这个理论后来被经济学家运用，命名为"马太效应"。一国财政是关系到国家存亡和民众生活的大事，为国理财的实质就是为国生财、聚财之道，经济有其自身的运动法则，掌握了它就开启了财富之门。

三、利出一孔

利出一孔主要强调各种收入要由国家统一控制，防止税收的流失。这一原则是战国时期管仲提出来的，他认为利出一孔关系到国家的盛衰存亡，指出："利出一孔者，其国无敌；出二孔者，其兵不诎；出三孔者不可以举兵；出四孔者其国必亡①。"由此可知利出一孔的重要性。利出一孔的主要目的是杜绝富商大贾进行高利盘剥，并切断他们攫取盈利的途径，使财利都集中到国家手中。由国家掌握轻重，调剂供需，实现"其国无敌"的目的。由于这一管理原则有利于强国富民的宗旨，所以西汉的桑弘羊、唐代的刘晏、宋代的王安石在加强财政管理时都运用了这一原则，并取得了显著的成效。因此，加强生财管理，振兴国家财政，不能忽略中国历史上"利出一孔"的管理原则。

这也提出了一个健全和完善财政管理机制的问题。对于财政管理应当由专门部门负责，禁止出现位不正职不清、政出多门、财出多门的混乱状况，利出一孔明确同级政府各部门职能和责任，正确地处理好各部门之间、各系统之间的关系，克服部门主义、单位主义和本位主义的不良倾向，杜绝越权越级、权大于法、情重于法等弊端的产生。不仅是一级政府的财政管理，中央和地方财政的管理也要充分协调。财政的集权与分权所解决的基本问题是：合理界定中央政府与地方政府的财政职权范围，正确处理中央与地方的财政关系，达到集权与分权的最优组合。财政的集权与分权是一对矛盾，在既定的财政职能范围内，集权多了，分权就少了；反之，则集权少了分权就多。但无论如何，只要存在着多级政府体系，就有一定程度的分权，特别是在现代市场经济国家，财政的分组管理，各级财政相对独立是普遍的现象。但依然要坚持利出一孔的原则，国家要统一控制各种收入，防止国家财政的混乱。

【案例】

财政改革发展取得新进展　中央决算情况总体较好②

受国务院委托，2024年6月25日，财政部部长蓝佛安向十四届全国人大常委会第十次会议作2023年中央决算报告。

报告指出，2023年，各地区各部门按照党中央、国务院决策部署，严格执行十四届全国人大一次会议审查批准的2023年中央预算及相关决议，我国经济回升向好，全年经济社会发展主要目标任务圆满完成。

---

① 管子.管子［M］.李山，译注.北京：中华书局，2016.
② http://www.legaldaily.com.cn/index/content/2024-06/26/content_9014664.html.

"在此基础上，财政改革发展各项工作取得新进展，中央决算情况总体较好。"蓝佛安说。

1. 中央本级"三公"经费有所增加

报告显示，2023年，中央一般公共预算收入99566.7亿元，为预算的99.4%，比2022年增长4.9%。中央一般公共预算支出141055.8亿元，完成调整后预算的97.9%，增长6.4%。

2023年，中央本级"三公"经费财政拨款支出合计38.72亿元，比2022年增加10.48亿元，主要是对外交往、公务活动逐步恢复。其中，因公出国（境）费增加7.05亿元，公务用车购置及运行维护费增加2.84亿元，公务接待费增加0.59亿元。2023年中央本级"三公"经费整体上仍低于疫情前水平，比2019年决算数少10.02亿元。

2023年，全国发行新增地方政府债券46570.62亿元，其中一般债券7015.66亿元、专项债券39554.96亿元。地方政府债务还本36767.34亿元，支付利息12288.33亿元。年末全国地方政府债务余额为407370.29亿元，控制在全国人大批准的地方政府债务限额421674.3亿元以内。

2. 积极财政政策加力提效

2023年，财政部门实施积极的财政政策，组合使用赤字、税费、专项债、国债等政策工具，强化与货币、产业、科技、社会等政策协同。

围绕支持小微企业和个体工商户、科技创新等，分批次延续优化70余项到期税费优惠政策。新增地方政府专项债券额度3.8万亿元，重点向经济大省特别是制造业集中地区倾斜，累计支持项目建设超过3.5万个。

2023年，中央本级基础研究支出866.5亿元、同比增长6.6%。引导制造业等企业加大研发投入，将符合条件的行业企业研发费用税前加计扣除比例由75%提高至100%，并作为制度性安排长期实施。深入实施专精特新中小企业财政奖补，累计带动培育1.2万家国家级专精特新"小巨人"企业和10.3万家省级专精特新企业。2023年，全社会研究与试验发展经费投入达3.33万亿元，同比增长8.1%。

在保障和改善民生方面，2023年，城镇新增就业1244万人；基本公共卫生服务经费、城乡居民基本医保财政补助标准分别提高到每人每年89元、640元；机关和企事业单位退休人员基本养老金水平总体上调3.8%，城乡居民基础养老金最低标准提高到每人每月103元；提高"一老一小"个人所得税专项附加扣除标准，6600多万纳税人受益；将优抚对象等人员抚恤和生活补助标准总体提高5.7%，惠及835万人。

3. 进一步规范管理强化监督

2023年以来，财政部把加强财政管理监督、防范财政运行风险摆在更加突出位置，着力提升财政资金使用效益，增强财政可持续性。在严格落实过紧日子要求方面，持续加强"三公"经费管理，严格执行会议费、培训费、差旅费等费用开支标准，严控论坛展会等活动支出，合理确定政府采购需求，严格新增资产配置。

为扎实防范化解地方政府债务风险，中央财政在地方政府债务限额空间内，安排一定规模再融资政府债券，支持地方特别是高风险地区缓释到期债务集中偿还压力，降低利息支出负担。同时，健全跨部门协同监管机制，严肃查处违法违规举债行为，公开一批问责典型案例。

加大财会监督力度，全国范围组织开展财会监督专项行动，严肃查处财经领域重大案件。深入开展注册会计师行业、代理记账行业治理整顿，对违法违规行为依法处罚、公开通报、形成震慑。推动修订会计法、注册会计师法，制定会计人员职业道德规范、注册会计师行业诚信建设纲要等。

"2023年决算情况总体较好，同时也存在一些问题需要进一步研究解决。"蓝佛安表示，下一步，将加大财政政策实施力度，推动发展转方式增动能提质量，加强基本民生保障，深化财政管理改革，完善地方政府债务管理，进一步严肃财经纪律，切实抓好审计查出问题整改。

【复习与思考】

1. 现代财政管理的定义和职能是什么？
2. 财政管理的一般特征是什么？
3. 谈谈你对"量入为出"和"量出为入"的看法。
4. "义利统一"对财政管理有何启示？
5. "利出一孔"是什么意思？谈谈你的看法。

第五章 传统文化与领导科学

🔍 【本章导读】

本章首先对领导科学进行了概述，然后对中国古代的领导思想的论争进行了介绍，最后详细地论述了中国古代领导思想对现代管理的启示。中国古代的大部分领导思想由于其落后性已经无法适用于今天的政治和经济管理，但可以从诸如以德为先、经世致用、三贵四毋等领导思想中汲取养料，以进一步丰富当下的领导工作。

📖 【学习目标】

了解领导科学的概念与中国古代主要的领导思想，思考中国古代的领导思想对现代管理的启示，能结合案例论述中国古代的领导思想对当下管理的意义。

第一节 领导科学的概述

无论是中国还是西方，关于领导科学的思想及相关活动的文献资料可谓是汗牛充栋，然而由于早期的领导思想缺乏系统性和科学性，直到近代才在管理科学发展起来后形成专门的学科。可以说，领导科学的产生要远远晚于领导实践。

18世纪工业革命以后，工业化大生产逐渐取代个体小生产。产品的迅速激增，产量的快速增长，组织和管理大规模生产促使科学管理应运而生，专门从事管理生产的管理阶层迅速兴起。虽然当时的管理的职能和领导的职能并未区分，甚至某种程度上基本雷同，管理者就是领导者。因此，管理科学理论中包含丰富的领导科学理论。随着领导科学研究成果的日益丰富，领导科学理论研究逐渐地从管理学中分化出来，成为一个相对独立的学科。关于领导科学产生的具体年代，学者们一般认为是在20世纪30年代，美国哈佛大学管理学研究者梅奥领导的霍桑实验研究，该试验证伪了科学管理的教条之后，人们开始将注意力转向了人际关系、人群之间的相互关系对生产的影响，用行为科学的方法研究领导活动开始兴起，该实验也被认为对于领导科学的研究具有开创性意义的研究。由于经济和历史的原因，我国的领导科学研究落后于西方，直到20世纪80年代，我国的领导科学才在西方领导学理论的基础上逐步发展起来。

领导，从字面上讲，它是"领"和"导"的统一。"领"是带领、率领、统领的意思，"导"是引导、指导、开导、疏导的意思，领导就是带领和引导。"领导"一词既是名词，又是动词。作为名词，领导指的是担任一定职务的个人或群体；同时它也是动词，指的是指挥组织行动的行为过程，是领导者运用组织赋予的权力、人格魅力、专业知识等带领组织成员完成某个具体目标的全过程。领导作为个人，在整个管理活动中处于核心的地位，主要的工作是统领和引导，这是管理的一个重要环节，亦是其工作内容。任何组织和群体要有效地进行活动，顺利地实现既定的目标，就必须实施科学的领导。所以，领导科学是一门很值得研究的学问。

一、领导者

领导者是指在组织中，经过选举、任命、聘用等方式选出来能够指导和协调组织成员向着既定目标努力的、具有影响力的个人或团体。

（一）领导者三要素

领导者必须具备三个要素：第一，领导者必须有下属，即被领导者；第二，领导者拥有影响追随者的能力或力量，它们既包括由组织赋予领导者的职位和权力，也包括领导者个人所形成的影响力；第三，领导行为具有明确的目的，可以通过影响下属来实现组织的目标。

（二）领导者的分类

按领导的权力运用方式，分为集权式领导者和民主式领导者。

集权式领导者就是把管理的权力牢固控制在自己手中的领导者，而被领导者基本处于被控制的地位。这种领导者的领导方式在组织发展初期和组织面临复杂突变的环境时，能高效地达到行动一致。但从组织长远发展的角度看，这种方式不利于领导者职业生涯的良性发展，同时容易造成组织成员的等级悬殊，遏制组织活力。

民主式领导者的特征是领导权的下移给被领导者，鼓励被领导者参与领导工作，被领导者并不完全处于被控制的地位，而是拥有一定的组织领导权并参与组织决策。可以说,民主式领导者通过对管理制度权力的分解,激励被领导者参与组织决策,能调动集体的积极性,共同实现组织目标。但这种权力的分散性会无形中降低决策的速度,同时也增加组织内部协调的成本。在某些紧急情况出现的时候,往往很难做出应急反应,错过时机。但从组织长远发展的角度看,这种领导方式能激励被领导者,集思广益,大大地提高组织能力,成员的能力结构也会得到完善。

(三)领导力

领导力是以个体素质、思维方式、实践经验及领导方法等影响着具体领导活动的领导者个性心理特征和行为的总和,领导力是领导者素质的核心。卓越领导者既要求有出色的右脑智慧,即直觉、想象、空间认知等能力,也要求有优秀的左脑分析思维。这就意味着,卓越领导者要富有想象力且善于直觉判断,富有创造力且感觉敏锐。在长期的领导实践中,一般认为领导力有以下几个特征。

1. 积极进取

积极进取包括不断提升的努力,对事业发展的雄心,强烈的积极性和主动性,拥有充沛的精力和体力,拥有完成工作的毅力和勇气。要强调的是这种积极进取不仅仅只集中于个人成就,而是对团队发展和事业进步的成功欲望,这需要充分地授权和调动被领导者的积极性,才能成功。

2. 权力欲望

除了成功的欲望外,一个优秀的领导者还有领导的欲望,他们喜欢领导别人,而不想被人领导。他们喜欢以自身的能力去影响他人,甚至社会,在领导过程中获得满足感。当这种权力欲望符合法律和道德,不损害他人利益时,这种权力的欲望亦是一种引领和号召,是得到认同和支持的。

3. 正直

正直即言行一致,诚实可信。对于领导而言,正直是保持他人对自己信任的重要因素,不仅仅是一种优良的品质,更是领导者安排工作、令下属服从和尊重的重要依据。偏私和狭隘的领导者往往众叛亲离,无法集聚团队力量走向成功。

4. 自信

担任领导者的角色,在面对困难时,能相信自己,迎接挑战,调整部署,这样才能在适当的时间做出最佳的决策。所谓"艺高人胆大",领导者具有优秀的个人能力和专业素质能增加这种自信,并将这种自信传递给团队里的每一个人,增强集体信心。

5. 感知环境的变动,并据此调整领导方式和方法的能力

只有领导者去适应环境,环境不会去适应领导者,只有适时地对环境的要求做出反应,才能在不同的情景下都能立于不败之地。

二、被领导者

被领导者是相对于领导者而言的，指的是在领导活动中，根据领导者提出的方案、计划、措施等，进行具体的执行工作并实现组织目标的成员的总称。一般情况下，被领导者可分为两个层次：一是相对被领导者，指的是领导者直接统领的下级部属；二是绝对被领导者，指的是领导者为之服务的广大社会公众。

（一）被领导者的地位和作用

领导者和被领导者是相对而言、相依存在和相互作用的。在领导活动中，领导固然重要，但被领导者的地位和作用也不容忽视。首先，被领导者是领导活动中与领导者相互依存相互作用的重要角色，可以说没有被领导者，领导者就没有存在的价值和意义。其次，所有的领导者都是从被领导中产生的，被领导者的工作情况是领导者领导水平的考核标准。最后，领导的决策是否正确在被领导者执行后才可知晓。

（二）被领导者的修养

1. 服从领导

服从领导就是对上级的决策决议，即使自己存在不同意见，但在上级没有改变决定之前也必须执行。其实在工作中服从领导安排是每一个被领导者所应该具有的一种职业操守，是个人工作考核的基础，也是一个组织凝聚力的体现。在工作中服从是一种基本的素质，对于一个组织来说，具有服从意识的员工可以使管理事半功倍。服从不是没有自己想法和思想，亦步亦趋，指哪儿打哪儿，唯唯诺诺。服从是有相当的技巧，服从是理解工作要求、分解工作任务、有计划地坚决执行领导的决策、完成工作目标。

2. 支持领导

被领导者对领导的支持，主要体现在以下三个方面：首先，应维护领导者的威信，被领导者是完成组织目标的具体力量。领导的威信是一个组织领导活动的无形凝聚力，这不仅在于领导本人的人格魅力和行为方法，而且在于被领导者对领导的配合和自我位置的摆正。其次，应该多向领导请示汇报，让领导了解工作进程，分析困难，寻找对策，不能有问题全部甩手交回给领导，更不能以欺上瞒下、消极被动来面对领导交办的工作。最后，领导者与被领导者间不完全局限于工作关系，而应多做沟通和交流，达到更多的默契，增加工作上的和谐。

3. 监督领导

领导权力必然只能掌握在极少数手中，由于人性的弱点，不受约束的权力很容易产生腐败。所以，对领导者进行监督是必然的，也是必需的。首先，被领导者应该对相关的法律法规和组织原则有一定的了解和认识，在执行领导者指示时需适当把握领导者是否违背这些相关的法律法规和组织原则。其次，虽然被领导者需要服从领导者的命令，但也不是不可以提意见和向更上一级反映情况。最后，由于被领导者与领导者长期相处，比较熟悉和了解，可以随时对领导者违法乱纪行为进行提醒，防止发生更加严重的后果。

三、领导机制

领导机制，是为了正确有效实施对组织的领导，而对行政组织的领导活动方式、领导要素使用、领导体制运行中的一些重要方面、重要环节、重要过程、重要制度，尤其是对组织的领导决策制度、领导干部选用制度和领导干部监督制度等做出的科学化、程序化、形式化、方法化和细则化的规范与保证。在行政组织的领导体制及其基本制度的框架下，经行政组织的领导实践而逐渐形成和丰富起来的。它是对组织的领导体制及其主要制度在运作方面的一些重要补充、发展、明确和具体化，从而使组织的领导活动及其主要制度运作有了更完备、详细、清楚、条理的指导、规范和保障。

领导机制的结构包含两层含义：一是该机制由哪些部分组成；二是这些部分是如何组成并以何种方式相互联系和相互作用的。

四、领导责任

所谓领导责任，是指领导者对某个组织、某项工作或某件事情所承担的相关责任。作为领导者必须认识到，责任是第一位的，权力是第二位的。权力只是尽责的手段，而责任才是领导者的真正属性。没有权力的责任将毫无作为，没有责任的权力将有恃无恐。所以，要强化领导责任，以一种高度的责任感谨慎决策。领导责任主要从三个方面来解构：第一，从一般意义上来说，领导责任包括政治责任、经济责任、法律责任、行政责任及道德责任。第二，从积极意义上来说，领导责任包括愿景的谋划、选人用人、公共事务决策、工作协调与监督。第三，从消极意义上来说，领导责任包括行政问责、法律追究、经济承担及道义担当。

第二节　中国古代领导科学的概况

在中国古代，领导者基本上指的是帝王和官员，这些人被认为是国之脊梁、民之心骨。夺取江山、一统天下固然有个人成就一番功业的豪情壮志，但为民甘洒热血、建立安居乐业的和谐社会也是他们的理想。这些人或是子承父业，从祖辈那里得到江山；或开天辟地，重新建立一个新的王朝；或凭借聪明才智和人格魅力，辅佐君王或统辖一方，定国安邦。在某种程度上说，他们所做的是国家大事，是利国利民的好事。在封建时代，他们的行为很大程度上关系到国家的生死存亡，他们主要的工作是研究求生之计、求存之理、求兴之法、求强之策、求胜之道，探索治国、治军、治业的规律、方法和艺术,并在实践中组织被领导者(民众)去执行它。

实践需要理论的指导,理论又是在实践中逐步总结形成的。在历代王朝的兴衰里,政治家们总结了很多领导的经验,同时也因观点不同,有很多的论争。从客观上来说,这些思想上的交锋是我国古代领导学不断完善的手段之一。但这些领导思想的科学性和体系性与现代的领导科学不可同日而语,但也是我国政治家们长期的领导实践的经验总结。我国古代的领导思想主要偏重于政治领导,而经济方面的领导思想较少,这是我国长期封建统治和重农抑商所造成的。其中不少观点虽相互对立,但至今依然极具参考价值,现将部分观点梳理如下。

一、"人治"与"法治"

所谓"人治",就是依靠君主和各级官吏个人的德行、能力、威信的影响来治理国家和管理人民。人治是把国家、民族的兴亡和个人的命运寄托在明君贤臣等少数领导人的身上,相对而言,更不重视法制,提倡的是以身作则。可以说,人治的思想基础是"以德服人"。儒家提倡人治,认为"有治人,无治法"(《荀子·君道》)、"文武之政,布在方策,其人存,则其政举;其人亡,则其政息"(《礼记·中庸》)。为了实行人治,儒家特别强调官吏的德才兼备,所以非常重视官员的选拔、人才的使用,主张选贤任能,德者在位,只有这样,民众才有标杆和榜样,才能顺服统治,安居乐业。但这种过于依赖在位者的德与才的方式,忽视了人对权力的贪婪,当领导者无法德才兼备或失德失才却又无人监管和约束时,整个管理将全面走偏或瘫痪。

与"人治"相对的是法家的"法治",需要指出的是这种"法治"相当于法制,并非现今现代意义上的法治。法家的"法治"是没有民主作为基础的,亦非法律至上的。法家认为法律是国家治理的基础,是约束民众行为最有效的工具。法家反对儒家的"人治",认为"人治"过于主观,也过于依赖领导者的素质,但即使是尧、舜那样杰出的领袖也一人难以控制全局,而需要统一而严明的法才能使管理有条不紊。即使才能平庸的君主和官吏,只要有修明的法律,严格按法律管理,国家一样可以治理得很好。法家信奉"民固骄于爱而听于威"的哲学,对待民众不能过于宽容,而应以严刑峻法、轻罪重罚,并辅之以权势和权术,就会江山永固。但实质上,法家的强权政治和暴力统治容易失去民心,激起民变,正所谓"民不畏死奈何以死惧之",民众揭竿而起,王朝覆灭在所难免。虽然法家也提出过"刑无等级""法不阿贵""任法不任智"等法治原则,但历代王朝很少认真实行,因为这些法治原则与他们所依赖的权力至上的君主专制制度格格不入,所以这些原则都不过是一种自欺欺人的形式而已。

其实,儒家和法家在"人治"与"法治"的观点冲突,不过是统治方式和治国方略层面上的论争而已,它们的治国方针都不反对君主专制,强调的都是权大于法,都不是法律至上,都是没有民主的政治,所以从本质上说都是人治理论。

二、德治与刑治

儒家"人治"与法家"法治"是两种截然不同的治国方略，落实到施政方针上，就演变为德治与刑治之争了。德治与刑治的根本区别在于，德治主张以德服人，以刑辅之；刑治主张以力服人。儒家德治是通过道德修养的教化来提高人的品行素质，同时用"礼"来规范和约束人的行为，用教化的方法来感化修养差、不守礼的人，这种平和的方式是从一个教育者的姿态来看待民众，是坚信教育能够使人从内到外地驯服和恭顺。当然也可能有个别教育不了的，再用刑罚来惩处，反对不教而诛。

法家主张刑治，他们认为人性本恶、倾于懒惰，用说服教育的方法使人向善是不可能的，主要以法律来规范人的行为，凡行事皆有规矩，有错必罚，罚则必重，使民众心生畏惧，不敢越矩。采取暴力政治，以力服人，"以刑止刑"，一如韩非反复强调的"峭其法而严其刑""罚莫如重，使民畏之"（《韩非子·八奸》）。这种方法在短期内收效较好，可以迅速地稳定社会，束缚人心，但不可长期使用，民心思变，王朝终将覆灭。

三、王道与霸道

王道与霸道的本质区别依然是以德服人还是以力服人，落实到具体领导者身上，演变成是道德楷模还是一代枭雄。王，原指天下的共主，即"天子"。"王道"语出《尚书》，本指君主为政之道。霸，原意为霸主，指春秋时期实力强大、称霸一方的诸侯。儒家认为只有以德服人，才能使人心悦诚服，"内圣外王"的领导者才能使被领导者心甘情愿地服从和拥护领导者；而以力服人只能使人貌恭而心不服，无法长治久安。孟子之后，关于治国应该行王道还是行霸道，成为长期争论不休的问题。有的褒王贬霸，如西汉盐铁问题辩论中的贤良文学、唐代的魏徵、宋代的朱熹等；有的扬霸抑王，如盐铁问题辩论中的桑弘羊等，有的主张王、霸并用，如汉宣帝说，"汉家自有制度，本以霸王道杂之"（《汉书·元帝纪》）。南宋陈亮也主张王、霸并用。但总的来说，在儒家经典里，在儒家文化占主流地位的整个封建社会中，王道在理论上总是备受颂扬和推崇，被当作治国的根本，霸道则受到贬斥。而在实际上，历代统治者往往是王、霸兼用的。因为王道重怀柔、霸道重暴力，两者相辅相成，王道必须以一定实力的霸道为前提，霸道也要以温和的王道作为补充。

四、无为和有为

无为和有为，这原是中国古典哲学的一对命题，运用到政治领域，成为一种"君人南面之术"，即治国理论和为政艺术。可以说，儒家和法家都是"有为"的，而道家在这个问题上既反对儒家的"人治"，也反对法家的"法治"，而主张无为而治。无为之道在于使民众无知无欲，安于现状，顺其自然，与民休养，不提倡酷法。但某种程度上，无为而治是一种更加圆滑的方式消磨掉了民众的反抗意识，将以天子之是为是，以天子之非为非，浑浑噩噩、麻木无知地生活。在道家看来，儒家的内圣外王、以德治国，法家的刑罚至上、以法治国，以及墨家的兼爱、尚贤等皆属有为，有为是一种"伪"，是违背自然规律的，是不可取的。道家创始人老子最先提出"无为而治"理论。他认为"无为而无不为"是"道"，即自然规律的本质特征。汉初的黄老之学吸收了先秦道家的无为而治的思想，并在实践中进行具体的实施。汉初民生凋敝，人心思定，不折腾，不强求，清静无为，轻徭薄赋，与民休息，使得汉朝很快从虚弱中恢复过来，生产力得到了极大的发展，民众安居乐业，也为后来与匈奴的多次作战准备了丰富的物质保障。唐代初年和宋代初年的统治者亦有所效仿，都起到了发展生产、协调矛盾的作用。

五、民本与君本

民本是以民众作为国家的根本，君本是以君主作为国家的根本。在封建时代，君主生杀予夺，至高无上，民众命如草芥，视同蝼蚁。儒、墨、道、法诸家本质上都不反对君主专制，甚至是维护君主专制的，但在君主和民众孰轻孰重的问题上却存在很大的差异。

儒家坚持的专制是开明和温和的，对民众有种居高临下的爱护，君主亲民爱民，又要有权威，君主以父母之心慈爱民众，民众以儿女之心顺服和爱戴君主。君主爱民，民众尊君，政权稳定，和谐共处，国家太平。被儒家列为"六经"之一的《尚书》记载西周的言论说，"民为邦本，本固邦宁""人无于水鉴，当于民鉴""天视自我民视，天听自我民听""民之所欲，天必从之"。孔子以"仁"为核心，主张对民众讲"仁爱"。特别是孟子，继承了春秋以来民本思想的精华，把民本思想发展到一个新的高峰，提出"民为贵，社稷次之，君为轻"（《孟子·尽心上》），"得天下有道，得其民，斯得天下矣"（《孟子·离娄上》）。

与儒家相反，法家则完全站在君主的立场上，主张以君为本。他们认为国家是君主的私有物，民众只是君主的工具。君主的权力是至高无上的，民众要对其尽忠，无论多么坏的君主，都不应该被废黜。《韩非子》说，"国者，君之车也""人主虽不肖，臣不敢侵也"。他们还认为民众愚昧无知，因此治理国家用不着考虑民众的意志和愿望。主张用法、术、势统御臣民，把臣民玩弄于股掌之上，视臣民如奴仆。墨家的政治思想也有明显的君本倾向，墨子认为，君主是善言善行的代表，应该由君主"一同天下之义"（《墨子·尚同上》），使臣民的言行意志都统一于君主。

古代封建帝王表面上都是提倡民本的，实行一些"仁政"，打消民众的反抗意识，但在具体的执政过程中，又将君本的思想灌输给民众，让民众失去自我独立存在的价值感，自身不过是君主的奴仆和附庸。一旦民众有所反抗，立马收起亲民的面孔，毫不留情地进行镇压。这种"胡萝卜加大棒"的统治策略，使得民本一如一块"遮羞布"，执行过程中还是强调君权神圣不可侵犯的"君本"那一套。

六、领导艺术和政治权术

领导艺术是指领导活动中富有创造性的领导方式和领导方法。权术，通常指在政治活动和领导活动中所使用的阴谋、欺诈等不正当和不光明的手段。

法家站在君主的立场，公开推崇权术，认为它是进行统治所必需的。其"法、术、势"思想体系中的"术"，虽然不全是权术，但占有很大比重。他们以人性恶为基点，以利害为中心，从官场尔虞我诈、争权夺势的现实出发，认为对于君主来说，所有的臣民都靠不住，不能把政事的希望寄托在他们的"忠诚"上。

儒家一般不提倡权术，他们从人性善出发，把仁、义、礼、智、信、忠、孝、廉、耻等道德原则作为治国的指导方针，强调德高为师、身正为范，把统治者和官员们的君子言行、爱民恤民作为"师"，作为楷模，以此带动民风，用伦理纲常教育和约束人，不得已时再用刑罚惩处恶人。而权术是小人所为，君主不屑为之，即使有人一时成功成为君主，以此宵小所为来统治国家也是无法长久统治的。因为民众会效仿君主和官吏，人人奸诈，处处陷阱，没有诚信，道德沦溃，社会不稳，统治崩溃。治国是大道，是天下共识共知的，是符合社会规律的，不能以诡谲之心待之，应该行为端正、修身明德、心怀天下，这些才是长久之策。

然而，纵观中国历史，封建统治者往往是说一套、做一套，表面以道德教化民众，自己却以帝王心术大搞政治权术。因此，在中国历史上曾反复出现这种"外儒内法""阳儒明法"的现象。

第三节　传统文化中的领导科学思想对现代管理的启示

在中国历史的长河里，诸多贤君能臣为国家富强、民族兴盛孜孜以求、呕心沥血，很多的人在勤政爱民方面堪称万世楷模。他们或力挽狂澜，解救民族于危亡之际；或励精图治，不断创造出太平盛世。由于时代和阶级的局限性，这些思想和经验不可能完全适用于今天，但也不可否认他们的某些思想、经验和言行，直到今天依然都值得我们学习和崇敬。

习近平总书记在《领导干部要读点历史》一文中强调，我们学习历史，就要学习和吸取中华民族传承下来的宝贵思想财富，从中获得精神鼓舞，升华思想境界，陶冶道德情操，完善优良品格，培养浩然正气，做到自重、自省、自警、自励，认真践行全心全意为人民服务的根本宗旨，经受住执政考验、改革开放考验、市场经济考验、外部环境考验，防止精神懈怠的危险、能力不足的危险、脱离群众的危险、消极腐败的危险，为党和人民事业不断做出自己的贡献。

中国封建社会的明君贤相、仁人志士把"重民爱民"当成经世治国的宗旨，提出

"民为重，社稷次之，君为轻""吏为民役"的理论。我们现在提倡领导干部要为人民服务的思想和古代提倡的"以民为本"的思想是一脉相通的，是对古代领导思想的继承与创新。

今天，我们要求领导干部加强修养、坚定信念，以天下为己任，忠于党忠于人民的利益，以身作则，处处起先锋模范作用，这与重视执政者的道德修养是有理论上的连接性的。封建时代的政治家思想家在历代朝政兴衰存亡的经验教训里，认识到各级领导者有无高尚的道德品质，是一个国家、民族能否兴旺发达的关键。今天亦然。当然，作为领导还需要具备领导的才能。古时的明君贤臣在执政时似乎都具备实事求是、顺应形势变化及统合天时、地利、人和的才能，这些领导才能在当时的环境下发挥了重要作用。中国古代的领导理论助益现代管理的地方很多，但主要集中在以下几个方面。

一、以德为先

中国传统的领导管理思想极为看重领导的品德和行为，一个优秀的领导者必须德才兼备。先德后才是我国传统的用人标准。历代有识之士都以"德"作为用人之本，同时也很重视才的作用，二者不可偏废，但二者必须以德为先。如清朝康熙皇帝就认为，如果只重才不重德，"虽能济世，亦多败检""较庸劣无能之人，为害更甚"[1]。但只重德不重才，"操守虽清，不能办事，亦何稗于国"[2]。古人认为领导者的德大致应包括以下几个方面。

第一，仁厚爱民，即品行宽厚，对百姓疾苦感同身受，不苛剥于民。如一代明君汉文帝，在位二十三年，一直生活俭朴，"宫室苑囿狗马服御无所增益，有不便，辄弛以利民""常衣绨衣，所幸慎夫人，令衣不得曳地，帷帐不得文绣，以示敦朴，为天下先"；他力行薄葬，"治霸陵皆以瓦器，不得以金银铜锡为饰，不治坟，欲为省，毋烦民""待臣下宽厚以礼，专务以德化民"[3]。

第二，刚正不阿，有气节，不趋炎附势，不向恶势力低头。如宋代包拯执法严正，不畏豪强，任端州知州时，当地产名贵的端砚，前任借给皇帝进贡之机"率取数十倍以遗权贵。拯命制者才足贡数，岁满不持一砚归"。"虽贵，衣服器用饮食如布衣时。尝曰：后世子孙仕宦，有犯赃者，不得放归本家，死不得葬大茔中，不从吾志，非吾子孙也。"[4] 嘉祐二年（1057年），包拯被授以重任，出任北宋都城开封的知府。包拯在开封知府的任期内，秉公理政，铁面无私，面对皇亲国戚亦不徇私，受到百姓的尊敬和爱戴。

第三，廉洁勤政，即生活俭朴，办事公道，恪尽职守，不利用手中权力贪赃枉法。汉董宣，任洛阳令，执法严正，光武帝呼之为"强项令"，年七十四卒于官，皇

---

[1] 章楷，曹轶. 康熙政要[M]. 郑州：中州古籍出版社，2012.
[2] 汪圣铎. 宋史[M]. 北京：中华书局，2016.
[3] 同[2].
[4] 同[2].

帝派人去吊丧，唯见布被覆尸，妻、子对哭，有大麦数斛，敝车一乘。帝伤之曰："董宣廉洁，死乃知之。"五代时杨行密虽居高位，犹穿补绽之衣，"自言'吾少贫贱，不敢忘'"①。

第四，谦恭守法，即不自以为是，尊重同级和下级，谦虚谨慎，遵纪守法。明初大将徐达，开国功高，但在皇帝面前"恭谨如不能言"，严饬部伍，军不扰民，延礼儒士，行为谨慎，朱元璋称赞他："受命而出，成功而旋，不矜不伐，妇女无所爱，财宝无所取，中正无疵，昭明乎日月，大将军一人而已②。"

第五，守信笃行，即信守诺言，崇尚实务，不夸夸其谈，做诚信的实干家。战国时西门豹为邺令，到任后，立马革除为河伯娶妇的陋俗，聚集民力开凿水渠，引河水浇田，兴利除弊，百姓皆受其惠。三国时期，诸葛亮作为蜀汉的丞相，安抚百姓、遵守礼制、慎用权力，约束官员、胸怀坦荡。他处理事务简练实际，能从根本上解决问题，不计较虚名而重视实际，终于使蜀国上下的人都敬仰他，他即使对某些人用法严厉，却没人有怨言，这是因为他用心端正，坦诚对人，劝诫十分明确又正当。诸葛亮作为治理国家的优秀人才，其才能堪比管仲、萧何。

第六，勇于担当，即心纯守正，不苟且，不随流，敢作敢为，有奉献牺牲精神。如唐代李德裕为浙西观察使，"锐于布政，凡旧俗之害民者，悉革其弊""除淫祠一千一十所，又罢私邑山房一千四百六十"，改变了当地迷信巫祝鬼怪的陋习，扫清寇盗，人乐其政③。宋代抗金名将岳飞，事亲至孝，家无姬侍，有人问他"天下何时太平"，回答说："文臣不爱钱，武臣不惜死，天下太平矣。"

第七，豁达大度，能容人，能容事，身为表率，具有非权力性影响力。汉代名将李广，"得赏赐辄分其麾下，饮食与士共之。终广之身，为二千石四十余年，家无余财，终不言家产事""广之将兵，乏绝之处，见水，士卒不尽饮，广不近水；士卒不尽食，广不尝食。宽缓不苛，士以此爱，乐为用"。据《史记》记载，李广死之日，"天下知与不知，皆为尽哀"④。

二、经世致用

"经世"指的是为官之道，学而优则仕。"经"为上下贯通之理，一"经"可贯"纬"。"致用"，即是不务虚学，务当世之务。经世致用，是以"正心、诚意、致知、格物"以达"修身"之功，以"修身"之功通达"齐家、治国、平天下"经世之理，以经世之理实现家国天下的"齐、治、平"。

"经世致用"思想是儒家的重要思想，是与孔子的入世观分不开的。孔子非常注重

---

① 司马光.资治通鉴[M].沈志华，张宏儒，译注.北京：中华书局，2009.
② 张廷玉.明史[M].北京：中华书局，2015.
③ 刘昫.旧唐书[M].北京：中华书局，1975.
④ 司马迁.史记[M].裴骃，集解.司马贞，索隐.张守节，正义.北京：中华书局，2014.

现实生活,"子不语怪力乱神""避鬼神而远之",这是儒家思想的"经世致用"思想的基础。宋代,中国便逐渐形成的一种提倡研究当前社会政治、经济等实际问题,要求经书研究与当时社会的迫切问题联系起来,并从中提出解决重大问题方案的治学方法,又称经世致用之学。这对中国传统社会的知识分子产生了重大影响,历代儒生将这种经世致用作为自己重要的责任,自觉地担负起关心时政、关注国事、针砭时弊,甚至救国于危难之中的使命。范仲淹在《岳阳楼记》写道:"居庙堂之高则忧其民;处江湖之远则忧其君。是进亦忧,退亦忧。然则何时而乐耶?其必曰'先天下之忧而忧,后天下之乐而乐'乎。"把国家、民族的利益摆在首位,日夜为祖国的前途、命运担忧奔忙,为天底下的人民幸福出力,以天下的安乐为己任。北宋大儒张横渠亦有言曰:为天地立心,为生民立命,为往圣继绝学,为万世开太平。这体现了一代大儒的家国情怀和使命感:为社会重建精神价值,为民众确立生命意义,为前圣继承绝学,为万世开拓太平之基业。

经世致用的重点在于用,务当世之务,实际为国为民所用。顾炎武说:"孔子删述六经,即伊尹太公救民水火之心。故曰:'载诸空言,不如见诸行事'……愚不揣有见于此,凡文之不关于六经之指当世之务者,一切不为。"务当世之务就是密切联系社会的现实问题,可以说是经世致用学者的为学宗旨。朱之瑜说:"大人君子。包天下以为量,在天下则忧天下,在一邦则忧一邦,唯恐生民之不遂。"他们把天下、邦国、生民之事都作为"当世之务"的具体内容。李颙说:"学人贵识时务……道不虚谈,学贵实效,学而不足以开物成务,康济时艰,真拥衾之妇女耳,亦可羞已!"学而优则仕,出仕为官,为官一任,造福一方,就是将"经世"之学"用"到实务之上了。潘耒称道顾炎武说:"当明末年,奋欲有所自树,而迄不得试,穷约以老。然忧天悯人之志,未尝少衰。事关民生国命者,必穷源溯本,讨论其所以然。"

一个优秀的领导者,必须是一个务实者,直面困难,迎难而上,而非消极避世,感叹虚空。黄宗羲说:"扶危定倾之心?吾身一日可以未死,吾力一丝有所未尽。不容但已。古今成败利钝有尽。而此'不容已'者,长留于天地之间。愚公移山,精卫填海。常人貌为说铃,贤圣指为血路也。"这种"不容已"的精神,可以说是对时代的一种责任感。他们认为,圣贤与佛、老的区别,正在于此。颜元说:"人必能斡旋乾坤?利济苍生,方是圣贤,不然矫言性天,其见定静,终是释迦,庄周也。"因此,颜元立志"生存一日,当为民办事一日"。

三、三贵四毋

《论语·泰伯》记载:曾子生病时,鲁国大夫孟孙捷去看望他。曾子对他说:"鸟之将死,其鸣也哀;人之将死,其言也善。君子所贵乎道者三:动容貌,远暴慢矣;正颜色,斯近信矣;出辞气,斯远鄙倍矣。"这就是曾子提出的"三贵之道",即"动容貌""正颜色""出辞气",这是礼仪文明的三条基本原则,在儒家礼学智慧中最为重要。

曾子提出的"三贵之道",从本质上是对人格的自尊与他尊。领导在人际交往中,若能"动容貌""正颜色""出辞气",能减少交往的阻力,提高沟通的效率,更多地与下属、平级和服务对象达成共识,加深理解,提高工作效率。

(一) 三贵之道

1. 动容貌

所谓"动容貌",就是"正容体",既包括人的体貌、举止,也包括人的服饰等。容貌虽然是天生的,但"动"却是每个人时时刻刻需要提醒自己的,儒家认为需要以"礼"来端正体貌、举止和服饰,才能使自己避免被他人的粗俗、轻慢地对待。这也就是孔子所说的"貌思恭"或"非礼勿动"的含义。所谓"貌思恭",是说在人际交往中要时时提醒自己注意自己的容貌是否恭敬和善,谦虚礼貌。如果待人粗鲁、骄横、无礼,却想得到他人恭敬、和善、礼貌是不可能的。领导要有判断力,一切从工作出发,能判断下属顺从是出于对工作安排的服从,还是"巧言令色",不断地自我反省,保持谦逊和善,才不会脱离群众,才能真正领导好一个团队。

2. 正颜色

"正颜色,斯近信矣"是指端正自己的面部表情,这就接近于诚实守信了。在现实生活中,有几种脸色是令人厌恶的。第一种是"骄色"。俗话常说"人一阔,脸就变",因此在同人交往中,应谨记孔子说过的"富而不骄"。第二种是"谄色"。某些人极具谄媚之色,这使人反感,因此应当牢记孔子说的"贫而无谄"。第三种是"冷色"。"冷色之脸"是人际交往的一堵墙,使他人远离,难以交到真心朋友。第四种是"令色"。花言巧语,装出一副和颜悦色的人,少有仁德。第五种是"伪色"。如果为了某种私利,心不乐而强笑,这叫"伪色"。第六种是"德色"。所谓"德色",就是自以为有恩于他人而流露出的一种得意神色。这往往伤害受恩者的自尊心,影响与人交往。这六种脸色,都是虚伪不实品行表现出来的种种不正的面部表情。领导者如何做到"正颜色"呢?孔子明确指出:"色思温"。所谓"色思温",是说在与人交往时应考虑自己的脸色是否温和、谦和。在同他人交往时,要不冷不热,不卑不亢,保持中和。领导需要有温和之色,以表示对他人的尊重,既不盛气凌人也不冷若冰霜,既不骄淫也不自卑,更不装腔作势。温和的脸色,既是对自己人格的尊重,又是对他人品格的尊重,是人际交往中不可多得的通行证。

3. 出辞气

"出辞气,斯远鄙倍矣"指的是说话时要注意用词和口气,这样可以使自己避免粗野和悖理。领导者在不同场合需要跟不同的人说不同的说话,说话的方式、语气、内容要根据对方的情况适当调整,以达到良好沟通的目的。领导者如何说话才是合适的?首先,要在说话时遵守"言思忠",即对人说话真心实意、心口如一、言行一致。孔子弟子子路"无宿诺",答应人的事不隔夜就马上去做,说到做到。说话最重要的要求是诚实守信,力戒巧言令色、言不由衷、假话连篇。其次,还要讲究用词恰当,注意说话语气。词不达意固然不好,说话过多也是浪费。朱熹说,"辞达则止,不贵多言"。人人皆能说话,但未必会说话。会说话是一门艺术,是人类礼仪文明的一种表现。孔子说侍于君子有三愆:言未及之而言谓之躁,言及之而不言谓之隐,未见颜色而言谓之瞽。这里讲的是说话的艺术。在与长辈上级说话时,一定要长幼有序、上下有别,同时还要善于观察"颜色"。在不该说话时说话,是一种缺乏修养的表现,这叫"急躁";在该说话时却不说,这是一种"隐瞒";而说话时不看人家脸色乱说一气,是没眼色。最后,说话要谨慎。孔子一再告诫人们:君子"敏于事而慎于言",即要求君子做事要勤快,说话要谨慎。孔子在东周太庙参观时,看见一尊"三缄其口"的铜人,铜人背上的铭文为:"古之慎言人也!戒之哉!无多言,多言多败;无多事,多事多患。安乐必戒,无行所悔。"这段铭文告诫人们,说话一定要谨慎,以免惹祸上身。

(二)四毋追求

《论语》云"子绝四:毋意、毋必、毋固、毋我"。这句话的意思是孔子杜绝自己出现这样的四种问题:不主观臆测,即实事求是,客观办事;不武断固化,即顺势而变,与时俱进;不固执己见,谦虚好学,有则改之无则加勉;不以自我为中心,凡事反躬自省,为他人着想。

作为领导者,要谨防"意、必、固、我"的陷阱。其实这四者是连续发展的,很多领导者开始进入角色的时候,还能做到四毋,但因为手中的权力,自我膨胀,一步步陷于主观的臆测,不知变通,固执己见,自以为是,把想象当作一个信念来坚持,根本看不清事理的发展。那如何才能做到"四毋"?孔子的答案是反省。孔子每天自我反省,曾子得其真传,也说"吾日三省吾身,为人谋而不忠乎,与朋友交而不信乎,传不习乎",每天反省的内容是问自己,自己对自己的反省。真正的儒家从来都是由"反求诸己"来自我修炼,它的学习都是在"成己"之后再设法"成人",这也是我们学习儒家的意义所在。领导更应不计较一时的得失,不以权术玩弄下属于股掌之间,兢兢业业地干好本职工作,才可以获得下属的尊重,向组织交出一份优秀的工作成绩。

【案例】

胖东来创始人怒斥加班文化:加班不道德,是无耻行为,人不能只是挣钱[①]

近日,胖东来创始人于东来在《中国超市周》上进行演讲,并怒斥"加班"文化。

---

① https://www.360kuai.com/pc/9bdbfae20e1ceece1?cota=3&kuai_so=1&refer_scene=so_3&sign=360_da20e874.

他说，加班是不道德，是无耻行为，人不能只是挣钱，还应该学会享受生活。于东来称，在胖东来，你加班就是不行，你加班就是占用别人的成长机会。你剥夺别人的时间、学习机会、创造机会，是不道德的。

此前，网传一张胖东来薪资待遇表引发广大网友关注，其中提到，按正常流程工作受到委屈，会给予"委屈奖"。对此，胖东来超市办公室回应称，公司对员工确实设有"委屈奖"，意在鼓励员工做正确的事，但现在的奖励标准并非网传的5000~8000元，而是根据不同的情况，奖金在500元到5000元不等。"委屈奖"适用于比如员工制止某些不文明行为、遭到辱骂恐吓等。此外，普通员工还有30天带薪年假，管理层则是40天。

据悉，胖东来在官网上公布了详细的员工福利情况。胖东来表示，公司的梦想是员工及管理人员工作实现全年综合休假130天以上，每天工作不超过6个小时，接近欧洲的工作状态。目前，胖东来员工日工作时间为6~7小时。

在假期方面，据官网披露，胖东来员工每年的休息时间包括52天/年的闭店，春节5天闭店以及年休假。从2011年11月起，胖东来每个门店周二轮流闭店，自2012年3月2日起，胖东来所有门店固定周二同时闭店，而近几年，胖东来每年固定除夕至初四放假。

于东来表示，一个不爱自己、不懂生活、不会利益分配的商企老板，就不会爱自己的员工。员工是与顾客发生交集、提供服务的群体，如果员工在公司没有获得感、幸福感，那么，所谓的"服务至上、顾客第一"就是一句空谈。"一个零售企业老板最该去做的，是设定方向、守正创新、控制发展节奏，是不发起内卷，是学会分钱。"于东来说，正是有了这种文化与利益机制，今天胖东来在发展方面是件简单且轻松的事儿，从没想过这个企业会生存难。

很多时候，辞职、跳槽已经是劳动者所能选择的最大力度的"抗争"。很多变相加班，需要通过立法、修法进一步细化和完善相关规定，给出更明确的定义、处置措施，才能引导企业遵守和执行。司法机关则应在侵害劳动者权益的案件中，以法律监督、司法裁判的方式为劳动者撑腰，并加强典型案例的宣传，传递积极信号，彰显公平正义。

【复习与思考】

1. 领导科学产生的背景是什么？领导力的特点是什么？
2. 中国古代领导思想的论争主要体现在哪些方面？
3. 谈谈你对"德才兼备，以德为先"的看法。
4. 如何在实际领导工作中做到"三贵之道"？
5. "四毋"追求是什么？谈谈你的看法。

第六章

传统文化与社会保障

【本章导读】

本章首先对现代社会保障产生的原因、条件、层次进行了概括,接着对中国古代的荒政制度、养老制度、济困制度等社会保障情况进行总结,最后概括出传统文化中的"以民为本""天下大同""互助互利""有备无患"等社会保障思想,并阐发了这些思想对现代管理的启示。

【学习目标】

了解社会保障的基本概念和发展历程,掌握我国古代的社会保障相关制度,思考传统文化中的社会保障思想对今天社会保障工作的意义。

第一节 社会保障的概述

"社会保障"一词的英文为"social security",社会保障的定义是以政府为主体,依据法律规定,通过国民收入再分配,在公民暂时或永久失去劳动能力及生活发生困难时给予物质帮助,保障其基本生活,以及全面增进社会福利的举措和制度安排。当下,社会保障程度已经成为衡量社会进步和全民福利的衡量标准。一般将1601年英国颁布《伊丽莎白济贫法》作为现代意义上的社会保障制度产生的开始。直到1935年美国颁布《社会保障法》,"社会保障"的概念才被正式提出。由于"社会保障"的提法简明扼要,表达准确，受到国际劳工组织的接受和欢迎。从此，社会保障开始被人们广泛认知和理解。1938年，新西兰通过法案，把社会救济、社会保险的所有单项法规合并在一起，称为社会保障制度。1944年，第26届国际劳工大会《费城宣言》正式使用"社会保障"概念，从此逐渐形成现代意义上的社会保障体系。

一、社会保障产生的原因

社会保障是社会、经济、政治等要素综合作用后产生的，其产生的根本原因在于保证整体社会成员的基本需要。而人的需要是有层次的，一般人的需要被分为三个基本层次，即生存需要、发展需要和享受需要。首先，社会保障需要保障全体社会成员的最低层次的需要，即生存需要，包括衣、食、住等基本物质生活资料的需求，这些生活资料主要用于维持劳动力及其家人的生命延续及简单再生产的需要。其次，社会保障要着力满足全体成员的发展需要，相对生存需要，发展的需要是更高层次的需要，这是一种全面发展的需要，它保证了劳动力体力和智力的提升，促进劳动者进行更高效率的生产。最后，社会保障也应关注全体社会成员的享受需要，即在满足了前两种需要的基础上的对生活质量有更高追求的需要，这种需要不仅包括物质和精神两方面。享受需要的社会保障是在生存需要和发展需要满足的基础上，对社会保障制度的终极完善。对这三种层次需要的满足是有一定条件的，并不是在任何生产力状况和社会经济形态下都可以满足这三个层次的需要。同时，任何生产力状况和社会经济形态下都无法保障人人的需要都得到满足，即使是最基本的生存需要。这是因为在所有的社会生产和社会生活过程中都不可避免地出现各种风险，有些风险是可以预期的，但有些是无法预防的。例如，自然风险，如人的生、老、病、死等因素导致部分社会成员失去劳动力，基本生活都得不到保障；社会风险，如人们对社会环境的不适应、各种社会意外事故、人口的少子化与老龄化等，使社会成员面临无法维系生活的困境；经济风险，如企业破产、个人失业、重大财产损失、各种灾害等，社会成员失去生产资料和生活资料，无法进行生产和生活。可以说，正是由于这些风险的存在，社会保障才有必要存在。也正是由于这些风险随时存在又无法预期，社会保障才无法全覆盖无遗漏，只能尽力覆盖减少遗漏。但可以说，社会保障程度越高，其满足需要的层级就越高，保障就会越宽广、越及时、越高效。

二、社会保障产生的条件

社会保障是在一定的历史背景和社会条件下产生的，虽然社会保障中的很多内容古已有之，但真正的成体系的社会保障还是17世纪初才开始出现的，这与当时西方的思想、经济、社会等各种条件的成熟有关。现代社会保障产生须具备的条件有以下几方面。

第一，经济条件是指社会生产力发展到一定水平，社会能有一定的剩余产品以备不时之需，同时还有一个较为完善的收入分配调节制度。

第二，社会条件是指社会成员之间的对立和矛盾，任由这种对立和矛盾的发展将影响到社会稳定。为维护社会的稳定，对处于困境中的社会成员进行救济，使其能恢复生产和生活，是维持社会稳定的一种方式。

第三，思想条件是指社会、国家及国民意识到政府有责任和义务预警、承担、消解社会成员所面临的各种经济风险。

三、社会保障产生的层次

社会保障的内容主要包括社会保险、社会救助、社会福利及其他补充性的社会保障。从层次划分上，社会保障划分为以下三个层次。

（一）经济保障

经济保障是指经济上保障国民的基本生活，一般通过现金支付或援助的方式来实现，以解决国民遭遇生活困难时的经济来源问题。

（二）服务保障

服务保障是在人们家庭结构变迁、自我保障功能弱化时提供适当的帮助。以这样的服务来满足国民对个人生活照料的服务，如敬老服务、康复服务等的需求。

（三）精神保障

精神保障，即精神慰藉，这也是人正常生活的必要组成部分。在经济不发达的情况下往往被忽略，但在经济水平逐渐提高的情况下，精神保障对于社会成员的幸福感、获得感的作用尤其巨大，对社会稳定的作用更是引人注目。当然，精神保障属于文化、伦理、心理方面的保障，它与其他保障不同，而且存在个体差异。精神保障是在一个更高的层次上对人需求的全面尊重，这是社会保障制度人性化的体现。尽管在实践中，精神保障的难度较经济保障和服务保障而言难度更大，但发达国家或地区的实践证明，精神保障依然需要进行制度化安排，实施得好确实能起到保障国民精神健康的作用。

第二节　中国古代社会保障的概况

中国自秦汉以来进入了封建大一统时期，虽然其中不乏魏晋南北的分裂及改朝换代的动荡，但民族融合与国家统一在大部分历史时期还是主流。为适应国家统一和社会稳定的需要，从秦至清，历代王朝均认识到巩固政权、发展经济，必须社会稳定、人民安康，所以制定和采取了一系列保障社会安定的政策与措施，如灾害救济、尊老养老、扶贫恤困等。

一、荒政制度

在幅员辽阔的中华大地，东西南北的自然条件相差很大，自然灾害的发生此消彼长，无灾之年极为罕见。据邓云特《中国救荒史》的统计，自秦汉至明清两千余年间，秦汉时期灾荒约为375次，魏晋南北朝时期304次，唐朝时期515次，两宋时期874次，元朝513次，明朝1011次，清朝1131次，总计超过4713次，年平均2次以上。越到后期，记载的灾荒次数越多，灾发频率越高；在所有灾害中，以水、旱灾害最多，风、震、雹、蝗等次之。这可能是由于资料的限制或记录的缺失，越是久远，相关的记载越缺乏，以至灾荒显得随着时间推移好像越来越多，但事实可能并非如此，而且历史上真实发生的灾荒应该远远高于这些数字。中国传统社会中"荒政"之所以如此发达，也是基于这样的国情和社会背景。

从历朝历代的兴亡看，虽然不是每次改朝换代都与灾荒有关，但不可否认，救灾不力往往成为农民起义的导火线。有鉴于此，历代统治者面对灾情，总是高度重视，积极采取各种手段和措施实行救荒，执行得力，效果还是不错的，为后世提供了不少有益的经验和教训。荒政制度产生、发展经历了一个相当漫长的过程，汉、隋、唐、宋四朝在荒政制度发展过程中具有创辟之功，元、明、清尽管制度完备，但多因袭而少创新。

汉代的常平仓制在中国的社会保障史上具有重要地位。常平仓制思想渊源尽管可上溯到春秋时期管仲的"通轻重之权"思想及战国时期李悝在魏国推行的平籴之法，但它的正式出现是在西汉。据《汉书·食货志》记载，汉阳帝时，大司农中丞耿寿昌"遂白令边郡皆筑仓，以谷贱时增其贾而籴，以利农，谷贵时减贾而粜，名曰常平仓。民便之。"由此可见，常平仓最初的作用是丰年平籴、荒年平粜，而唐宋以后，逐渐发展为赈济与平粜并行。

义仓制度创立于隋朝。据《通典》记载，隋文帝开皇五年（585年），工部尚书长孙平上奏设立义仓："古者三年耕而余一年之积，九年作而有三年之储，虽水旱为灾，人无菜色，皆由劝导有方，蓄积先备。请令诸州百姓及军人劝课，当社共立义仓，收获之日，随其所得，劝说出粟及麦，于当社造仓窖贮之，即委社司执帐检校，每年收积，勿使损败。若时或不熟，当社有饥馑者，即以此谷振给。"从中可以看出，隋朝设立的义仓最初是"立于当社"，救济"当社有饥馑者"的一种仓制，因此也称社仓。义仓作为一种民间备荒仓储，在防灾救荒过程中发挥了积极作用。

二、养老制度

在我国，尊老养老是优秀的文化传统，并作为基本道德规范要求全民执行。统治阶层认为养老是一个人基本素质的体现，不仅是养，而且要孝。为鼓励尊老养老，历朝历代都曾以国家名义制定或颁布过有关养老的礼仪和法令，同时也还存在无子女和无力赡养的情况，我国古代社会亦有一套养老制度进行保障。

从现存的史料看，我国对养老问题的关注始于周代，以官方的身份做了许多工作，如界定老年人口的年龄，设置专门官员负责养老的相关事宜，定期举行隆重的尊老敬老的仪式，免除老年人及其家属赋役，给予老年人及有老年人的家庭各种优待，等等，说明在周代养老已从传统习俗向礼仪化、制度化方向发展了。汉代，统治者逐渐认识到养老制度对于稳定政权、安定天下的重要性，提倡以"孝"治天下，希望通过孝养其亲达到忠君的目的，所谓"忠臣以事其君，孝子以事其亲，其本一也"。以后的历朝历代皆将"孝道"摆在非常重要的地位，认为"百善孝为先"，极力推崇"孝"这种美德。朝廷也以各种制度提高老人的社会地位，以相应的养老制度体现朝廷对老人的尊重。中国古代的养老制度一般有以下几种。

（一）赐高年王杖

在汉代养老制度中，"高年赐王杖"之制可谓创举。据武威磨咀子出土王杖诏令称："高皇帝以来，至本始二年，朕甚哀怜耆老，高年赐王杖"。同时为这一制度进行了具体规定：原则上年过七十的老年人即可获赐王杖，持有王杖的老年人可以享受多种优待，如政治地位与"六百石"的官吏相当；可以自由行走官府，行走驰道；经商不征市税；可以像追随汉高祖打天下的关东灾民那样终身免除赋役；凡能善待赡养老人者，也可免除赋役；等等。

（二）物质赏赐

对老年人进行定期或不定期的物质赏赐，是中国历代封建王朝最为通行的做法，其起源亦可溯至先秦时期。西汉时期的一个重要变化是将其法制化，《汉书·文帝纪》中说："有司请令县道，年八十已（以）上，赐米人月一石，肉二十斤，酒五斗。其九十已上，又赐帛人二匹，絮三斤。"汉文帝认为，不关心老年人的生活、不予以布帛酒肉的养补，无以体现国家的"养老之意"，因而要求各级政府官员对此加以重视，并以"令"即法律的形式加以强调。在此之后，历代王朝在这方面也非常重视，只是在年龄或赏赐物品数量方面略有差异。

（三）赋役方面的特权

史料记载，从周代开始，就赋予老年人免除赋役的特权，一般而言，从五十岁起即可不服徭役，《管子》中规定：七十以上的老人可以"一子无征"，即允许一个儿子不服徭役，八十以上"二子无征"，九十以上"尽家无征"。汉代以后历代王朝继承了《管子》中的有关规定，并予以发展，如西汉规定，担任乡三老者，五十岁即可"复勿徭戍"（《汉书·高帝纪》）。一般平民六十岁（或五十六岁）亦可享受免役的待遇。之后，历代在赋役方面都给予了老年人优惠，只是优惠的年龄和等级略有不同。

三、济困制度

封建时代贫富差距、阶层固化，底层人民温饱都非常困难，而那些底层的鳏寡孤独和丧失了劳动能力的残障者更是生活无着。为了解决这部分贫困人口的生计，维持社会的稳定，显示政府"以民为本"的亲民形象，封建王朝和民间采取了不少救助措施。

（一）存问制度

存问制度或许可追溯到先秦时期的"问疾"之制，这种制度在汉代以后演变发展为存问高年、鳏寡、废疾、贫苦之制。存问的对象一般包括老年人、鳏寡孤独之人、废疾之人、贫困无业之人。存问制度在汉代比较盛行，后世王朝虽有所继承，如南宋文帝、宋武帝时均有"遣使巡行百姓，问所疾苦""遣使巡慰，问民疾苦"等记载，唐代有关"存问高年"的记载也时有所见，但这种关心老年人的做法已不再受到充分重视。汉武帝以后，国家要求官吏重视"加赐鳏寡孤独高年帛"的行为，并将办理不力者视为失职，说明经历多次推行之后，对鳏寡孤独、废疾贫困者的赏赐已成常制。东汉时期，不仅多有赐鳏寡孤贫粟帛的举动，而且与西汉相比，出现了新的趋势，即更为关注残疾人。

（二）设立专门的收养机构

南北朝时期，我国开始出现了专门的老年人收养机构：六疾馆与孤独园。六疾馆创立于南齐，据《南齐书》记载："太子与竟陵王子良俱好释氏，立六疾馆以养穷民。"所谓六疾，是当时各种疾病的泛称，说明其职能为养赡贫病者，由太子及竟陵王创立。孤独园出现于南朝梁武帝年间，据《梁书》记载，普通二年春（521年），武帝昭曰："凡民有单老孤稚不能自存者，郡县咸加收养，赡给衣食，每令周足，以终其身。又于京师置孤独园，孤幼有归，华发不匮。若终年命，厚加料理。尤穷之家，勿收租赋。"从"郡县咸加收养"的记载看，梁朝统治者已意识到政府收养"单老孤稚"的责任。于京师设立孤独园，则说明已出现专门的收养机构。宋徽宗即位前后，又设立了用于收养安置鳏寡孤独贫民的居养院和以救疗贫病之民为主要功能的安济坊，后二者逐渐合流，遂成后世养济院前身。此外，宋代收养救助鳏寡孤独及废疾贫困者的机构还有广惠院、实济院、安养院、利济院、安乐坊、安济坊、安乐庐、举子仓、婴儿局、慈幼局、合剂局、太平惠民局、施药局等不同名称种类，遍布全国各地。

后世的元、明、清各代多少继承了宋朝的官办收养、救助贫困的做法，设置养济院、惠民药局，倡建普济堂、育婴堂等机构设施。但总体而言，官办救助事业已不可与宋朝相提并论，而民间力量主持的社会救助组织则出现了蓬勃发展的局面，有效地补充了官办事业的不足。

第三节 传统文化中的社会保障思想对现代管理的启示

我国早在两千多年前的周朝，就已出现了社会保障的萌芽。随着历史的发展，王朝更迭，社会保障的措施越来越具体和完善，覆盖的人群越来越广。封建时代社会进步虽然较缓，但民众对自身和他人生存状态越来越关注。同时，灾荒救济和扶危济困也是体现君主仁德和稳定国家的重要手段。因此，社会保障虽说是一个现代名词，其实在中国早已有之，并且相对于西方国家，政府介入更早，介入程度更深。如今，我国正在大力建设有中国特色的社会主义社会保障制度，历史上的社会保障思想和理念值得认真挖掘和总结。

一、以民为本

构成以社会救济为特征的先秦社会保障制度是"以民为本"的民本思想为基础的。"民"是相对于"君"而言的对立概念。对"民"的重视，即原本氏族社会人人平等的体现，也是进入阶级社会以后，民的作用渐渐为统治阶级所认识后的一种统治方略。

"民为邦本，本固邦宁。"当时的统治者从总结前人执政经验的基础上，逐步意识到广大民众对政权的巩固、经济与社会发展的作用巨大。在施政纲领中，他们把"以民为本"作为座右铭，时刻提醒自己要关心民众的疾苦，赈济贫困阶层，爱护老年人和缺乏生活自理能力的人。商朝建立初期，十分重视民众，实施了许多爱民、利民的举措，《管子·轻重法》中记载："夷境而积粟，饥者食之，寒者衣之，不资者振之。"周朝的民本思想更加明确，周文王执政期间，特别关心鳏、寡、孤、独者，"文王发政施仁，必先斯四者"（《孟子·梁惠王上》）。周武王时期，大力提倡爱民、保民主张，"欲至于万年唯王，子子孙孙永保民"（《尚书·梓材》）。在西周，共有慈幼、养老、济穷、恤贫、宽疾、安富六项爱民政策。

先秦的思想家们虽然各有不同的政治观点，但在重视民生、强调民的作用和地位方面则是一致的，诸如"国将兴，听于民；国将亡，听于神""得乎丘民而为天子""君者，舟也；庶人者，水也。水则载舟，水则覆舟"。孟子进一步提出著名的"民为贵，社稷次之，君为轻"的可贵观点，主张民要有恒产，"是故明君制民之产，必使仰足以事父母，俯足以畜妻子，乐岁终身饱，凶年免于死亡，然后驱而之善，故民之从之也轻"。齐国著名政治家管仲也曾提出："夫霸王之所始也，以人为本，本治则国固，本乱则国危。"西汉大儒董仲舒进而得出了"王道以得民心为本"的结论。

早期统治集团中一些比较开明的政治家，如箕子、微子、比干、周公等看到不以民为本的重重危机，提出要尊重民众、体恤民众，得到民众的拥护，统治才能长久。周公提出"以德配天""敬天保民"的思想，即是对统治者的警示，也是对国家治理经验的总结。夏商前期爱民、末期暴民的两种结果反差很大，对其进行比较很有教育意义，得出"桀纣之失天下也，失其民也；失其民者，失其心也"[①]的结论，总结出"得民心者得天下，失民心者失天下"的规律，成为古往今来统治者治国理政的座右铭，也成为政党和国家兴亡的力量所在。历代开明统治者为了王朝的长治久安，都会采取一些有利于缓和阶级矛盾和社会矛盾的措施，与民休息，反对横征暴敛，惩治贪污腐败，以此赢得民心，维持王朝统治。

二、天下大同

儒家提倡实施"仁政"，提倡"爱人"，并在《礼记·礼运》中描绘了"大同社会"是"大道之行也，天下为公，选贤与能，讲信修睦。故人不独亲其亲，不独子其子，使老有所终，壮有所用，幼有所长，鳏、寡、孤、独、废、疾者皆有所养，男有分，女有归。货恶其弃于地也，不必藏于己；力恶其不出于身也，不必为己。是故谋闭而不兴，盗窃乱贼而不作，故外户而不闭，是谓大同。"《礼运》中的"大同思想"是对中国古代理想社会的一种概括。不仅儒家，墨子的"兼爱"理论也称，"老而无妻子者有所侍养，以终其寿；幼弱孤童之无父母者有所放依，以长其身"。这表明，大同社会并非某一时期或某一学派的偶得，儒、墨在很多地方主张各异，但在这一点上是基本一致的。说明这一理想的思想基础一致，并受到普遍的欢迎。所以，"大同思想"才能广为流传，使其成为中国人世代共同追求的理想，并被后来一批批有理想的政治家所推崇。

大同社会崇尚的是天下为公，政治上则主张社会民主，选贤任能；经济上主张社会公有制；生活上实行社会统一分配，各司其职，各得其所；在生产方面则是人人尽自己的努力去劳动，所有的社会成员均有生活保障等。大同社会论的核心内容虽然有理想化的成分，在当时的社会条件下很难实现，但也体现了中国人所构思的理想社会基本框架。而其中的社会保障思想给人人都提供了安全感，在这样的社会里人们不必患得患失，忧心忡忡。这种思想甚至比柏拉图在《理想国》中描述的社会更能直接地体现社会保障制度的基本原则及其对社会弱者的庇护精神。

三、互助互利

春秋战国时期，墨子就主张"兼爱交利"，提出"为贤之道将奈何？曰：'有力者疾以助人，有财者勉以分人，有道者劝以教人'。若此，则饥者得食，寒者得衣，乱者得治"，以实现老有所养、孤幼有所依、无饥无寒和安居乐业的理想，而孟子亦主张"出入相友，守望相助。疾病相扶持，则百姓亲睦"。可见社会互助的思想在两千多年前就已经被提出，甚至有些专家认为这是原始社会集体生活所留下来的宝贵经验。

社会互助不仅是中国传统思想的精华，而且直到今天都是中国人的宝贵精神财富，

[①] 张廷玉.明史[M].北京：中华书局，1974.

"一方有难，八方支援"。中国社会有强烈的宗族观念、乡土观念和家国情怀，所以，在家庭成员、同姓、同乡、同民族有难之时，援之以手成了人人基本"恻隐之心"。虽然这与中国人的人情社会不无关系，但这种生活方式使个人产生了对群体的认同感，感到集体的力量，愿意参与集体生活。这种积极互动的人际关系，使个人生活在一个受支持的网络中，容易产生相互依存的稳定感。通过这样的互助，集体应对各种风险，也是一种社会保障思想。

四、有备无患

仓储后备论主张在丰收时进行谷物积蓄，以备灾荒时救济贫民的社会保障思想。农业社会，生产力水平较为低下，人类无力抵御各种自然灾害的袭击，所以会事先储备粮食来应对灾害的发生。早在夏朝，国家就非常重视粮食的储备，以应对各种灾害。如《礼记·王制》中就说："国无九年之蓄，曰不足；无六年之蓄，曰急；无三年之蓄，曰国非其国也。三年耕必有一年之食，九年耕必有三年之食，以三十年之通，虽有凶旱水溢，民无菜色。"汉代大臣贾谊上汉文帝疏中说："管子曰：仓廪实而知礼节，民不足而可治者，自古及今，未之尝闻……夫积贮者，天下之大命也。苟粟多而财有余，何为而不成？"为了应对各种可能存在的不确定性，通过各种措施来储备物资，以备不时之需的思想历史悠久。中国历朝历代为了应对突发的战争及各种可能的灾害，都制定了仓储后备制度。

【案例】

中办、国办印发《关于进一步完善医疗卫生服务体系的意见》[①]

近日，中共中央办公厅、国务院办公厅印发《关于进一步完善医疗卫生服务体系的意见》（以下简称《意见》），并发出通知，要求各地区各部门结合实际认真贯彻落实。

《意见》要求，到2025年，医疗卫生服务体系进一步健全，资源配置和服务均衡性逐步提高，重大疾病防控、救治和应急处置能力明显增强，中西医发展更加协调，有序就医和诊疗体系建设取得积极成效。到2035年，形成与基本实现社会主义现代化相适应，体系完整、分工明确、功能互补、连续协同、运行高效、富有韧性的整合型医疗卫生服务体系，医疗卫生服务公平性、可及性和优质服务供给能力明显增强，促进人民群众健康水平显著提升。

《意见》提出，优化资源配置，加强人才队伍建设，推进能力现代化。其中明确，发展壮大医疗卫生队伍，把工作重点放在农村和社区。加大基层、边远地区和紧缺专业

---

① https://finance.sina.com.cn/jjxw/2023-03-31-doc-imyntrfk4373156.shtml。

人才培养扶持力度，缩小城乡、地区、专业之间人才配置差距。推进农村卫生人才定向培养，落实执业医师服务基层制度，鼓励医师到基层、边远地区、医疗资源稀缺地区和其他有需求的医疗机构多点执业。激励乡村医生参加学历教育、考取执业（助理）医师资格，推进助理全科医生培训。

在促进医养结合方面，《意见》提到，合理布局养老机构与综合医院老年医学科、护理院、康复疗养机构、安宁疗护机构等，推进形成资源共享、机制衔接、功能优化的老年人健康服务网络。建立健全医疗卫生机构与养老机构业务协作机制，积极开通养老机构与医疗机构的预约就诊、急诊急救绿色通道，提升养老机构举办的医疗机构开展医疗服务和药事管理能力，协同做好老年人慢性病管理、康复和护理服务。推动基层医疗卫生机构支持老年人医疗照护、家庭病床、居家护理等服务。

此外，《意见》还要求提高服务质量，改善服务体验，推进服务优质化。其中包括改善就诊环境，优化设施布局，加快老年友善医疗机构建设。支持为行动不便的老年人、失能和半失能人员、重度残疾人等提供上门服务。强化医务人员服务意识，加强医患沟通，促进人文关怀，保护患者隐私。落实优质护理要求，持续加强临床心理、麻醉镇痛、用药指导、营养指导等服务。健全医务社工和志愿者服务制度。充分发挥人民调解主渠道作用，健全化解医疗纠纷的长效机制，构建和谐医患关系。

《意见》强调，深化体制机制改革，提升动力，推进治理科学化。发挥信息技术支撑作用，发展"互联网＋医疗健康"，建设面向医疗领域的工业互联网平台，加快推进互联网、区块链、物联网、人工智能、云计算、大数据等在医疗卫生领域中的应用，加强健康医疗大数据共享交换与保障体系建设。建立跨部门、跨机构公共卫生数据共享调度机制和智慧化预警多点触发机制。推进医疗联合体内信息系统统一运营和互联互通，加强数字化管理。加快健康医疗数据安全体系建设，强化数据安全监测和预警，提高医疗卫生机构数据安全防护能力，加强对重要信息的保护。

【复习与思考】

1. 现代社会保障的产生需要具备哪些条件？
2. 试评价我国古代的荒政制度。
3. "天下大同"的理想对当下我国的社会保障有何启发？

第七章 传统文化与教育管理

【本章导读】

本章首先对教育管理进行了概述，然后对中国古代教育管理的基本情况进行了梳理，最后详细地论述了中国古代教育管理思想对现代管理的启示。中国古代教育管理的目的不仅在于教习文化和技能，更有教化和统一思想的作用，协助国家制度管理和行政管理维护皇权、保持统一。虽然中国古代的教育管理弊端很多，近代以来多有批评和抨击，但其中亦有精华，对当下的中国教育管理也是不无裨益的，如有教无类、传道授业解惑、齐之以礼等在今天依然值得思考和借鉴。

【学习目标】

了解教育管理的基本理论与中国古代教育管理的概况，思考中国古代教育管理思想对现代教育的启示，能结合当下的教育体制改革，对中国古代教育管理思想进行综合评价，并对其中具有积极意义的部分进行运用。

第一节 教育管理的概述

教育管理是管理科学和教育的结合。管理是人类普遍性的活动，但不同行业的管理内容、管理目标和手段各不相同，但管理的思想和方法有共同的地方。我国学者张复荃在《现代教育管理》一书中提出，教育管理是社会管理的特定领域。实现教育管理的职能,需要考虑到社会管理各领域中那些一般的、共同的职能,但管理的客体不同,任务和手段及教育科学所确定的过程和规律的性质也不相同,从而又与社会管理的其他领域相区别。

教育管理是对育人工作的管理。教育管理活动既是教育活动又是管理活动,同时受到教育规律和管理规律的制约。教育管理活动过程就是要采用科学的方法对教育资源——人力、物力、财力、时间、信息进行合理组合,使之有效运转的过程,目的是协调好各级各类教育组织之间及每一教育组织中人与人、人与物、物与物、教与学之间的关系,最终实现教育目标。所以,教育管理是教育管理者运用一定的理论与方法,在特定的环境和条件下,合理配置教育资源,引导组织教育人员完成教育任务,实现教育目标的一种活动。

一、教育管理的内容

教育管理一般分为两方面:宏观的教育管理——教育行政,微观的教育管理——学校管理。

第一,教育行政就是国家对教育的管理。从不同的角度看教育行政,其内容也有所区别。从教育行政的机关来看,教育行政主要是指教育行政机关的管理活动;从教育行政的层次上看,它是从中央到地方的教育行政机构;从教育行政的范围来看,大到方针、政策、法规和教育体制的构建,小到具体规章制度及其实施,都应是教育行政的内容。教育行政虽然是国家行政管理的一部分,但相对于其他的行政管理而言,教育管理是相对滞后的,教育行政是国家发展到一定阶段的产物,它以国家一级教育行政机构的产生为标志。19世纪以前,虽然世界各国的教育管理活动都在一定范围和程度上进行着,但教育的范围非常有限,只有少数贵族和世家可以有资格和资金接受教育,绝大多数的民众基本是大字不识的文盲,所以教育在这之前可以说是小众的、高端的。进入19世纪,随着工业文明的发展,对人力资源素质的要求越来越高,西方各国都意识到教育的重要作用,开始纷纷设立了比较系统的教育行政制度,建立了国家一级的教育行政机构,开始进行大众教育。1817年,普鲁士的教育部脱离了内政部而独立;1928年,法国设立了教育部;中国在1905年也设了学部,后改称教育部。

第二,学校管理是学校管理者采用一定的措施和手段,充分利用学校的有限资源,引导和组织师生员工实现学校育人目标的一种活动。学校管理将国家的教育方针、政策加以具体实施,以完成国家的教育任务和实现国家的培养目标。

二、教育管理的基本模式

教育管理模式是对教育管理结构或过程中的主要组成部分和主要环节之间的关系进行的抽象描述和概括。在历史演变过程中,教育管理逐渐形成以下三种基本模式。

（一）经验管理模式

经验管理模式是指管理者凭借个人或群体积累的知识和经验进行管理的管理模式。它的基本特征是管理者所运用的管理方式是在管理实践中的亲身感受和直接体验及传统习惯的基础上形成的。经验管理是最早出现的管理行为模式。从古代学校的产生到19世纪中叶出现的专门教育机构，教育管理基本上属于经验管理。经验管理模式可以概括为：绩效＝经验×知识×能力。

（二）行政管理模式

行政管理模式是指教育管理以行政职能为中心，按教育行政系统来实施。它强调教育管理要以上级的法令、指示、决议、文件为依据，要求各级教育行政部门有明确的层次和分工，有明确的职责和权限。在教育管理部门，行政手段是主要的管理手段。19世纪中叶以后，随着国民教育体系的确立，德国法学家、行政学家施泰因的教育行政管理理论逐渐形成。其行政管理模式可以概括为：绩效＝法规×组织×程序。

（三）科学管理模式

科学管理模式是指以反映教育规律和管理规律的科学理论为指导，把通过教育调查、教育统计测量、教育试验等科学方法所获得的结论作为管理行为选择依据的一种管理模式。19世纪末20世纪初，由于义务教育制度的推行及普及，教育事业获得迅速发展，教育现象更加社会化、复杂化，原有的教育管理模式难以适应新形势的需要。一些专家开始采用教育调查、统计、试验和心理测量等方法，探寻产生教育问题的原因及解决问题的措施。教育管理者则依据其研究取得的科学依据和解决问题的方案或结论做出决策，取得明显效果，科学管理模式随之诞生。这种科学管理模式可以概括为：绩效＝理论×方法×素质。

三、教育管理的特点

第一，教育管理活动的目的和内容、工作机构和方式，都是以执行国家既定的政策为目的的。

第二，教育管理是与其他各种社会活动及产生和制约这些活动的社会历史条件密切关联、相互依存的。对一个国家的教育管理，只有从对其发生影响的各种因素做出综合的、整体的考察，才有可能正确揭示它的性质，理解它的职能和活动规律。教育管理，也只有不断地适应社会的变革和发展，更加紧密地与社会政治经济和科学文化发展的状况相适应，才能更好地为国家的政治经济服务。

第三，教育管理除了具有管理活动的一般规律以外，还具有教育管理的特殊规律。在教育管理活动中，既要注重它作为管理活动的一般规律，也不能忽视它作为教育管理的特殊规律，这样才能更有效地提高教育管理的效率。

四、教育管理的作用

第一，为教育事业的健康发展创造良好的环境。任何教育组织总是处在一定的社会环境之中，教育管理的作用就是要使教育组织适应社会发展的需要，充分利用积极因素，防止和克服消极因素，为教育发展创造良好的教育环境。

第二，充分开发和合理利用有限的资源，通过组合的方式达到教育效益、社会效益和经济效益最大化。教育是一项需要投入大量的人力、物力和财力的百年大计，全面调动各种资源，集合各种力量，协同提高教育管理水平，才能促进教育事业的发展。需要指出的是，教育的投入和产出不能局限一时，而应着眼长远的经济发展和社会进步，只有这样才能达到个人发展、经济驱动和社会效益的全面提升。

第三，充分调动广大教师的积极性和创造性。依靠教师办学是教育发展的重要规律。《中国教育改革和发展纲要》指出，振兴民族的希望在教育，振兴教育的希望在教师。建设一支良好政治业务素质、结构合理、相对稳定的教师队伍，是教育改革和发展的根本大计。教育管理的重要作用之一就是要根据教师劳动的特点建立合理的用人机制，为教师智慧和才能的发挥创造机会和条件，消除阻碍教师积极性和创造性发挥的各种不利因素。

第四，通过教育秩序和合理的规章制度把分散的、无序的教育因素转变为有序的状态，整合各种资源，按教育规律推进教育工作。这种矛盾和冲突出现在宏观的教育管理和微观的教育管理之间、教育部门与其他部门之间、教育部门内部之间、学校与学校之间、教师与教师之间、教师与学生之间。如何协调各方面因素，避免矛盾冲突，是教育管理的重要内容。

第五，处理好教育发展中的规模、速度、类型、结构、数量和质量之间的关系，实现教育发展的动态平衡。教育管理可以通过设计教育发展的战略目标、制定教育发展规划和具体的工作计划，建立健全各级教育组织，对教育工作各方面进行有效的指导、协调和控制，防止不平衡和混乱状态的出现。

第二节　中国古代教育管理的概况

一、历代的文教政策

春秋战国时期，各国都在武力的角逐中不断地"大鱼吃小鱼，小鱼吃虾米"，虽然也重视文教，但由于战乱频繁，各国对教育都无暇顾及，所以对教育也没有太多的限制，这倒是给诸子百家宣传自己的理论和主张提供了机会，铸就了一个自由创建私学的时代。

秦代结束了诸侯割据，实现了国家统一。为强化中央集权，打破原本各国本土文化各占一隅的情况，开始重视在思想和文化上的统一。在文化教育方面，为破除文化壁垒，秦代将法家的"一教"思想发挥、推广到极致，采取了"书同文""行同伦""颁狭书令""禁私学"等一系列文教政策，使文化教育成为巩固中央专制集权的工具，以教育的方式将相关统治思想灌输给民众，使他们成为顺民。同时实行吏师制度，以所统辖的官员为老师，降低所辖范围民众的文化等级，以服从和请教的态度对待代表君王意志的地方官员，提高对朝廷政策服从的效果。该制度虽然源于西周"官师合一""学在官府"的教育管理制度，但它的指导思想却出自法家的"以法为教，以吏为师"。

汉承秦制，但也吸取了秦亡的教训，开始实施相对灵活的统治策略。表现在文化教育政策上，从汉初的推崇"黄老之学"，过渡到汉武帝时期"罢黜百家，独尊儒术"宏观政策的正式确立。

隋朝的统治时间虽短，但其建立的教育体系，尤其是科举制，对教育的影响一直持续到清朝末年。隋文帝于开皇三年（583年）下《劝学行礼诏》，强调"建国重道，莫先于学，尊主庇民，莫先于礼""治国立身，非礼不可"，要求"始自京师，爰及州郡，宜抵联意，劝学行礼"。令下之后，全国州县皆置博士习礼，京师国子寺也扩充规模，一时出现儒学繁荣的局面。

唐朝继承隋朝崇儒的方针，继承科举制度。儒学既已定为治国之本，所以各级官吏的选拔、任命的标准也均以儒学为准。唐代的学校教育和科举考试也均以儒家经典为主要内容。唐太宗鉴于经籍文字多讹谬，特诏前中书侍郎颜师古考定"五经"，"颁行天下，命学者习焉"。这五经便是《周易》《尚书》《毛诗》《礼记》《左传》所修成的定本，作为学校的统一教材。崇儒方针既定，选士也以此为标准。唐文宗在位命人分十二经刻制石经，于开成二年（837年）竣工，这些石经成为以后经学学习和研究的范本。经学的再度统一，标志着儒学的统治地位最终确立。

宋太平兴国七年（982年），宋太宗明确指出，"王者虽以武功克定，终须用文德致治"。宋代确立了"重文贱武"的国策，在文教政策方面，有尊孔崇儒、兼容佛道、崇尚理学、重视科举、鼓励兴学等内容。

明太祖朱元璋出身贫寒，所受教育虽然不多，但他在南征北战中，深刻认识到文教的重要性。早在立国之初，朱元璋就将发展教育事业放在了国家建设的重要位置，提出了"治国以教化为先，教化以学校为本"的文教政策。明王朝在思想领域极力推崇程朱理学，奉之为官方哲学。朱元璋令学者非"五经"、孔孟之书不读，非濂、洛、关、闽之学不讲，并且以孔孟之书、程朱理学为科举考试的标准。此外，又采取一系列措施来禁止不同思想的传播，以禁锢人们的头脑，使人们只能遵从信服孔孟之道与程朱理学。明太祖与刘基首创八股取士，规定科举考试必须从"四书""五经"中命题，以八股制义为定式，"代圣人立言"，并以朱熹的《四书集注》为标准答案。

清朝统治者在定都北京以后，也开始认识到要治理国家，光靠"马背上"的骁勇是不行的，文化教育事业能发挥定国安邦的作用。清统治者继承了明朝的文教政策，并在思想文化领域崇尚儒家经典，提倡程朱理学。这也体现在清王朝的治国方略里，一方面，以科举取士，"用儒术以笼汉族"；另一方面，任何对清朝统治不满的书与文字都进行残酷镇压，用文字狱打压士子。二者结合，构筑了一个严丝合缝、密不透风的教育体制，这禁锢了人们的思维，压抑了人的天性，最后也导致了国家的衰弱。

二、中国古代的教育行政体系

中国古代比较完备的中央集权制的教育行政体系创始于隋代。隋代在中央教育行政制度设置上有两个显著特点：一是废止了以司徒、太常为教育行政长官的制度。二是设立了国子寺（后改为国子监），作为专管学校教育的行政机构，并置祭酒作为最高的教育行政长官。

唐代是中国封建社会中央集权制教育行政体系日趋完备和全面运作的定型化时期。唐承隋制，以国子监作为专门的教育行政管理机构，管理六学及广文馆。同时，由于国子监对礼部的隶属关系及科举制度的实施，礼部通过掌管天下贡举之政令，而成为兼管教育的最高行政机构。由于宫廷贵胄教育自成体系，以及中央有些部门设置了从事专业教育的机构，因而在国子监之外，还有一些特殊的教育管理机构。

明代的教育行政制度，特别是中央的教育行政制度，事权集中，把一切有关文教的事都集中于礼部。

清承明制，仍由礼部掌管全国的学校。

三、学校管理

汉代学校教育是中央官学与地方官学并举，官学与私学竞相发展的教育框架，这为以后历代封建王朝的学校教育制度初步奠定了基础。政府直接主办的中央官学和由地方政府办理的地方官学。中央官学主要有三种类型：一是由太常并通过博士直接管理的太学，太学为国家的最高学府和全国学校的典范；二是由宦官集团办理的鸿都门学，为具有专科性质的特殊高等教育机构；三是专为皇室和外戚设置的官邸学。地方官学有学、校、庠、序等，其中由郡国所举办和管理的称"学"，由县道邑所设置和管理的称"校"，由乡与郡设置和管理的分别称"庠"和"序"。私学按其程度与学习内容也可分为经馆与书馆两类。其中一类是由经师讲授专经的经馆，称"精合""精庐"，其程度相当于大学；另一类是教授读、写、算基础知识的书馆，属初等文化启蒙性质的蒙学。

隋代统治时间虽短暂，学校制度却颇有建树。总的来说，中央设有国子学、太学、四门学、书学、算学，为五学，属国子监管辖。此外，还设有律学，属大理寺管辖，地方也设有州县学。

唐承隋制，形成相当完备的学制系统。唐代的学制大体可分为中央官学和地方官学两大系统,中央官学又可分为直系和旁系两类。直系的学校,有国子学、太学、四门学、广文馆、律学、书学、算学,时称七学,由国子监管辖。其中前四学属于大学性质,后三学属于专科学校性质。旁系的学校,有崇文馆、弘文馆、医学、崇玄学、小学等。崇文馆直辖于东宫,初名崇贤馆,创立于贞观十三年(639年),到高宗上元三年(676年)因避讳改为崇文馆。弘文馆直辖于门下省。医学归太医署管辖,而隶属于中书省。崇玄学亦称崇玄馆或通道学,隶属于尚书省。小学隶属于秘书省,是初级的贵胄学校。

宋代自三次兴学运动后,才在中央和地方陆续建立起完备的官学教育体系。中央官学属于国子监管辖的有国子学、太学、辟雍、四门学、广文馆、武学、律学、小学等;属于中央各局管辖的有医学、算学、书学、画学等;直属于中央政府的有资善堂、宗学、诸王宫学、内小学等。地方官学有州学、府学、军学、监学、县学,同于地方政府及诸路提举学事司管辖。

明代学校大致按照宋代体例,设置可以分为中央和地方两大类,名称略有区别。

清代学制系统,具有部分少数民族特色,分中央设立和地方设立两大类。中央官学主要有国子监、算学馆、俄罗斯学馆及宗学、旗学、觉罗学等。地方官学有府学、州学、县学、卫学,统称为儒学。此外,还有社学、义学和井学等。

第三节 传统文化中的教育管理思想对现代管理的启示

从以上的分析可以看出,中国一直以来都非常重视教育,但能够在封建社会教育体系里学习的人依然是少数。可以说,封建时代的教育是精英教育,而非大众教育。但封建王朝并不是只教育这些少数人,而是希望这些直接受教育的少数人成为教育绝大多数人的"标杆"或崇拜的人,这些人的行为方式和思想成了普通人的榜样。中国古代的教育体系不是以培养和发挥受教育者的才能为目的,而是把教育作为伦理规范的手段,以便教育出符合要求的人来帮助管理国家。

对于那些没有在国家所设立的学校和私学里学习的人,封建王朝对他们的教育被称为"教化"。这也是儒家治理国家的手段。相对于"法治",这种教育是"德治"的基础。如果说"法治"是"硬"管理,教育就是"软"规范。对受教育者的影响约束不是靠政策、法令、条例、纪律等明文规定的"法",也不由国家相关部门强制执行,而是通过建立风尚习俗、社会舆论、传统思想等方式,由善恶观念裁定的软性道德规范。它在管理实践中主要是通过伦理道德评价等软性评价引导,将中国宗法社会的封建思想和道德规范以"礼"的形式融入习俗,使得这样的教育好像并不刻意,却无处不在。

这样的倡导给人以信心,让人们去追求成为一个符合甚至是超越一般道德规范的人,这在管理国家中作用巨大。一方面,它具有强大的凝聚力。它把自然经济条件下的以一家一户为基本单位的松散农业组织，用思想、伦理的力量管理起来，形成了无形而巨大的民族向心力。另一方面，它在管理中注重管理对象的品质修养，提倡唯有完善个人的人格才有可能推己及人，实现治国平天下的人生抱负，这对于形成特有的人格气节和国家观念都是具有积极意义的。

一、有教无类

教育是不是普遍适用于所有人？孔子的回答是肯定的。他说："性相近也，习相远也。"这句话肯定了人的天赋素质并没有什么差别，强调了人人都具有接受教育的可能性和必要性。这是中国式的最古老的天赋平等的人性论，它第一次肯定了教育对人的发展所具有的重大作用。

接受了教育，是不是人人都可以学好？孟子非常坚定地回答可以，不仅可以学好，而且"人皆可以为尧舜"。荀子也坚信："涂之人皆可为禹"。这十分清楚地宣告，通过道德规范教育，人人可以成为圣贤、成为君子，被人崇拜、被人敬仰，这极大地增强了人们接受教育的信心。

人人都学好了，社会会变成什么样子？孔子在《论语》里从侧面进行了说明。《论语·颜渊》说：季康子思患盗，问于孔子。孔子对曰："苟子之不欲，虽赏之不窃"。意即指只要人们具有良好的道德修养，即使悬赏也不会有人去做偷盗之事。另一则说："季康子问政于孔子，曰：'如杀无道，以就有道何如？'对曰：'子为政，焉用杀？子欲善则民善矣。君子之德风，小人之德草，草上之风必偃。'"意即指统治者在为政时坚持道德教化的宗旨，社会上下便风气纯正了。荀子在《荀子·大略》同样强调了这一主张。他认为国家安定的根本在"礼"，当权者须"立大学，设庠序，修六礼，明七教，所以导之也"。意即通过教育教化后，民风淳朴，社会和谐，人民安定，国家富强。这不仅仅是个人成为圣贤的途径，而且是治国的基本方略。

这些思想集中起来，凝练成一句话"有教无类"，即作为教育者平等地对待受教育者。孔子本人就是该思想的践行者。孔子办教育，反映了当时文化下移和百家争鸣的现实，私学的出现使得学在官府的局面得到改变，除了出身贵族的子弟可以受教育外，其他各阶级、阶层通过私学有了受教育的机会。孔子广招门徒，不分种族、氏族，都可以到他的门下受教育。虽然孔子凭借一人之力，不能在那个时代实现整体的教育公平，但在孔子这位老师那里，他平等地对待所有学生，给予学生公平的教育。孔子对教育的投入和贡献，使他成为"万世师表"，很多思想就是今天的我们看来也是难能可贵的，"有教无类"就是其中影响极其深远的主张。

今天，教育公平的问题也是教育实践中遇到的难题。所谓善政不如善教，教育的至高理想，便是"以斯道觉斯民"。教育专家周洪宇撰文指出："教育公平是指每个社会成员在享受公共教育资源时受到公正和平等的对待。"现实的国民教育却由于种种原因，不公平的现象随处可见。一方面，大中城市拥有国家一流的师资、一流的教学设施、一流的人文环境，而广大的农村与欠发达地区，却常常被遗忘，师资匮乏，国家补助也往往是"杯水车薪"。另一方面，考试招生不公平现象仍然存在。考试招生不公主要表现在名校省际配额制度上、高考招生标准不统一的制度上等。

每年两会的热点里，教育公平的问题都名列其中，教育公平一方面牵动国运，另一方面涉及民生。只有实现了教育公平，才能实现真正意义上的和谐社会。实现教育公平是建设和谐社会的一项重要内容，也是建立和谐社会的一条有效途径。由于国民教育涉及社会的所有层面，教育的不公不仅将阻碍各阶层利益的有序调整，而且将不断拉大原有的贫富差距，从而导致社会的不安定。因此，实施公平的国民教育是改革开放大业和社会稳定的必然要求。

二、传道授业解惑

学校作为国家教育机制的中枢环节，其对受教育者的价值取向及道德形成起着关键作用。韩愈在《师说》中总结了古时学校的教育目的和教师的任务，即传道、授业和解惑。

（一）学校的首要任务是"传道"

"传道"在学校教育里居于首位，这反映了当时学校的办学宗旨要与国家的教育方针一致，即需要将"道"传授给学生，使他们成为遵"道"、卫"道"之人。这说明教育对封建伦理"道"的传播起到非常重要的作用，这也表明教育的办学宗旨是极其重要的，这关系到培养什么人、怎么培养人的问题。学校是教育的基层单位，学校的教育管理归根结底总是为一定国家占统治地位阶级的政治路线和阶级政策服务的。学校教育无法超越国家教育管理活动的目的和内容，是以执行国家既定的政策为目的的。有些西方学者鼓吹"教育管理中立"，不介入任何政党的政治活动，可以说根本是行不通的。此外，教育与其他各种社会活动及产生和制约这些活动的社会历史条件是密切关联、相互依存的。教育管理既是国家对教育的管理，它必然与国家管理其他方面的活动发生关系，必然受制于影响这些活动的各种条件。一个国家的政治、经济、法律、道德、文化等因素都会对教育行政发生影响。因此，对一个国家的教育管理，只有从对其发生影响的各种因素做出综合的、整体的考察，才有可能正确揭示它的性质，理解它的职能和活动规律。教育管理，也只有不断地伴随社会的变革和发展，更加紧密地与社会政治经济和科学文化发展的状况相适应，才能更好地为国家的政治经济服务。

（二）学校的教育过程是"授业"和"解惑"的结合

学校文化是指一所学校内部形成的为其成员所共同遵循并得到认同的价值观体系、行为准则和共同的思想作风的总和。学校文化是联系和协调学校所有成员行为的纽带和灵魂。这需要老师和学生共同营造，"授业"是教师主动向学生传授知识，而"解惑"

是学生在学习中向老师提出疑问，教师进行解答。这样的教学相长，学校里学风自然健康向上。这样的学风可以从孔子的私学看出，《论语》记载了孔子和他的学生们的对话，自由、平等的师生关系，面对学生的疑问，孔子都认真地对待，有的给予了明确的答复，有的提示学生由他们自己去思考得出答案。可以看出，在孔子的私学里，好学上进的学生和博学认真的老师，学校文化生机盎然。孔子私学给了后世办学一个很好的参考，营造良好的学校文化，让学校成为为国家培养人才的地方，这是一些有见识的儒家学者不断努力推动的事业。王安石在《乞改科条例札子》强调："古之取士，皆本于学校，故道德一于上，习俗成于下，其人才皆足以有为于世。"学校文化构成了学校生存和发展的最稳固、最有活力的基础，它会变成能动的环境力量。它对成员具有教育作用、凝聚作用和约束作用，符合群体规范。

（三）学校的软实力是师德师风

大学关键是大师，学校里对学生的影响最直接的是教师。荀子在《劝学篇》中说："学莫便乎近其人，学之经莫速乎好其人，隆礼次之。"就是说，学习礼乐知识最便捷的途径就是身边有个好教师，学习最简捷的途径就是崇拜这个老师。也就是说，伦理规范管理最直接的作用力便是来自教师。所以荀子在《修身篇》中又说："礼者，所以正身也；师者，所以正礼也。"教师的根本职责就是正礼、传礼。《学记》将这一重要性阐述得更为直接："能为师然后能为长，能为长然后能为君。故师者所以学为君也。"把为师作为长和君的先决条件，为整个社会形成以道德为尚的文化氛围奠定基础。

教师职业道德是随着教育的发展而发展的。春秋以前，教师职业道德虽然已经出现，但很不系统，往往夹杂于政治道德之中。春秋时期，孔子办私学，广收门徒，创立了许多有关教师职业道德方面的理论，并以《论语》一书集中反映了出来。其中较为著名、对后世影响较大的有："默而识之，学而不厌，诲人不倦，何有于我哉"体现了一种有关"学""诲"的师德。"其身正，不令而行；其身不正，虽令不从。不能正其身，如何正人"体现了一种"以身作则""言传身教"的师德。此外，还有热爱学生、有教无类、不耻下问、知过而改、因材施教、循循善诱等有关教师职业道德方面的著名言论，形成了我国教育史上的第一个教师职业道德规范体系。

孔子而后，荀子、墨子、孟子等对教师职业道德体系进一步发展。如荀子在强调教师要以身作则的同时，又提出教师必须具备的四个条件，即"尊严而惮""耆艾而信""诵说而不陵不犯""知微而论"，实际就是在德行信仰、能力、知识等方面对教师提出了更高的要求。

汉代的董仲舒把"三纲五常"作为教师职业道德的核心要求，又说"善为师者，既美其道，又慎其行"，这是对教师的道德品质、知识才干、言谈举止的要求。

唐代韩愈将师德列于对教师要求的首位，提出"弟子不必不如师，师不必贤于弟子，闻道有先后，术业有专攻，如是而已"。同时他认为，选择教师应以"道"作为首要条件——无贵无贱，无长无少，道之所存，师之所存。

宋元明清又对教师的职业道德做了进一步的发展。如朱熹提出把"博学""审问""慎思""明辨""笃行"作为教师的道德规范。明末清初的王夫之则认为"德以好学为极""欲明人者必须先自明"。

现今，在整个教育体制内，教师的职业道德也被提到非常高的地位。为规范教师的职业道德，国家将爱国守法、爱岗敬业、关爱学生、教书育人、为人师表、终身学习等作为教师的基本道德，这些都是在吸取了传统教师的职业道德的基础上进行的概括和总结。

三、齐之以礼

为使教育者的道德养成自觉成为习惯，不能仅仅靠国家对教育的重视和教师丰富的学养，还需要在全社会培养一种以道德为尚的社会文化氛围。这是教育管理走出教室、深入民众的重要一步。儒家认为，内心的"恻隐之心"必须通过外在的行为规范来强化，不然心理的"善"很容易就消失了。不断地在行为中强调"善行"，内心的"善念"才会持久，内心的"善念"又会反过来促进"善行"的出现和防止"恶行"的发生。如何用一种外在规范的管理手段来促进受教育者的道德转化？儒家不主张用"法"来规范，他们推崇的方法是"齐之以礼"。从广义来讲，礼是古代宗法社会用以区别亲疏、长幼、贵贱、尊卑、上下、男女等级制的社会规范和道德规范。自孔子提出对"民"也应该"齐之以礼"，便打破了"礼不下庶人，刑不上大夫"的周礼界限，成为儒家重要的管理手段。从"礼"的角度看，教育民众就是管理国家，管理国家就需要教育民众。儒家将教育抬高到治理国家的高度，同时扩大了教育仅在学校的局限，是一个重大突破。儒家经典《札记·仲尼燕居》指出："礼者何也？即事之治也。"意思是说礼是处理一切事物使之具有秩序的原则。礼的本质在于协调各种各样的社会关系，使整个社会在共同规范下联结成有序的一体。特别是荀子提出"礼者，法之大分，类之纲纪"的观点后，赋予"礼"以"法"的内容，进一步强化了礼的管理功能。所以，后世将"礼""法"结合在一起，称为"礼法"。

《论语·颜渊》中写道："颜渊问仁。子曰：克己复礼为仁。一日克己复礼，天下归仁焉。为仁由己，而由人乎哉？颜渊曰：请问其目？子曰：非礼勿视，非礼勿听，非礼勿言，非礼勿动。"这段话的意思是颜回请教如何才能达到仁的境界。孔子回答说："努力约束自己，使自己的行为符合礼的要求。"孔子所说的不看、不听、不说、不做，将"礼"的遵守日常化，即每个人每天从自身出发，从身边的小事出发，克制自己，做好自己，就是符合"礼"。

《后汉书·陈蕃传》记载了一个故事。东汉名臣陈蕃年少时，自命不凡，觉得自己是治国平天下的奇才，但他不爱打扫，庭院非常脏乱，满目狼藉。其父之友薛勤批评他说："孺子何以不洒扫以待宾客？"陈蕃回答道："大丈夫处世，当扫天下，安事一屋？"

薛勤反驳道:"一屋不扫,何以扫天下?"洒扫以待宾客是一种"礼",但是陈蕃不屑为之,以狼藉之庭院示人,是一种"无礼",以至被薛勤呵斥。生活中无法做好尊礼的小事,却想用礼法治国,无异于无稽之谈。

《史记·留侯世家》讲述了张良拾履的故事,就从另一方面阐述了礼的重要性。良尝从容步游于下邳圯上,有一老父,衣褐,至良所,直堕其履圯下,顾谓良曰:"孺子,下取履!"良愕然,欲殴之,为其老,强忍,下取履。父曰:"履我!"良业为取履,因长跪履之。父以足受,笑而去。良殊大惊,随目之。父去里所,复还,曰:"孺子可教矣。后五日平明,与我会此。"良因怪之,跪曰:"诺。"五日平明,良往。父已先在,怒曰:"与老人期,后,何也?"去,曰:"后五日早会。"五日鸡鸣,良往。父又先在,复怒曰:"后,何也?"去,曰:"后五日复早来。"五日,良夜未半往。有顷,父亦来,喜曰:"当如是。"出一编书,曰:"读此则为王者师矣。后十年兴,十三年孺子见我济北,谷城山下黄石即我矣。"遂去,无他言,不复见。旦日视其书,乃《太公兵法》也。良因异之,常习诵读之。张良为老人拾履穿鞋,毕恭毕敬;与老人相约,不断提前时间,以符合老人的心意,这些已经超出了一般的礼数周全。最终张良得到了老人真传,成为一代贤臣,辅佐刘邦除暴秦,平天下,建立汉朝。

《礼记·礼器》也提出了"道德仁义,非礼不成"的观点。儒家成功地把道德理想变为道德行为规范,将理想的人格转化成现实可操作的行为。从一个人的行为判断人的心理是通过一个显性的行为反映隐性伦理道德状况。道德评估就有了可操作可考核的具体标准了,"礼"的教育管理功能也就进一步被强化。

要"齐之以礼",在教学管理上须树立由"博学"到"笃志"的全程训育观。《中庸》有言,"博学之,审问之,慎思之,明辨之,笃行之"。"礼"教的全程训育观认为学校的教学管理应是对从道德认识到道德实践这一完整过程的管理,任何片面强调某一环节都可能忽略其他环境,都是不可取的。孔子在教学中抓住学、思、习、行四个环节来促使学生的道德形成。孟子认为独立思考和意志锻炼这两个要素非常重要,在教学过程中需着重强调。荀子在《劝学篇》中全面论述了学习过程的各个要素,强调了"入乎耳,箸乎心,布乎四体,形乎动静",从人体感官出发,从外到内,再从内到外的道德养成过程。

从"齐之以礼"的观点看来,以礼的规范为学校管理的条例或者管理凭据。这样,学生在遵守各种管理条规的同时,实际上便是用礼的规范制约了外在的行为。所以,"礼"是校规和学生守则的指导思想。坚持按校规行为,将自然养成守礼的习惯,即使从心所欲也绝不会干出违礼之事了。因此,"齐之以礼"表面看来是在依靠外在的强制力量来实施管理,而实质上它是一种引导管理对象加强自我控制,促进内在转化的管理方式。

"齐之以礼"的管理还强调知行合一。荀子所谓"不闻不若闻之,闻之不若见之,见之不若知之,知之不若行之。学至于行之而止矣"。把学习的落脚点归之于"行"。

《大学》在总结先秦教学管理经验的基础上,将大学教育的总目标具体分解为八个依次递进的子目标,即格物、致知、诚意、正心、修身、齐家、治国、平天下。这样,实践与修身系统地构成一个整体。这一原则成为我国实践与理论相结合的一个显著特色,也成为中国传统教育的优良传统之一。

【案例】

实施本研衔接师范生公费教育,加强研究生层次中小学教师培养
——教育部有关负责人就《教育部直属师范大学本研衔接师范生公费教育实施办法》答记者问[①]

日前,国务院办公厅印发通知,转发教育部等部门《教育部直属师范大学本研衔接师范生公费教育实施办法》(以下简称《实施办法》),教育部有关负责人就《实施办法》有关内容回答了记者的提问。

1. 《实施办法》出台的背景是什么

答:2007年起,国务院依托北京师范大学、华东师范大学、东北师范大学、华中师范大学、陕西师范大学、西南大学6所教育部直属师范大学,实施师范生免费教育政策。2018年国务院办公厅转发教育部等部门《教育部直属师范大学师范生公费教育实施办法》,将"师范生免费教育"改称"师范生公费教育",并调整了履约任教期限。部属师范大学公费师范生入学前签订协议,在学享受"两免一补"政策(免学费、住宿费,享受生活费补助),毕业后需履约任教不少于6年。截至2023年,6所部属师范大学累计招收公费师范生15万人,毕业生履约任教率超过90%,其中约90%在中西部任教,为基础教育一线补充了一大批优质师资,在吸引优秀人才从教、推动教育均衡方面做出了重要贡献。

近年来,随着我国高等教育普及化和基础教育改革发展,越来越多的中小学包括中西部地区的中学将硕士研究生作为教师招聘学历要求,但同时,我国中小学研究生以上学历教师占比与国际水平仍有差距,且中西部与东部差距明显。习近平总书记强调,要把加强教师队伍建设作为建设教育强国最重要的基础工作来抓,健全中国特色教师教育体系,大力培养造就一支师德高尚、业务精湛、结构合理、充满活力的高素质专业化教师队伍,特别指出要加强中西部欠发达地区教师定向培养。《中共中央 国务院关于全面深化新时代教师队伍建设改革的意见》明确提出,大力推动研究生层次教师培养,增加教育硕士招生计划,向中西部地区和农村地区倾斜。

为落实中央指示精神,优化师范生公费教育制度,以教育家精神为引领,吸引优秀

[①] http://www.cinic.org.cn/xw/bwdt/1542139.html.

人才从教，进一步形成尊师重教的浓厚氛围，促进教育公平与质量提升，教育部会同国家发展改革委、财政部、人力资源社会保障部、中国人民银行在充分调研、广泛征求意见的基础上，研究起草了《实施办法》，经报国务院批准，由国务院办公厅转发施行。2018年国务院办公厅转发的《教育部直属师范大学师范生公费教育实施办法》同时废止。

2. 请介绍一下《实施办法》的研制过程

答：教育部坚持问题导向，围绕深入实施科教兴国战略、人才强国战略、创新驱动发展战略对高素质教师队伍的新要求，着力深化教师培养供给侧结构性改革，开展政策绩效评价与调研，全面分析近十年来师范生公费教育政策的成效与不足。多次召开省级教育行政部门代表和部属师范大学参加的专题调研座谈会，并通过电话调研、实地走访等，了解区县教育局、中小学校对相关政策的意见。在此基础上，与财政部等部门反复研商，基于2018年印发的《教育部直属师范大学师范生公费教育实施办法》进行修订完善，经相关部门会签同意，呈请国务院以国务院办公厅名义转发。

3.《实施办法》的主要政策内容有哪些

答：《实施办法》分为总则、选拔录取、分段培养、履约任教、激励措施、条件保障、附则七个部分，共28条，对部属师范大学本研衔接师范生公费教育政策做了系统全面规定。

一是总则（第1~3条）。明确培养宗旨、对象范围与履约基本要求。二是选拔录取（第4~6条）。明确重点服务地域、提前录取政策，以及在校期间进入、退出的规定等。三是分段培养（第7~8条）。明确免试读研转段考查、本研衔接设计教学的培养实施环节。四是履约任教（第9~16条）。明确履约任教具体要求、根据排序选择定向地（市、州、盟）流程，以及违约惩处办法等。五是激励措施（第17~20条）。明确学业奖励、专业发展、农村任教等方面的支持举措。六是条件保障（第21~27条）。明确履约任教有编有岗、全面提高培养质量、督导检查强化落实等保障措施。七是附则（第28条）。明确政策施行时间、过渡政策及其适用范围等。

4. 从"师范生公费教育"到"本研衔接师范生公费教育"，《实施办法》在哪些政策方面进行了改进和完善

答：《实施办法》以本研衔接整体提升培养层次为重点，以定向地（市、州、盟）深入推进省域内教育均衡发展为关键，以不同阶段的学习激励为杠杆，以强化履约任教要求为保障，示范引领高素质专业化中小学教师培养模式改革，强化欠发达地区教师定向培养补充。一是提升培养层次。在原有政策支持符合条件的毕业生免试攻读非全日制教育硕士的基础上，支持公费师范生免试攻读全日制教育硕士后再履约任教。二是优化师资配置。在原有政策重点为中西部培养输送教师的基础上，进一步推动毕业生到中西部省会城市之外的地（市、州、盟）及以下行政区域任教，推进省域内优质师资均衡。三是强化履约要求。除重大疾病等特殊情况外，本研衔接公费师范生毕业后需履约任教不少于6年，履约任教情况与信用记录挂钩。四是创新激励机制。符合条件的公费师范生才能实现本研转段。研究生一年级课程学习结束后，根据本科以来的综合考核结果排序，按序选定履约任教地（市、州、盟）。通过综合表现优秀者优先选择的机制，激发学生学习动力。

5. 为确保政策落地，《实施办法》还提出了哪些保障举措

答：一是落实经费保障。本研衔接公费师范生本科和研究生阶段都享受"两免一补"政策，财政资助覆盖培养全流程，进一步激发公费师范生的使命感和荣誉感。此外，优秀学生可享受国家奖学金，鼓励学校设立专项奖学金，激励学生刻苦学习。二是确保工作岗位。教育部根据各地中小学教师队伍建设实际需要和部属师范大学培养能力，商相关部门统筹制订每年公费师范生招生计划，确保招生培养与教师岗位需求有效衔接。省级教育行政部门确定各专业公费师范生履约任教的地（市、州、盟）范围并报教育部审定。各地通过组织专项招聘，为每位毕业的公费师范生落实任教学校和岗位。三是强化培养支持。各地、各部属师范大学构建地方政府、中小学与高校合作机制，集中最优质的资源用于公费师范生培养，并建立毕业生职后专业发展跟踪服务机制，将人才培养与使用相结合，有计划地培养本研衔接公费师范生成长为基础教育领军人才、中小学校领导人员。四是明确部门分工。教育行政部门会同相关部门负责做好公费师范生招生培养、就业落实、履约管理等工作；发展改革部门、中国人民银行分支机构会同教育行政部门负责做好相关领域信用体系建设工作；财政部门负责落实相关经费保障；人力资源社会保障部门负责落实公费师范生专项招聘政策等工作。通过明确分工压实责任，确保落实。五是加强督导检查。各级教育督导部门将本研衔接师范生公费教育工作纳入督导内容，加强督导检查并通报督导情况。对工作成绩突出的单位予以表彰，并推广经验；对保障不力的省份将酌情削减其公费师范生招生计划。

【复习与思考】

1. 什么是教育管理？教育管理的主要模式有哪些？
2. 简述中国古代的教育行政体系。
3. 如何实现教育公平，谈谈你的看法。
4. 如何通过"齐之以礼"提高国民素质？

第八章

传统文化与战略管理

【本章导读】

本章首先对战略管理进行了概述，然后对中国古代的战略管理思想的发展进行了梳理，最后详细地论述了中国古代战略管理思想对现代管理的启示。战略管理不仅关注现实，更着眼长远。中国古代的战略主要围绕着王朝的稳定和发展，以"治"和"平"为目标，儒、道、法三家在战略管理方面都是宏观层面的国家战略。而今天的战略管理更倾向于企业管理，面对激烈的竞争，考虑现实，着眼未来，分析对手，结合形势，制定战略，执行战略，企业才能在竞争中取胜。

【学习目标】

通过学习，使学生了解现代战略管理理论与中国古代战略管理思想的基本情况，思考中国古代兵家战略管理思想对现代战略管理的启示，结合当下中国企业的发展，利用古代的战略管理思想，并使其在现代战略管理中发挥更大的积极作用。

第一节 战略管理的概述

"战略"一词起源于军事活动，随着经济的发展，渐渐被应用于经济和管理领域，对提高管理的前瞻性具有重大意义。在此之前，管理的重点是在有限的资源环境下进行效率和效益提高，但引入"战略管理"后，管理是面向未来的、统揽全局的系统工程，大大拓宽了管理的思路。"战略管理"一词最早是1972年由伊戈尔·安索夫在《战略管理思想》一书中首先提出的。他认为，企业战略管理是确定企业使命，根据企业外部环境和内部经营要素确定企业目标，保证目标的正确落实并使企业使命最终得以实现的一个动态过程。因此，战略管理设计的核心和执行的关键是获取并保持竞争优势。虽然战略管理的历史并不长，但自从提出以来就被认为是一种有效的管理思想和模式。这种管理模式针对企业如何应对动态的环境变化、如何面对竞争及如何满足重要利益相关者的期望方面做出回应。

战略管理是首先从自身入手分析自己的优势与弱点，再把眼光投向外部，分析企业所面临的机会和威胁，然后将两者进行匹配，突出优势、规避弱点、把握机会、战胜威胁，以达到公司的发展目标。一般来说，战略管理的定义涵盖了三个方面：①战略管理的目的是实现长期目标和完成企业使命；②战略管理是一个企业与环境互动的动态过程；③战略管理过程包括战略分析、战略选择与战略实施等活动。

战略管理形成之初，以战略规划、环境适应为主要特征，该阶段还产生了经典的战略分析工具，如安德鲁斯等人的SWOT战略态势分析工具、波士顿方格、通用电器GE矩阵等。

20世纪80年代，波特教授提出了以市场结构分析为基础的竞争战略理论，即通用竞争战略理论，其基本逻辑包括：①产业结构是决定企业盈利能力的关键因素，新加入者的威胁、客户的议价能力、替代品或服务的威胁、供货商的议价能力及既有竞争者之间的相互关系等决定了产业的竞争态势与盈利能力；②企业可选用的竞争战略有成本领先、差异化与专一化战略，企业可以通过选择和执行一种基本战略影响产业中的五种作用力量，获取市场竞争优势；③价值链活动是企业竞争优势的来源，企业可以通过价值链活动和价值链关系的调整来实施其基本战略。波特还将他的研究延伸到了国家竞争力方面，提出"钻石理论"的分析架构。

随着竞争的深入，除了外部环境与市场力对企业竞争的影响外，企业自身的条件和能力的不同、处于同一战略集团的不同企业间的绩效差异等都会影响企业的竞争力。针对这一状况，波特之后，里普曼、鲁梅尔、维纳菲尔德等又将目光转向企业内部资源在企业活动中的作用，提出资源基础理论。资源基础理论开创了战略管理研究企业内部活动的先河，随着研究的进一步深入，逐渐形成了企业核心能力、企业知识基础、动态能力等战略管理思想，并构成了企业能力战略理论的演进框架。之后，穆尔在1996年提出了战略生态理论，认为"商业生态系统是以组织和个人的相互作用为基础的经济联合体"，在这种全新的模式下，企业战略的制定应着眼于创造新的微观经济和财富，即以发展新的循环来代替狭隘的以行业为基础的战略设计，从而实现企业打破传统的竞争关系而追求"共同进化"的思想。

通过以上对西方主流战略管理研究成果的系统梳理，战略管理大致分为以下几方面内容。

一、战略管理的一般过程

现代战略管理,主要包含战略目标和战略方案两部分内容,即制定科学的战略方案,以使企业完成其战略目标。一般来讲,战略管理是企业对未来的策划,是一个长期和动态的过程。战略一旦制定一般很少改动,所以一旦战略失误,对一个企业的打击可能是毁灭性的。战略管理过程包括企业战略的三个核心领域,即战略分析、战略制定、战略实施与控制,如图8-1所示。

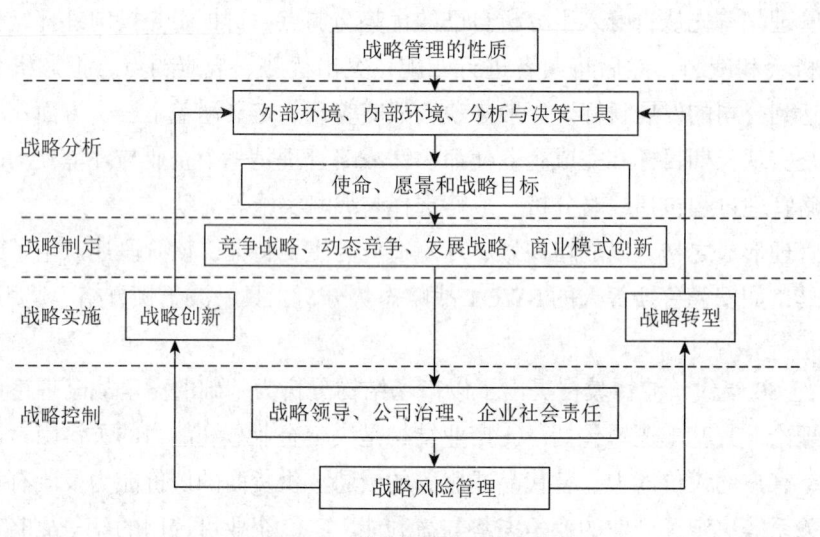

```
                    ┌─────────────────┐
                    │  战略管理的性质  │
                    └────────┬────────┘
                             ↓
            ┌──────────────────────────────────┐
   战略分析 │ 外部环境、内部环境、分析与决策工具 │
            └────────────────┬─────────────────┘
                             ↓
                    ┌─────────────────┐
                    │ 使命、愿景和战略目标 │
                    └─────────────────┘

   战略制定  ┌──────────────────────────────────┐
            │ 竞争战略、动态竞争、发展战略、商业模式创新 │
            └──────────────────────────────────┘

   战略实施   [战略创新]                [战略转型]

   战略控制  ┌──────────────────────────────────┐
            │ 战略领导、公司治理、企业社会责任 │
            └──────────────────────────────────┘
                    ┌─────────────────┐
                    │  战略风险管理    │
                    └─────────────────┘
```

图 8-1 战略管理的一般过程

(一)战略分析

战略分析是整个战略管理过程的起点,一般从外部和内部进行分析。外部分析包括对外部环境、影响组织现在状况和将来发展的各种因素(如经济、政治、文化和制度变迁等)及竞争的深度分析。除了外部影响因素以外,内部分析也很重要,组织的内部资源和能力(包括人力资源、厂房、财务资源及利益相关者的预期等)分析能更好地把握自身的发展状况。此外,还要考虑使命、目标与企业战略方向的匹配。

(二)战略制定

通过战略分析,管理者对其所处的外部环境、行业结构及组织自身的资源和能力等有了比较清楚的了解。接下来的任务就是战略制定,即选择一个合适的能够实现组织目标的战略。在做出这些相关决策时,管理人员要提出各种可供选择的方案,并最终对最有助于实现企业目标的方案做出决策。任何一个备选方案都有优点和缺点,在不同的衡量标准下,偏好的结果也不同。因此,在进行方案的优胜劣汰中,必须设定一定的衡量标准,这种标准的确定除了考虑企业整体利益和长远发展外,还取决于决策者对风险、稳定性、发展速度及投资多元化的态度，包含一定的主观性。

（三）战略实施与控制

战略实施是指将战略转化为实践的一系列措施和行动。战略实施是战略的落实和执行，是战略贯彻过程和战略目标实现的保证。战略实施主要涉及组织内部与外部的资源分配、组织结构的调整、内部利益的再分配与文化的适应、组织变革的技术与方法、战略领导在战略变革中的作用等问题。

战略控制包括两项内容，即业绩的评估与控制，将实际业绩与期望业绩进行比较，以纠正行为不偏离战略目标的轨道，保证战略目标的实现。战略控制既为每一轮战略管理的最后环节，又是下一轮战略管理循环的开始。成功的企业战略永远是组织学习和创新的结果，这要求企业的管理者们不断地对战略的执行情况和进度进行评价，不断寻求新的途径以改善战略的实施。

二、战略管理的原则

进行战略分析时，战略管理原则可以归纳为内部与外部结合、长期与短期相结合、战略性与实操性相结合三大原则。这三大原则可以理解为：首先，在内部与外部相结合方面，做好组织的战略定位将组织的使命、目标和各层次战略有机结合起来。其次，在长期与短期相结合方面，要将组织的长期利益与短期利益相结合，具体体现在制定战略目标时分阶段的目标且尽可能量化。只有目标明确且可感知，才能够在企业内部获得认同和支持。最后，在战略性与实操性相结合方面，战略的制定必须符合组织内部的实际情况及行业和地区发展的实际情况，既认清组织内部的情况，又认清组织外部的宏观环境及行业内竞争环境，这样才能将战略性与实操性有机统一。

三、战略管理的相关概念

（一）企业宗旨与战略意图

企业管理者确定的企业生产经营的总方向、总目的、总特征和总的指导思想，以企业宗旨来概况其基于其核心竞争力所试图生产的产品及试图服务的市场。战略意图是指在竞争环境中调动企业内部资源与核心能力以实现企业目标的过程。战略意图包括取得市场领先地位的愿望及制订企业发展计划所遵循的准则。

（二）竞争优势

竞争优势是指一个企业能够以比别的企业更低的成本提供同样的价值或以同样的成本提供更高的价值，这个企业就相对于别的企业有了竞争优势。而持久竞争优势是指企业能够实施竞争对手难以复制或模仿成本很高的价值创造战略。

(三) 核心能力

核心能力是组织中的综合知识，特别是如何协调不同生产技能及整合多种不同技术的知识。核心能力是核心技术、管理能力、组织学习及客户知识、营销知识的总和[①]，是企业品牌最有力的支撑。核心能力的特点是独特性、难以模仿性、共享与使用后不损耗反而增值的特性。

第二节 中国古代战略管理思想的概况

"战略"一词古来有之，意为战争的策略，编写于春秋末年的《左传》中就已出现了"战略"一词。到了战国时期，"战略"已广泛应用于军事领域，并深入人心。此后，从秦到清，两千多年来一大批贤君明主、文臣武将为国家的兴盛、经济的发展、战争的胜利，提出了一系列国泰民安、国富民强、保家卫国的战略思想，构成了我国古代战略思想宝库，其中的许多内容至今仍熠熠生辉。本节就中国古代战略思想的起源发展、基本特点、目标进行探讨。

一、中国古代战略思想的起源发展

（一）起源

中华民族是个忧患意识很强的民族，很早就懂得了"人无远虑、必有近忧"的道理，在不断的实践中创造了一系列包含战略性思维的成语，如防患未然（在事故或祸害尚未发生前做好预防和准备）、防微杜渐（坏的事情或思想要在其还处于萌芽状态的时候遏制它的发展）、曲突徙薪（把烟囱改建成弯的，把灶旁的柴草搬走，比喻事先将隐患清除，防止灾祸的发生）、有备无患（事先有准备，就可以避免祸患）等成语。这些成语虽然说的都是生活小事，但见微知著，古人那种立足现在、着眼未来的战略思维可见一斑。因为能否立足长远思考问题，能否从整体性和普遍性的角度提出带有根本性的问题，能否从时间和空间的角度把握全局和全程，这是一个思维成熟的标志。这些经验和知识是面向未来的，是符合"天道""人道"的，形成了战略管理思想的基础。

从先秦的各种文献中可以看出，先贤看问题喜欢从宏观的视角，以整体思维来思考事物之间的联系，强调变化与守恒，强调辩证与统一，这些都是自夏商周的政治家、思想家始就有的思维习惯。所以，在很多的先秦文献中都有战略思维的论述，特别是《周

---

① Prahalad C K, Hamel G.The Core Competence of the Corporation[J]. Harward Business Review, 2006, 68(3): 275-292.

易》《尚书》，其中包含的丰富的古代战略思想内容值得今人不断地学习和研究。《周易》揭示的是"周"遍广大的关于天地"易"变的不"易"之道，并从这"天道"中引申出作为人的生活规律和社会治理的"人道"，"人道"是符合"天道"的。其中，《周易》是从哲学思维的高度引出一系列古代战略思想。一如《说卦》有"立天之道曰阴与阳、立地之道曰柔与刚、立人之道曰仁与义"，这段话说的是天道、地道、人道都是阴阳、柔刚、仁义的统一，仁义对于人道而言，一如阴阳对于天道、柔刚对于人道，都是根本、是基础，是"人道"治理的战略原则。而《尚书》是从具体的政治实践中提出它的战略思想。《尚书》作为中国最古老的一部史料汇编集，记录从尧舜到春秋中叶的诸多政治实践经验，其一系列典、谟、训、诰、誓、命中包含了我国古代杰出政治家思想家的治国战略思想。如在《召诰》《康诰》等篇中揭示的"敬德""保民"思想一直以来都是我国古代的重要治国战略。再如《洪范》篇，其"洪范九畴"便是殷末思想家箕子所陈述的九项治国的根本大法，其中"敬用五事""农用八政""协用五纪"等都是具有深刻思想内容的战略性思维。但总起来看，春秋以前，我国古代战略思想尚处在萌芽阶段，在形式上尚带有较多迷信色彩，在内容上呈现出单调零散性特征。

（二）发展

春秋战国是我国古代战略思想蓬勃发展的时期，是我国古代战略思想发展的第二个阶段。此时的社会处于急剧转型期，诸侯纷争，百姓生活在水深火热之中。面对如此形势，一大批思想家忧国忧民，竭力寻找由乱到治的方略，他们各抒己见、设坛讲学，出现了百家争鸣、处士横议的局面，他们直面"近忧"，积极"远虑"，出现了儒、道、法、墨、名、阴阳等诸子"百家"。因为他们的思想都以治国安邦为内核，所以他们的主张皆具有战略的意味，纷纷"争鸣"的局面又使得这些战略思想在交流中得到了大发展，围绕名实之辩、天人之辩、义利之辩、王霸之辩、善恶之辩等战略问题，形成了以仁义为纲的儒家战略思想体系、以兼爱为纲的墨家战略思想体系、以自然无为为纲的道家战略思想体系、以刑名法术为核心内容的法家战略思想体系等众多战略思想体系。此时，我国进入一个"天下之人，各为其所欲焉以自为方"（庄子）的多元化战略思想发展时期。

（三）稳定

我国古代战略思想自西汉起，步入第三个发展阶段。汉朝初年，百废待兴，汉武帝为加强中央集权，接受了董仲舒提出的"大一统"战略纲领。为实现此纲领，又提出了"罢黜百家，独尊儒术"的战略措施。自此以后，中国古代战略思想的发展也进入了一个"大一统"的阶段，即一个以儒家仁义德治为主导、兼采道法的新阶段。在此之后，历代政治家和思想家虽然都提出过各具特色的战略思想和观点，但都只是对这一战略思想体系的完善充实，并无实质性的突破。

从夏商周到汉以后总体上构成中国古代战略思想发展的三个阶段，体现了中国古代战略思想产生、发展、成熟的基本发展过程。

二、中国古代战略思想的基本特点

中国古代战略思想是在中国特殊的政治、经济、文化、军事背景下产生的，虽然与现代的战略管理还有很大的距离，但依然具备了战略管理的雏形。仔细研究，中国古代的战略管理思想的特点基本可以概括为：重政治不重经济，重安稳不重发展；重家族不重公共管理。因此，在史料里，我们看到的关于政治战略、稳定战略和家族管理战略其实是相互融通的，君主专制的政治统治、天下太平的社会理想、家天下的权力中枢其实皆可归于封建大一统的战略。即使在某个时期驱除外侵之敌的军事战略中，最终目的还是归于四海升平、天下归心、万国来朝的天朝上国的梦想。

（一）政治性战略

中国古代战略思想的一大特点就是重政治、不重经济，所以与今天的战略管理的初衷并不一致。这是由我国特殊的国情决定的，因为胸怀天下，认为顶层设计非常重要，而经济不过是手段而已，无法进入战略的层面。另外，由于政局不稳所造成的朝纲混乱、民生凋敝，使他们更加倾心于在朝堂之上的设计和规划，希望通过对政治的掌控，牵一发而动全身，达到事倍功半的效果。所以他们认为，"善为天下计者，必建长久之策，兴大来之功"[①]。他们呕心沥血所建的"长治久安之策"，所创的战略思想的本质内容无非是"政治"。先秦诸子百家所争所鸣的具体内容看似不一，但它们的目的却是一致的："务为治"。也就是说，中国古代的战略思想本质上是"治国之道""为政之道"，是一系列关于国家治理的方针战略。而这种方针方略的实质是以帝王操纵权力和运用权力为主要内容的统治术。一部《资治通鉴》，皇皇二百九十四卷，被胡三省、康熙、曾国藩等政治家、思想家誉为为人君、为人臣、为人子都必读的"莫善"的"经世之书"。然而这样一部集古代战略思想大成的史书，其提出的一系列有关治国全局问题的"治乱之道"思想，目的都在"资治"，是一部帝王统治的教科书，充满其中的是如何建纲立纪、强干弱枝，如何屈民伸君、抑臣隆君等的统治术，而鲜及经济生产。

（二）稳定性战略

发展问题是当下的核心问题，现代化各种战略都是面向未来的，但中国古代战略思想与现代战略思想不同，中国古代战略思想本质上是稳定型的、具有鲜明的重安稳不重发展的特点。中国古代社会以家族为中心，根据血统远近区分嫡庶亲疏的等级社会，国是一个大家，家是缩小的国，帝王以天下为家，治天下如治家。对于皇帝而言，他的

[①] 王安石.王文公文集［M］.上海：上海人民出版社，1974.

主要任务就是维护保有自己"家天下"的统治局面。因而,皇帝的主要工作就是稳定政治,而非发展经济,甚至认为过度追求经济发展是政治不稳定的因素。因为经济发展了,人们对生活的各种要求都提高了,各种欲望开始彰显,而且人心思利,不安心自己原本的阶层了,反而没有大家在温饱线上挣扎的时候好统治了。所以,无论是"以德治国"或"以法治国"等的战略思想都是"治国"战略,都是"治乱安危"的"治道"。"治国""治天下""治道"之"治"字凸显了中国古代政治家、思想家全力以赴在实现政治社会稳定的"治"景,这是他们的最高追求,其他的都不过是手段、方式和策略而已。如果说古代战略思想中有时也包含有"富民之术"之类的某种发展性内容,但这些都是包含在"治国之道"中的,都是服从围绕于"治"的最高目标的,它自身并无独立的性质。

(三)家族性管理战略

在"家是小的国、国是大的家"这种家国同构的思想影响下,我国的古代的战略思想落实到具体百姓,就带有浓重的家族性特征。这种家族性战略与古希腊、罗马的公共权力管理的政治战略思想不同,更与现代政治的公共权力管理战略思想存在巨大差异。如前所述,中国古代社会是以家族为中心的宗法制社会,具有"家天下"的特征,必然导致"积家而成国""国之本在家"的观念。国家只是家庭的放大,治国便是治家,社会人伦关系本质上只是家庭伦理关系。在五伦中,父子、夫妇、兄弟三伦是典型的家伦,君臣一伦是父子伦的仿效,朋友一伦则是兄弟伦的类推。这样,以无条件尊重、服从家长为特征的家长制就成为古代宗法社会的一大特色。由此而来,使中国古代政治化的战略思想带有了家族化的特性,而这种家族化的政治战略思想必须重视"齐家"和"重孝"这两条内在相连的战略原则。一如"齐家",由于家即是国,齐家便是治国。也就是说齐家是治国的逻辑起点和基本途径。于是"齐家治国平天下"便成了中国古代政治战略思想的根本原则和基本思路。又如"齐家"根本在"孝","重孝"便是齐家的关键和重心。"夫孝、天之经也,地之义也,民之行也。""夫孝,始于事亲、中于事君、终于立身。"只要将"顺"于父、"服"于父的"孝""移于君""移于官""移于长",便可有效地维护"家天下",从而达到治国的目的。因此,家族性管理的战略思想既构成了中国古代战略思想的一大内容,也构成中国古代战略思想的一大特色。

三、中国古代战略目标

战略目标的选择是战略思想的核心。战略目标规定了人们的努力和活动的基本方向,同时也规范、激励和纠正着人的行为。中国古代战略思想如前所述具有重政治重安稳的特点,而这一特点确定了我国战略思想的目标总体为"治国平天下",也就是说,"治"和"平"是两大根本的战略目标。

(一) 治

中国政治战略的根本目标在达天下大治。自孔子倡"礼之用，和为贵"，就把和谐的人际关系、稳定的社会秩序视为政治道德实践的最高追求。由乱而治、由危而安，正是古代政治家、思想家所梦寐以求的。这是当时的历史环境造成的，因为政治的动乱，百姓连基本的稳定都没有，更不敢奢谈什么经济发展、人民富足了。所以把本来稳定这一基本政治要求列为最高战略理想，也是迫不得已。因此，在《资治通鉴》里描绘了这一战略目标的理想状态：君明臣忠、上令下从、俊良在位、佞邪黜远、礼修乐举、刑清政平、奸宄消伏、兵革偃戢、诸侯顺附、四夷怀服、时和年丰、家给人足，此太平之象也。这样一种以绝对和谐稳定为特征的"治"象充分体现了中国古代的战略最高目标。历代传颂的"文景之治""贞观之治"，其"治"最重要的就是"太平"。这样保守的战略思想，基本没有进取性，各安本业是这个战略思想的战略措施，在这个体系里，"明君""贤臣""顺民"三者之间以下对上服从、上对下负责的方式不断巩固着和谐和稳定，他们之间是一种忠君礼臣、尊君爱民、敬官恤民的政治关系，正是这种和谐的政治关系构建出了"治"和"安"的社会统治秩序。

(二) 平

如果说，"治"是古代政治理想的战略目标，那么，"平"可谓古代社会理想的战略目标，而"治"与"平"二者又是内在相连的。"平天下"本质上是要使天下在"大同""均平"中实现太平，儒家所描述的"天下为公"和"天下为家"的"大同""小康"社会图景，都以"绝对均平"为依归。这即是孔子说的"有国有家者，不患寡而患不均，不患贫而患不安，盖均无贫、和无寡、安无倾"，"均"和"安"正是"有国有家者"的追求。这种以"平"为特征的"大同""小康"社会模式，充分体现了自然经济条件下中国古代的双重政治价值，即一方面对于平民百姓来说，均平的社会模式能给他们带来生活上的稳定和精神上的无纷扰；另一方面对于专制统治者来说，均平的社会模式能给他们带来政治上的安定和社会基础的稳固。正因如此，"平"也就成了中国古代重要的政治战略目标，构成中国古代战略思想的重要内容。

第三节 传统文化中的战略管理思想对现代管理的启示

中国传统战略思想博大精深，相关著作也浩如烟海。总体看来，尤其以《孙子兵法》《三国演义》《三十六计》和《资治通鉴》等作品最为丰富。但一如前文所述，中国古代的战略思想多局限在政治方面，经济方面的论述很少。这就存在一个中国古代战略思想当下的适用性的问题，政治制度已然发生了改变，以政治性、稳定性和家族性战略管理为核心的战略思想大部分只能作为史料来研究，当下的参考价值不大。但在我国古代的各种战略思想中，兵家的军事战略思想更加符合今天企业发展战略的竞争格局，具有更深的理论和实践价值。《孙子兵法》在战略上的谋篇布局和整体把控堪称中国传统战略的典范著作，一直以来广受重视。追根溯源，其中的很多思想可以作为中国传统战略思想的核心内容。所以，本节主要讲述以《孙子兵法》为主的兵家战略思想，以期对当下的企业战略有所裨益。

一、战略宗旨

孙子战略思想首先体现在他对竞争的看法，他的竞争观最大特点是把不畏强敌与冷静慎战相结合。敢于胜利是一种大智大勇，冷静慎战是一种谨慎善谋。孙子兵法开篇就指出："兵者，国之大事，死生之地，存亡之道，不可不察也"。在《火攻篇》中有进一步强调："非利不动，非得不用，非危不战。主不可以怒而兴军，将不可以愠而攻战。合于利而动，不合于利而止。怒可以复喜，恨可以复悦，亡国不可以复存，死不可以复生。故明君慎之，良将警之，此安国全军之道也。"不畏强敌与冷静慎战，这一思想运用到企业的发展上，也是非常有裨益的。虽然有对手不是一件令人愉快的事情，但竞争才能生存。但如果恶性竞争，整个行业都衰落了，没有哪个企业能够独善其身。必须推动整个产业链条上各个环节的创新，推动合作伙伴在技术、市场模式、管理理念上的创新。只有合作伙伴成功了，企业才能更有作为。

面对战争时谨慎冷静，这是关乎国家生存和士兵性命的大事，不可鲁莽和冲动。但战争一旦开始，畏首畏尾，犹豫不决又会贻误战机，满盘皆输，所以要二者结合起来，方能战无不胜攻无不克。对手的强大是制定战略时要考虑的因素，不是畏惧的理由，要敢于争取胜利；对手貌似弱小亦不能大意疏忽，贪功冒进。《九地篇》中指出："夫王霸之兵，伐大国，则其众不得聚；威加于敌，则其交不得合。"《虚实篇》"以吾度之，越人之兵虽多，亦奚益于胜哉？故曰：胜可为也。敌虽众，可使无斗。"所以，强大的对手并不可怕，无论在战争或市场竞争中，以弱胜强、以少胜多的事例也是屡见不鲜的。这涉及在管理中经常要碰到的一对关系——"稳"和"快"。在企业的发展过程中，是"稳一点"好呢，还是"快一点"好呢？当然不可能有一个统一的答案，只能是分别考虑，孙子的观点是："始如处女，敌人开户；后如脱兔，敌不及拒。"意思就是在决策时，有必要强调稳重；而在行动时，有必要强调快速。一个企业在发展过程中，往往需要做出许多决策，很多决策往往关系生死，决策前要考虑许多复杂的因素，如政治的因素、经济的因素、技术的因素、市场的因素等。有些重大的决策往往还附带着各种利益矛盾和问题，此时，决策失误给企业带来的损失是无法估量的。所以，重大决策第一要强调"稳"，要考虑周全，要坚持"非利不动，非得不用"。但是，当决策已经确定下来并要求落实到具体行动上时，就必须强调迅速行动、尽快落实、坚决果断。如果在这个时候还犹豫不决、拖拖拉拉，就有可能会错过机遇、贻误战机。所以，落实的行动一定要"快"。当然，这个行动的"快"是以决策的"稳"为前提的。从这个意义上讲，决策和行动要做到"始如处女，后如脱兔"，既不能头脑发热、盲目求进，也不能瞻前顾后、停滞不前。

二、战略分析

决定战争成败的因素甚多，孙子将其概括为"五事""七计"。"五事"为"一曰道，二曰天，三曰地，四曰将，五曰法"；"七计"指"主孰有道？将孰有能？天地孰得？法令孰行？兵众孰强？士卒孰练？赏罚孰明？"孙子认为只要把这"五事""七计"的情况弄清楚，即使战争未曾开始，就可据此知道谁胜谁负了。把决定战争的诸多因素归纳为"五事""七计"是战略分析非常清晰的思路并极具可操作性。这既包括客观环境的因素，又充分考虑到了人的主观因素，并且把人的因素突出地放在首位。在战略制定之前全面地分析，是战争取得胜利的第一步。现代管理中，凡是决策前都要深入实际，调查研究。市场竞争如此激烈，要在竞争中取胜，不能发生重大决策失误。所以每次决策时，须慎而又慎。而慎重不是坐在办公室朝思暮想，而是起身到现场，到消费者中去，广泛地听取一线员工和消费者的意见。为了充分了解实际情况，还要注意所调查情况的全面性、针对性、真实性和广泛性。决策者只有在充分调查、大量掌握第一手资料的基础上，才能掌握事物的特点及发展路径，制定具体的发展目标，并且把它变为今后行动的指南和对策方法，开辟自己的发展道路，以使自己立于不败之地。

在战略分析上，孙子十分重视信息和情报的获取。《孙子兵法》的灵魂就是要"知己知彼"，他多次指出"知己知彼，百战不殆"。把"知己"和"知彼"列在一起，说明他对"知"的重视。在《孙子兵法》中对"知彼"的论述更值得思考和重视。"知彼"基本上有两类方法：一类是侦察，"相敌"或"诱致示形"，即通过观察敌人动态变化，分析敌人的真实情况，或采取各种办法诱使敌人暴露他的兵力布置、动向等实际情况。另一类就是"用间"，使用间谍获取情报。"用间"的方法违法相关法律，今天已不可取。但侦察对手、分析竞争对手的情况，以此"知彼"，是一般采取的策略。

在现代管理工作中，只有获取正确的信息，才能正确地分析信息、正确地利用信息。这些信息在空间和时间方面的重要价值之一，就在于准确和及时。有了准确和及时的信息情报，才能做到"知己知彼，知天知地"。只有"知己知彼，知天知地"，才能保证企业在发展过程中明确定位、保持优势、扬长避短、趋利避害。当今信息技术如此发达，现代企业更要重视以网络为基础的信息手段，全面分析企业的外部环境和内部环境及整个环境变化的趋势，有针对性地制定和选择企业发展战略。

三、战略目标

竞争双方都要力争在"五事""七计"中占有优势，但能否真正形成优势却往往受到时间和条件的限制。所以在一定时间条件下，只能根据双方的实际情况选择有限的战略目标。在《谋攻篇》中,孙子指出:"不战而屈人之兵,善之善者也"。在不得已"伐兵"时,也要根据敌我双方的力量对比,实事求是地选择有限战略目标,即孙子所说的"十则围之,五则攻之,倍则分之,敌则能战之,少则能逃之,不若则避之"。

  一个企业在发展过程中往往通过设定目标来引导员工,目标是可以调整的,旧需要的满足和新期望的出现,目标将不断调整,当然每次调整的趋向越来越高说明企业的发展是向好的。但也可能出现旧目标不切实际无法实现,对目标进行向低调整的情况。目标对企业的发展是有意义的,因为目标给人的行为确定了一个期望,让人明白自己的意识和行为是为了什么,从而有了明确的路径选择和驱动力。所有的组织都是有目标的,但发展得好的组织其目标实际而可行,对人的激励大于约束,是他"跳一跳够得着"的树枝,而非超出常规的空想。

四、战略方案

  《孙子兵法》在具体的兵战中提倡以"诡道"取胜,"诡道"本质上是以最少的资源取得战争胜利的方法,基本包含以下四点:(1)隐蔽自己。不暴露自己真实的情况和意图,即"兵者,诡道也。故能而示之不能,用而示之不用,近而示之远,远而示之近"。(2)扰乱对方。用利益诱惑的方法造成对方的决策失误和混乱,从而达到自己的目的,即"利而诱之,乱而取之"。(3)随机应变。根据对方的实际情况,采取针对性的策略增强自己的竞争优势,即"实而备之,强而避之,怒而挠之,卑而骄之,佚而劳之,亲而离之"。(4)出奇制胜。创造性地在对方意料不到的地方和时间,采取意料不到的行动,以达到克敌制胜的目的,即"攻其不备,出其不意"。

  "兵者,诡道",实质上是为了从根本上说明用兵的特殊规律和现象及其手段,就是诡诈。所谓"诡",是诡秘,让对手无法看透;所谓"诈",是假示,为了迷惑对手。在孙子看来,用兵之道就是在遵循一般"道"的基础上,根据"兵者,诡道"的法则去谋略用兵的路线或道路。在孙子所阐明的用兵之道中,"道"和"诡道"是有差异的,"道"即起作用的一般规律,"诡道"即起作用的特殊规律。但两者又同居于一个统一体中,这种矛盾的统一使用,兵之道能够得以具体展开。对当今的管理而言,管理也必须用谋略,即充分考虑在不同背景、不同环境下采取不同的方法和手段,以保证资源的灵活组合和最佳运用,争取以最好的方式达到竞争取胜的目的。这也要求管理者把握一般规律的情况下,不能寄希望于固定模式。管理虽然需要有条不紊,却不能故步自封,应视情况灵活应对,方能立于不败之地。

五、战略决策标准

  孙子选择战略方案的唯一标准只有一个"利"字。他在《孙子兵法》中再三指出"智者之虑,必杂于利害""合于利而动,不合于利而止""非利不动,非得不用,非危不战"。在孙子的兵法中,"利"主要指两点:利益和有利。战场上两军对峙,说到底都是为各自的利益而战。但是，具体争夺某种利益行动之前必须权衡利弊。"利"不仅与用兵者的行为动机和用兵战略条件有着内在联系，而且直接关系到战争的胜利。所以，孙子反复强调"合利而动"的悬权分析，"利而诱之"的动敌措施和"知利之用"的用兵之法。

在选择战略方案做出战略决策时，孙子十分重视定量的决策方法。他提出的方法为：一曰度，二曰量，三曰数，四曰称，五曰胜。我们可以将这五个字理解为战略决策的一般程序和基本方法。引入管理中，管理应首先打好基础，形成特色，壮大实力，随时注意处理好积蓄和发展的关系问题。在企业管理中，即使有再好的谋略，也要建立在一定的基础条件上。在竞争中推进发展，既是一门科学，也是一门艺术。既要有足智多谋的智慧，又要有必要的前提基础；既有质量和数量的要求，又有规模和速度的要求。企业应看到资源和人才、规模和数量、基础和特色等都是在发展的过程中积累力量的。没有发展，这些因素就不可能形成和集中，而没有这些因素的积蓄，发展也不可能继续。其次，还要用好资源，优化配置，加强管理，随时注意处理好社会和自然的关系。要做到科学利用，一方面，要对资源进行优化配置，使其能够物尽其用；另一方面，要对现有的资源进行科学管理，以免造成资源浪费。

六、战略实施

孙子在《谋攻篇》中指出战略实施过程中要取得胜利必须做到五点：(1) 知可以战与不可以战者胜。首先要保全自己，立于不败之地，然后创造机会去战胜对手，在整个竞争过程中，始终保持主动，制人而不制于人。(2) 识众寡之用者胜。自己的力量与对手相比较，众寡多少，因形造势，使自己取得相对的竞争优势。(3) 上下同欲者胜。战争的胜利关系到全体将士的生死存亡，所以必须依赖全体将士甚至全体国民同心同德，集体努力，才能最后战胜敌人，取得胜利。(4) 以虞待不虞者胜。进攻时要做好充分准备，防守时"无恃其不来，恃吾以待也，无恃其不攻，恃吾有所不可攻也"。(5) 将能而君不御者胜。在战略实施的过程中，情况在不断变化，为将者，在总的战略指导下，必须因地制宜、相机行事、因敌而制胜，可以"涂有所不由，军有所不击，城有所不攻，地有所不争，君命有所不受"。

从用兵的角度讲，在战争中，无论是哪一方，无论在什么时候，无论在什么地方，也无论运用什么样的方法和手段，其对战争活动预期成果的期望都是取胜。《史记·孙子吴起列传》中记载了田忌赛马的故事：田忌先用下等马对齐威王的上等马，再用上等马对齐威王的中等马，又用自己的中等马对齐威王的下等马，以两胜一负的成绩胜了齐威王。这个故事说明，取得胜利不是难事，即使资源有限，只要配备好现有的资源一样可以取得胜利。只要能够使资源的要素更加科学地、合理地组合起来，就能突出优势，充分利用，保证重点，就能在实际工作中处理好节约和效益的关系。很多的胜利不是追加投入，而是转变一下思维方式，便可轻松取胜。

七、战略控制

孙子战略控制的重点放在控制人，通过控制人来控制战争态势的发展。他强调要善于"择人任势"，并多次提出为将的重要性、为将的素质要求。孙子十分强调将要有五德（智、信、仁、勇、严），将也有五危（必死、必生、忿速、廉洁、爱民），这些都是在战略实施过程中作为主帅必须时时把握和警醒的。"五德"可以说就是指智慧的头脑、守信的品质、仁义的德行、勇敢的精神和严谨的作风。"五危"指：片面地、一味地追求死战，有可能去死拼硬打，导致被敌人所杀；片面地、一味地想着生还，有可能瞻前顾后，贻误战机，导致被敌人俘虏；性情急躁、执意偏激，敌人就可能有意地进行欺侮，使其恼羞成怒，领兵轻进；十分注重廉洁名誉，敌人就可能有意地侮辱他，甚至造谣诬陷他，使其单纯为了名节而轻易出战；不分情况讲求仁爱，敌人就可能不断去烦扰他，使其为保民而频繁出击。以上五种危险，都是为将之人本人的过错。这些片面、浮躁、心智不全容易成为对手的把柄，是取胜的大忌。孙子认为，用兵的灾害，覆军杀将，都是由这五种危险造成的，所以"不可不察"。

"千军易得，一将难求。"古代不可能有现下完备的战略控制系统，却懂得一个王朝的兴盛必要一批德才兼备的人才集聚的助推，而一个王朝的衰落是从德才之人远离开始的。对人才的控制是当时采取的最稳妥的战略控制方法，一个企业也是如此，人才的集聚和离散是企业发展还是失败的明显指标。

【案例】

网商银行九周年战略升级：发力交易银行方向[①]

2024年6月25日，网商银行成立九周年，首次对外解读其交易银行战略。网商银行行长冯亮表示，交易银行是网商银行的第二增长曲线，网商银行不仅要成为小微"信贷专家"，也要成为小微"资金管理专家"。

因此，网商银行推出两套小微资金管理解决方案——生意卡和电商通，分别面向个体经营者和小微企业。它们与此前升级的产业链金融解决方案大雁系统，组成网商银行交易银行的三大板块。

"战略升级源于小微金融需求的变化。过去10年，普惠金融重点在解决小微信贷有没有、够不够的问题，但小微经营者的收款、支付、理财等资金管理服务，仍然存在大量痛点，且缺少银行专注解决。这正是网商银行交易银行探索的出发点。"网商银行行长冯亮表示。

---

① https://www.163.com/dy/article/J5I1PV950514R9NP.html.

1. 生意卡：填补个体经营者资金管理的"空白地带"

生意卡所服务的客户主要为个体工商户。国家市场监管总局数据显示，2023年个体工商户的数量达到1.24亿，支撑了3亿人就业。他们的金融需求与普通白领和大型企业都有着显著的不同。网商银行调研显示，近四成的小微平均每月收款在10000笔以上，且金额平均不过10元，收款零碎，理财不方便，15点以后买入容易错过收益；采购付款时，几千元、几万元的支付经常触发限额；小微资金不仅对流动性要求高，还有明显的周期性和淡旺季，但很难找到适应其生意周期的资金增值产品。

"大企业的金融服务他们用不上、用不起，个人用户的金融服务满足不了。市面上几乎没有银行专门为小微设计资金管理服务。"冯亮表示，"生意卡填补了这一空白，个体经营者有了资金管理一卡通"。

支付还款上，其支持生意人的快捷支付场景和"一站式"还款管理。2023年，超1000万小微用生意卡支付了5亿多笔，多数用户的单笔支付金额在5000元左右。此外，超过600万小微用网商银行储蓄卡"一站式"还款，管理其信用卡及其他信贷渠道的还款，累计还款1.5亿多笔。

理财方面，支付宝收款自动转入余利宝，随时收款，随时理财，支持夜市理财收益不间断。

权益方面，网商银行还联合1688、菜鸟物流、货拉拉、滴滴送货等八大小微经营刚需平台成立小微生意权益联盟，提供1688进货红包、菜鸟寄件券包、货拉拉送货立减券等生意权益，降低他们的经营成本。

2. 电商通：首个多平台经营电商企业专属资金管理服务

在淘宝、天猫、抖音、拼多多等多个平台经营已成为电商企业的常态。调研显示，七成电商商家在2个以上的平台开店，五成以上有3个店铺。然而，随之而来的管钱难、管钱贵却成为电商经营者的痛点。

徐州金智标企业管理咨询有限公司的创始人吴少林在10家平台开了300家网店。在他的办公室里，有整整一面墙的文件柜，每格小抽屉里放置1个店铺的公章还有银行U盾。他算过一笔账，1个店铺付给银行的基础管理费在1000~1500元。300家店铺转账、支付的手续费更加高达数十万元。大促期间，一家店铺每天需要流量充值10余次，每次支付需要插U盾。

电商通是首个电商企业专属的资金管理服务：1个账户支持淘宝、天猫、抖音、拼多多等所有主流电商平台的收款；采购、营销支付均可扫码支付，无须再插U盾；网商银行还和钉钉合作，将"收银台"嵌入办公软件，采购订单审批完可直接完成支付，每笔支出都一目了然；企业账户上的活钱还可以转入企业余利宝，或者购买银行稳健理财，获得资金增值。此外，开通、使用、转账、提现等服务目前全部免费。

目前，每3个电商企业，就有1个在用电商通。在天猫平台，一半的商家已经开通。使用电商通的活跃商家中，一半在网商银行理财。2023年报数据显示，在小微理财方面，网商银行已和 23 家银行理财子机构达成合作。截至 2023 年年底，理财代销规模超过 5000 亿元，步入行业第一梯队。

2024 年 4 月 10 日，网商银行升级大雁系统，引入 AI 大模型的能力，识别小微企业和完善信用画像，提升产业链金融的覆盖率和精准度。而 5 月升级的生意卡和电商通，又分别面向个人经营者和企业经营者，提供了资金管理的解决方案。

冯亮认为，在交易银行战略中，网商银行的特点主要来自三个方面。一是用户基础，在信贷方面，网商银行已累计 5300 万小微经营者。二是数字银行的便捷体验。网商银行不设线下网点，有支付宝就能用，可以触达最广泛的客群。三是技术沉淀。从大数据风控到大山雀、百灵等智能风控系统，网商银行在小微金融科技领域持续创新，为交易银行打下基础。

冯亮表示："始于信贷，不止信贷，成立 9 年，我们希望为诚信经营的小微经营者提供相伴成长的金融服务。在 AI 时代，交易银行也将迎来更多可能性。"

【复习与思考】

1. 现代战略管理的定义是什么？战略管理的一般过程是什么？
2. 中国古代战略思想的特点是什么？
3. 中国古代战略目标是什么？谈谈你的看法。
4. 什么是"五事""七计"？对现代的战略管理有何启示？
5. 谈谈你对田忌赛马的看法。

第九章

传统文化与质量管理

【本章导读】

本章首先对质量管理进行了概述，然后对中国古代质量管理的相关制度进行了梳理，最后详细地论述了中国古代质量管理思想对现代管理的启示。质量管理是我国当下提高产品质量、产业转型升级的关键一步。中国古代的质量管理，一方面，以严格制度控制产品质量；另一方面，在亲情社会的环境里，产品代表"人品"，产品若有质量问题，生产产品的人受到全社会的集体排斥，这似乎比法律约束更有切肤之痛，这也是中国古代商家注重质量管理的一个重要原因。今天的质量管理比起古代有更完善的监督体系，但质量问题依然层出不穷，这使得我们更加注重从古代的管理思想中汲取更多的经验，提升当下我国产品的质量。

【学习目标】

了解质量管理思想与中国古代的质量管理制度的基本情况，思考中国古代质量管理思想对现代质量管理的启示，结合当下中国企业的发展，汲取古代的质量管理经验，使其在当下的质量管理中发挥更大的积极作用。

第一节 质量管理的概述

一、质量的内涵及演变

质量是人们常用的名词,以至它的定义非常多。国际标准化组织总结了质量的不同概念并加以归纳提炼,认为"质量是一组固有特性满足要求的程度"。其实,质量的概念经历过以下三个演变过程。

(一)符合性质量

质量意味着符合规格或要求,20世纪80年代之前,人们对质量的理解大都是这种符合性质量。克劳斯比认为:质量并不意味着好、卓越、优秀等,谈论质量只有相对于特定的规格和要求才有意义,合乎规格即意味着有了质量,而不合规格自然就是缺乏质量。

(二)适用性质量

符合设计要求也未必能为顾客所接受。随着市场竞争的加剧和顾客需求的日益多元化,质量的评判权已经由制造商逐渐移交给顾客。企业生产什么必须通过市场调查和反馈,方能生产适合顾客需求的产品。适用性质量还和以市场为导向的营销观念相一致。对企业而言,适应性也体现在追求成本的适用性上,当符合性质量已经无法满足人们的需求的时候,取而代之的是强调产品适用与成本的平衡适用性质量。

(三)大质量

随着社会的进步与发展,人们对质量的要求再次提高,已经并不仅限于产品的实物质量和服务质量本身,而是从更广的视角、更大的范围、更全面的角度去看待质量问题,逐渐形成大质量的概念。大质量的内容广泛,包含的内容可以概括为战略质量、决策质量、目标质量、规划或计划的质量、过程质量、组织体系质量、工作质量、受益者满意的质量、宏观和微观经济发展和增长的质量等。

二、质量管理的概念的基本内容

质量管理是以质量管理体系为载体,通过建立质量方针和质量目标,进行质量策划,实施质量控制,达到质量保证,开展质量改进等活动,质量管理涉及组织的各个方面,质量管理是否有效直接关系到一个组织的兴衰。

质量策划是设定必要的质量管理过程和调用所涉及的相关资源,以实现其目标的活动。质量策划涉及企业内部的诸多方面，如质量管理体系策划、产品质量控制过程策划、质量改进策划、质量环境适应策划等。

质量控制是"致力于满足质量要求"的活动，是通过一系列技术操作和过程监督对质量形成的整个过程实施控制，其目的是使产品的固有属性达到规定的要求。同时，它是预防产品不合格情况发生的重要手段和措施，贯穿于产品形成的全过程。

质量保证是对已经达到质量要求的产品或服务提供信任的活动。质量保证的核心是向人们提供足够的信任，使顾客和其他相关方确信企业的产品达到和满足质量要求。它一般包括两个方面的含义：一是企业在产品质量方面对用户所做的一种担保，具有"保证书"的含义。同时，这一含义还可引申为上道工序对下道工序提供的质量担保。二是企业为了提供信任所开展的一系列质量保证活动。

质量控制与质量保证有一定的关联性。质量控制是为了达到规定的质量要求所开展的一系列活动，而质量保证是提供客观证据证实产品或服务已经达到规定质量要求，并取得顾客和相关方面的信任的各项活动。因此，有效地实施质量控制是质量保证的基础。

质量改进是致力于提高质量要求的活动，其目的是提高企业满足质量要求的能力。它是通过产品实现和质量体系运行的各个过程的改进来实施的，涉及组织的各个方面，包括生产经营全过程中的各个阶段、环节、职能、层次，所以，企业管理者应着眼于积极主动地寻求改进机会，发动全体成员并鼓励他们参与改进活动。

三、全面质量管理及其特点

全面质量管理这个名称，最先是20世纪60年代初由美国的著名专家菲根堡姆提出。它是在传统的质量管理基础上，随着科学技术的发展和经营管理上的需要发展起来的现代化质量管理，现已成为一门系统性很强的科学。

（一）全面的质量管理

全面的质量管理的对象——质量的含义是全面的，不仅要管产品质量，还要管理产品质量赖以形成的工作质量和工程质量。实行全面的质量管理，就是为达到产品的预期质量目标和不断提高产品质量水平，保障产品质量的生产经济有效，工程质量和工作质量始终保持良好状态，预防和减少不符合质量的产品，不断研发新的技术，提高产品质量，不断降低产品成本，按计划进行生产，保证质量的同时及时供货，同时以周到的服务全面提高顾客使用产品的满意度。

（二）全过程的质量管理

全过程的质量管理，是指在产品生产和服务提供的过程中，质量管理始终贯穿其中。产品的质量需要在设计、生产、销售的全过程中一步一步地推进和完成。所以，一个好的产品首先有一个好的设计,然后有一个负责任的生产团队,符合标准的生产环境和设备,在生产过程中实施监控和检查,防止出现重大质量问题和生产事故,有效地控制各种破坏产品质量的因素,保证质量标准,不断实现质量突破。把握每一个环节才能把握产品的质量,这是一种严谨与创新并进的过程。

(三)全员性的质量管理

全员性的质量管理,即要求参加质量管理的人员是全体成员。全员质量管理是依靠全体职工的参与,质量管理的全员性、群众性是科学质量管理的客观要求。产品出了质量问题,往往是在某一个小的环节发生了漏洞或疏忽,每个职工的生产活动都最终决定着产品质量的好坏。所以,没有什么事不关己。同时这种全员性还体现在合作和协同上,因为现在产品的生产涉及很多部门和员工,共同协调非常重要,否则容易出现互相掣肘、相互推诿的情况。在一个企业,除了生产部门,其他如采购部门、财务部门、销售部门即使不参与生产活动,也应积极配合生产,做好资源调配和协调工作,保障产品生产的质量。

(四)多方法的质量管理

多方法的质量管理是用全面的、多种多样的管理技术和科学方法综合地对质量进行管理。因为影响产品质量的因素越来越多,有些是有利的,有些是不利的,首先要用各种方法进行分析,分析出利弊,值得思考的是有些因素是利弊兼有的,更应该严谨对待。将这些影响因素加以运用或控制,需要各种不同的方向统筹管理,单独一两种方法很难保障产品最终的质量,同时这些方法还要灵活运用,综合运用方能起效。例如,旧七种工具,即检查表、层别法、柏拉图、因果图、散布图、直方图、管制图;新七种工具,即关系图法、KJ法、系统图法、矩阵图法、矩阵数据分析法、PDPC法、网络图法,都是质量管理的常用而有效的方法。

第二节 中国古代质量管理的概况

中国古代的质量管理主要体现在为国家建设或帝王生活所需的生产和服务中,其次才是与百姓生活息息相关的产品质量的把握,这是皇权至上的体现。但很多制度的制定和执行也保障了国家很多大型工程的质量,这一点是功不可没的。由于我国封建时代都是小农经济,自给自足,很多产品的产生销售范围有限,所以质量管理很难有统一的标准。不过,本着"以人为本"之心,根据产品的特色和消费者的反映进行微调,那些为国家生产和服务相关质量管理制度,也依然适用于百姓生活用品的生产。

一、中国古代产品生产标准制度

先秦时期，生产力还不发达，但已经有了生产标准和制作规范的著作——《考工记》，该书囊括了车船制造、兵器铸造、陶器制造等不同的生产标准和规范。

秦始皇在统一六国之后，规定了"车同轨，书同文"，为生产标准的统一性奠定了基础。此外，度量衡的统一也为国家管理产品质量奠定基础。

汉唐时期，产品质量管理的法律制度已经初步形成，官营制造业的管理也达到一个新高度，有了《营缮令》《仪制令》《衣服令》等关于不同门类产品的生产标准和规范，在法律上已对不同产品的标准进行了规定，方便中央和地方政府对产品生产进行管理。

在宋朝，很多关于产品生产的书籍问世，如北宋熙宁年间的《营造法式》是一部关于建筑的书籍，被认为是我国古代最完整的建筑书籍。它规定了在宋代建筑的设计标准、要求和各种建筑材料的数量及指标，对建筑物的生产标准进行了规定。

到了明清时期，资本主义萌芽开始在中国出现，对生产标准和生产程序有了更高的要求和更严格的规范。清朝有个独有的关于产品生产管理的机构——内务府，它主要负责皇室的一切器用生产，并对其生产活动进行监督，对产品质量进行管理。清朝末年，清政府统治内外交困，清朝统治者进行了国家制度改革。据《清史稿》记载，清光绪三十二年（1906年）"更名农工商部，省节慎库，并土木工程入民政部，木税、船政入度支部，军械、兵舰入陆军部，内外典礼分入内府与礼部"。

二、中国古代产品市场准入制度

《礼记》中已经有了产品市场准入的相关记载："用器不中度，不粥于市。兵车不中度，不粥于市。布帛精粗不中数，幅广狭不中量，不粥于市。"[①] 历朝历代都设置了监督产品市场准入的官职，《周礼》的"司市"的职责之一就是"以贾民禁伪而除诈"。汉代对市场管理官员的称谓是"市令"和"市长"。南北朝时期，关于市场管理的职能在中央是由"太府"行使，之后的隋朝和唐朝亦是如此。在唐代，在太府管辖下的东市局和西市局两个部门里，市令负责"掌财货交易，度量器物，辨其真伪轻重"[②]。宋朝，太府寺下属的机构都提举市易司负责管理贸易货物，管理市场交易。在元明时期，分别由盐运使司、五城兵马司来行使市场管理的权力。到了清朝，随着社会经济的发展，政府逐渐不再对市场进行直接管理，而是由牙行来管理市场。

三、中国古代产品质量检验制度

中国古代对于产品质量的法律制度的最具有特色的就是"物勒工名"制。在春秋战

---

① 胡平生，张萌. 礼记［M］. 北京：中华书局，2017.
② 欧阳修，宋祁. 新唐书［M］. 北京：中华书局，1975.

国时期，已经有"物勒工名，以考其诚"的记载，工匠要将自己的姓名刻在自己生产的产品上，便于检查产品质量及考察工匠和管理官员的绩效。秦代，不仅要求工匠的姓名要刻在产品上面，负责监管的官员和监管的机构也要刻上名字。这一制度也被后世吸收和借鉴，一直流传下去。在关于产品质量检验制度中，除了"物勒工名"制度是其重要组成部分之外，还有一系列的法律条款来对其完善这项制度，各朝各代都颁布了不同的法令，如唐代就有《营缮令》《仪制令》《衣服令》等规定来规范不同的产品生产要求和检查部门。在元朝则对产品质量检验制度更加完备和详细，在《大元通制条格》中就规定了在检查时要按时考查，"诸营造皆视其时月，计其工程，日验月考，毋使有费"，如果有不合格的现象要追究其责任，"诸局分造作局官每日躬亲便利巡视，工部每日委官点检，务要造作如法，工程不亏，违者随即究治"。清代对这一制度则更加详细和完备，《嘉靖新例》中记载的"各织附余素丝三寸，织完各该委官验，果与原样相同，方将价给商匠，原委官将段领回"。

四、产品质量责任制度

产品责任制度是产品质量管理发展到成熟阶段的表现，是产品质量管理中的必然要求。

在秦律中就有规定，要对工匠生产的产品进行评比，对产品符合要求的工匠要进行奖赏，对生产不合格的工匠要进行处罚，并且也要求负责的官员承担相应责任。《秦律》中记载的"省殿，赀工师一甲，丞及曹长一盾，徒络组廿给。省三岁比殿，赀工师二甲，丞、曹长一甲，徒络组五十给"，即在产品考核的时候，如果被评为下等，那么要处罚工师一甲，负责的丞和曹长处罚一盾，徒工匠络组二十根；如果连续三年被评为下等，将责罚工匠二甲，负责的丞和曹长一甲，徒络组五十根。

为了更好地加强产品质量管理，政府也制定了法律规定监管部门和官员在产品生产过程中应承担的责任，对不符合生产标准等产品质量问题进行追责的时候，负责的官员和政府部门也要承担连带责任，不可推卸。例如，《唐律疏议》中"工作不如法"条文规定：诸工作不如法者，笞四十；不任用及应更作者，并计所不任赃、庸，坐赃论减一等。其供奉作者，加二等。工匠各以所由为罪。监当官司，各减三等。

第三节　传统文化中的质量管理思想对现代管理的启示

当下的中国，不断出现的产品质量问题促进了质量监控体系的不断更新，但产品质量问题还是不断涌现，有些产品质量是由于设计缺陷、设备失灵或自然力破坏等因素引起的，但质量管理的缺失是产品出现质量问题的主要原因。产品生产过程偷工减料、滥竽充数、假冒伪劣、违规添加、夸大功效等造成的产品质量问题确是人们深恶痛绝的。

商家制造伪劣产品的行为屡禁不止,曝光出的新闻亦不断刷新人们的眼球。

强化质量管理,增强质量意识是我国产品提升的必由之路。面对产品的质量问题,一方面,国家加强监管,严惩制假售假的行为,维持市场秩序;另一方面,不得不反思经济利益与诚实守信之间的关系。在我国古代的质量管理中,德育和法治是双管齐下。如今,我们建立一个安全放心的市场环境,也要不断完善质量监管,同时也要提高市场的诚信,二者结合,方可让人们用上越来越放心的产品。

一、货真价实

货真价实是诚信在商业道德中的体现。虽然有很多现行法律对商业不诚信的行为进行约束,但法律的约束终究是后置的,而在产品生产过程中自始至终都保持诚信,才能确保产品的质量。全面质量管理的出发点是诚信,目的是货真价实。在中国文化中,货真价实的理论基础是诚信。诚信是以真诚之心,行信义之事。诚,真实,诚恳;信,信任,证据。诚信,是诚实无欺,信守诺言,言行相符,表里如一。诚是儒家为人之道的中心思想,立身处世,当以诚信为本。宋代理学家朱熹认为:"诚者,真实无妄之谓。"意为:言行须循天道,说真话,做实事,反对虚伪。《礼记·祭统》说:"是故贤者之祭也,致其诚信,与其忠敬。"《礼记·大学》说:"所谓诚其意者,毋自欺也。"意谓真诚实意就是不自欺。宋代哲学家陆九渊也说:"慎独即不自欺。"即使在闲居独处时,自己的行为仍能谨慎不苟且,不会自欺。中国现代学者蔡元培先生说过:"诚字之意,就是不欺人,亦不可为人所欺。"可见,戒欺是诚信的重要准则之一。

《说文解字》认为"人言为信",可见,"信"不仅要求人们说话诚实可靠,切忌大话、空话、假话,而且要求做事也要诚实可靠,而"信"的基本内涵也是信守诺言、言行一致、诚实不欺。"诚"主要是从天道而言,"信"主要是从人道而言。故孟子曰:"诚者,天之道也;诚之者,人之道也。"

古代中国,政府、商人及商业组织均重视产品质量,主要体现在"货真"和"价实"两个方面。

一方面,"货真"是对产品质量要求。早在战国时,"国中无伪"就是商业活动的基本道德。在商业发达的明清之际,商家无不标榜"以儒道经商"。晋商与徽商就是中国古代以诚信经商中信誉最好的两股商业力量。梁启超说,"晋商笃守信用",徽商亦"贾而好儒",能够"以诚待人,以信接物"。良好的信用文化成了商家们的成功之道。晋商纵横商场500年,成为中国历史上第一大商帮,靠的是"诚信"经营理念。晋商首先讲的是做人,而后才是经商。商人如果没有道德,制度没有任何用处。晋商丰德票号遭受国外势力压迫濒临破产时,为给储户兑现,大义凛然,把积攒了十三代的财富拿出来,真正震撼、感动了国人。

另一方面,"价实"是中国古代优秀商业伦理精神之一。"市价不二",按品级定价,不故意哄抬物价,童叟无欺。据《谢承书》载,东汉公沙穆叫人到集市上卖掉病猪，嘱咐道：当告买者言病，贱取其直，不可言无病，欺人取贵价也。但这个卖猪的人却并未说明情况，卖了好猪的价钱。公沙穆得知后，找到买主说猪有病，买主说已成交了，不必计较，但公沙穆坚持退还多收的钱。江西茶商朱文炽，如出售的茶叶过了时节，"必书陈茶二字，以示不欺"。此外，诸如行会等传统的商业组织出于保护其自身利益，也对本行会内部商人出售商品质量加以规定，饮食行业亦是如此。徽州商人吴南坡宣示："人宁贸诈，吾宁贸信，终不以五尺童子而饰价为欺。"所以，他出售的"南坡布"货真价实，深受顾客信任。久而久之，四方顾客都十分相信"南坡布"。只要去买布，看见是吴南坡的铺面，不管颜色价格，买了就走。著名徽商胡雪岩在杭州胡庆余堂药店中，向内挂了一块"戒欺"的牌匾。他在跋文中写道："余存心济世，誓不以劣品代取厚利""采办务真，修制务精，不至欺余以欺世人"。胡庆余堂药店之所以能够蜚声于海内外，生意兴隆，其秘诀就在于"戒欺"二字。这则故事说明，"戒欺"二字是企业成功的秘诀，也是企业家的无价之宝。有一年乾隆巡游江南时来到一个小镇，见到有家店铺门前招牌上写着"万货全"，觉得口气挺大，便进门看看。步入店中，货物不少，但远谈不上"万货全"。于是他故意要买金粪耙子为难，店家忙赔笑说没有。乾隆道：店不是叫"万货全"吗？店主不得已摘下招牌，并请教名字。乾隆想了想，便乘兴题写"百货全"，还盖上大印。店主又惊又喜，慌忙谢恩。据说这也是至今所有商店都称之为"百货商场"的由来。

"货真价实"是企业的道德基础。在企业价值观的塑造中，"诚"是企业聚心之魂，"信"是企业立足之本，诚信理念是中国企业文化建设的重点之一，也是企业生存的根本。营商角度来看，"诚信"主要有以诚待客、货真价实、公平买卖、信守合同、偿还借贷、不做假账等。商家只有以诚待客，方能赢得顾客盈门。

二、巧诈不如拙诚

《韩非子·说林》有云："巧诈不如拙诚"，并通过两个故事说明。一个故事说的是：乐羊作为魏国的将领攻打中山国。当时他的儿子就在中山国内，中山国国君把他的儿子煮成人肉羹送给他。乐羊就坐在军帐内端着肉羹喝了起来，一杯全喝完了。乐羊攻占中山国之后，魏文侯虽然奖赏了他的战功，却怀疑起他的心地来。另一个故事是：鲁国国君孟孙打猎时活捉了一只小鹿，让秦西巴带回去，秦西巴发现这只小鹿的母亲跟在后面不停地哀号，秦西巴不忍心，就把小鹿放了，孟孙气得将秦西巴赶走了，一年后又把他找回来当太子的老师。左右的人说："秦西巴对您是有罪的，请他来做太子的老师，不妥当吧？"孟孙说："秦西巴有一颗仁慈的心。他对一只鹿都生怜悯之心，请他做太子的老师，我最放心了。"最后得出结论，巧妙的欺诈不如笨拙的诚实。乐羊因为巧诈，即使有功也被魏王怀疑。秦西巴因为诚实，即使有罪却得到更多的信任。

《韩非子·外储说左上》记载了曾子杀猪的故事，说的是曾子的夫人到集市上去，她的儿子哭着闹着要跟着去，她对儿子说："你回去，等我回来杀猪给你吃。"她刚从集市上回来，曾子就马上要去杀猪。他的妻子阻止他说："我不过是和孩子开玩笑罢了，你居然信以为真了。"曾子说："小孩是不能和他开玩笑的！小孩子没有思考和判断能力，等着父母去教他，听从父母的教导。今天你欺骗孩子，就是在教他欺骗别人。母亲欺骗了孩子，孩子就不会相信他的母亲，这不是用来教育孩子成为正人君子的方法。"于是曾子就杀猪煮肉给孩子吃。

北宋词人晏殊，素以"拙诚"著称。在他十四岁时，有人把他作为神童举荐给皇帝。皇帝召见了他，并要他与一千多名进士同时参加考试。结果晏殊发现考试是自己十天前刚练习过的，就如实向真宗报告，并请求改换其他题目。宋真宗非常赞赏晏殊的诚实品质，便赐给他"同进士出身"。晏殊当职时，正值天下太平。于是，京城的大小官员便经常到郊外游玩或在城内的酒楼茶馆举行各种宴会。晏殊家贫，无钱出去吃喝玩乐，只好在家里和兄弟们读写文章。有一天，真宗提升晏殊为辅佐太子读书的东宫官。大臣们惊讶异常，不明白真宗为何做出这样的决定。真宗说："近来群臣经常游玩饮宴，只有晏殊闭门读书，如此自重谨慎，正是东宫官合适的人选。"晏殊谢恩后说："我其实也是个喜欢游玩饮宴的人，只是家贫而已。若我有钱，也早就参与宴游了。"晏殊在这两件事表现出了特别朴实的纯真，没有任何心机和算计的痕迹，使宋真宗对他更加信任，之后不断委以重任。在商品极大丰富的今天，商家之间的竞争极其激烈，为了在竞争中胜出，赢得消费者的信任是个难题。但再精心设计的营销方式都要落实到产品的质量上，一旦产品本身有问题，之前的营销会令人反感，认为是一种欺骗。之后，再想赢得信任就变得异常困难了。所以商家必须在生产产品的时候本着"拙诚"的态度，认真负责，更能保持产品良好的声誉。

三、精益求精

《论语·学而》："《诗》云：'如切如磋，如琢如磨。'其斯之谓与？"朱熹注曰："言治骨角者，既切之而复磋之；治玉石者，既琢之而复磨之，治之已精，而益求其精也。"清代赵翼《瓯北诗话·七言律》："盖事之出于人为者，大概日趋于新，精益求精，密益加密，本风会使然。"精益求精从《诗》的白描中我们也看出，首先这是对工匠们孜孜以求精神和行为的褒扬。正所谓"技进乎道"，精雕细琢、追求完美，彰显着中国精神、中国文化及民族创造力，是当下我国企业生产的必由之路。近年来，我们盛赞工匠精神，但工匠精神最为称赞之处就是精益求精。精益求精是对产品品质的不懈追求，以严谨的态度，规范地完成好每一道工艺，小到一支钢笔、大到一架飞机，每一个零件、每一道工序、每一次组装。

景德镇陶瓷蜚声海内外，不仅在于它的生产瓷器的年代久远，还因为景德镇制瓷工匠对瓷器产品近乎苛刻的要求。北京故宫曾展出一次特殊的明代景德镇瓷器，展出的一半明朝瓷器居然是用瓷碎片拼接出来的。原来，这批瓷器在景德镇官窑烧出来之后，由于存在瑕疵，被工匠砸碎了，埋入地下，直到今天才被考古学者发掘出来，并经专业人员用特殊工艺将小块碎片拼接起来，恢复原样。如今这些复原的明代景德镇官窑瓷器，已成为具有特别价值的珍品，有的甚至比完整无缺的文物还要珍贵。其中有一件"斗彩鸳鸯莲池纹盘"，原是宣德年间景德镇官窑的创新品种，只因为出窑之后工人发现有一点小小的瑕疵，便被砸成碎片。经过复原，它又光彩夺目，成为传世的"孤品"。景德镇官窑为什么要将这些在今天看来无比精美的瓷器砸碎？就因为按当时苛刻的质量标准，这些瓷器存在不同程度上的瑕疵，所以必须砸掉，以保证问世的每一件瓷器成品都完美无缺，这便是精益求精。

精益求精以产品本身做代言，是任何广告所无法达到的效果，"质量为王"使得产品不断赢得客户信赖，也使企业长盛不衰。据统计，全球寿命超过200年的企业，日本有3000多家，为全球最多，德国有800家，荷兰有近200家，美国有14家，中国大陆有9家，中国台湾有7家，印度有3家。日本之所以拥有这么多超过200年的企业，是因为其生产经营过程中以精益求精的工匠精神为核心。首先，注重细节，追求完美和极致，不惜花费时间精力，孜孜不倦，反复改进产品。其次是严谨，一丝不苟，不投机取巧，对产品采取严格的监测标准，不达到要求绝不轻易交货。再次是耐心、专注、坚持，不断提升产品和服务，绝对不会停止追求进步。最后是与时俱进的创造力，不断地考察客户要求，不断鞭策自己改进生产和服务以符合不断变化的客户要求。

盛极一时的诺基亚，成立于1865年，生产过橡胶、轮胎及电缆，后来机缘巧合开始做手机，从1996年开始，连续十四年全球销量第一，然而在2011年就被三星和苹果超越，接着便一蹶不振，轰然倒塌。成立于1928年的摩托罗拉境遇也极其相似，从无线电应答器到全球第一款商用手机、第一款GSM数字手机、第一款双向式寻呼机、第一款智能手机、全球第一个无线路由器，甚至还提出了"铱星计划"（借助66颗近地卫星组成的星群，让用户从世界上任何地方都可以打电话），然而几经易手，最后转卖给了联想。这些例子一而再、再而三地告诉我们，质量上精益求精才是一个企业基业长青的真正核心竞争力。

四、无所逃于天地之间

中国是一个亲情社会，这种基于亲情的家族圈子逐渐扩散到乡情，形成一个个由这种人情所织就的网。同时一个人还有职业、交友等不同的圈子，重重叠叠。一个人一旦失信，他将处在一个"无所逃于天地之间"的境地。在传统农业社会，因为人们的生活圈子相对狭小封闭，财产形式也非常单一，一个人的诚信是建立在明确的血缘、地缘、业缘等社会关系或者土地房屋等财产之上，其违约责任的追究非常便捷，要么以财产作抵，要么拿中保人是问，俗话说"跑得了和尚，跑不了庙"。所有古代商家的产品质量就是建立在这种社会环境里，商家的客户往往是身边的人，正所谓做的是邻里生意，更需要诚信。而且就在消费者身边生产，生产过程清晰可见，很难欺诈。所以，古代商家非常重视产品质量，如果产品质量出了问题，不仅产品卖不出去，生意做不成，甚至会遭到周围人的联合抵制，连立足之地都没有了。所以，古代商人讲究诚信，也是从实际出发。这个联系紧密的人情关系网在某种程度上保证了整个社会的诚信。这反映了人们对于建立在比较明确的社会资源基础上的责任风险，持有一种稳定可靠的心态。这张人情网，对于诚信者来说是一种保护，对于社会欺诈者来说则是一种具有制约作用的"罗网"。

除了人情网的限制外，中国古代还采取法律手段确保产品质量，对产品的生产、流通和销售进行了严格的控制。中国古代社会运用刑罚手段惩罚制售假冒伪劣商品者，除制假、售假行为有数量上的规定外，其他生产、销售假冒伪劣食品并无数量及结果之规定。以盐为例，凡是"掺和沙土货卖者"均处以"杖八十"的刑罚。

德国著名哲学家恩格斯（Friedrich Engels）充分肯定诚信在商业社会中的作用，指出大商店的老板是珍惜自己的声誉的。假如他们出售劣等的掺假的货物，最吃亏的还是他们自己，大零售商在自己的买卖里投下大宗资本，骗局一旦被识破，就要丧失信用，遭受破产。德国社会学家马克斯·韦伯（Max Weber）指出伦理道德对于社会经济的发展，是一种重要的"支持性资源"。

生产者、销售者应当在追求利润的同时，担负起相应的社会责任。现实生活中，不少产品生产者为了追逐高额利润，往往追求低成本，忽视他人的生命和健康。这是企业及其经营者缺乏社会责任感及商业道德的表现。近年来，专门的食品相关生产、销售组织诸如乳制品工业协会、酒业协会、肉类协会等不断涌现，这些组织不仅仅是为保护本组织成员利益，也是一张"无所逃于天地之间"的网络，发挥着监督、规范相关行业生产者、销售者的行为，为提升产品质量，提供安全、健康的食品发挥其应有的作用。

【案例】

褚橙的五大管理秘籍[①]

任何一个伟大的企业都源自管理。当然，褚橙的成功也得于褚时健的管理哲学。下面，我们一起来探究下褚橙的管理秘籍。

1. 种植管理：确保品质

农产品的品质来自哪里？答案是源头或生产管理。褚橙在农场日常种植管理上下功夫，最终提升农产品品质，变得极为关键，从种植、采摘都形成了系统的规范方法和标准。

褚橙的作业区长每月都要制订出当月的工作计划和工作标准，再拿给褚时健一起讨

---

① https://www.sohu.com/a/236511145_379553.

论。讨论通过以后，分区严格实行，保证使用统一的技术措施和统一管理。

同时，褚橙在种植上对农户提出了众多被量化的要求，比如"施肥沟，深30厘米、宽20厘米、长80~100厘米"，"每株施有机肥7.5公斤＋复合肥0.3公斤"，等等。而经历了之前的质量风波之后，褚时健将每亩果树的数目从最初的140多棵逐步下降到84棵，这些指令的下达都需要作业长与农户沟通。作业长的大部分时间在各自所管辖的几百亩土地间，挨家挨户地沟通、协调、监督、检查。

2. 作业管理：分片，责任到人

管理学中最关键一个：责任到人。褚时健知道，分配是个很重要的事情，橙园实行家庭"分片"承包责任制。这一生产架构可以描述为：高层—作业长—助理作业长—农户。比如，褚时健借鉴"红塔山管理经验"把每30亩果园为一个单元，由一户农户2个劳动力管理，20个单元为一个组，2个组为一个作业示范片区，两名技术员负责一个组，一个片区由一个作业长负责。

有了这样明确的地块与种植责任划分之后，每个农户各司其职。同时，褚时健的公司在生产上的架构为，最上面一层是公司管理层，包括亲力亲为的褚时健本人；下面是作业长，负责技术和管理；再下面是助理作业长，负责帮助贯彻技术落实，管理农户；最下面则是以户为单位的农户，每户至少两个劳力，可以负责2000多株果树的种植。

3. 考核管理：标准考核制度

没有考核的公司没有生机，褚时健深知考核的作用。对于考核制度，褚时健总结了四点：一是不同情况，区别对待。对待具体的情况区别对待，制度是死的，但人是活的。二是能量化的，尽量量化。比如，四年生树及挂果树按15片叶／株的标准，扣除预支生活费10元／株；一二三年生树按3片叶／株的标准，扣除预支生活费10元／株。三是考核方案要让大家做得到、接受得了。如果规定太高了，农民努力也做不到，那这样的规定没有意义，罚款反而会滋生抵触情绪。所以，这些规定也是根据实际情况一改又改，慢慢地能够让农民接受了，才逐渐制定下来的。四是考核方案要通俗易懂，员工自己都能算明白。我们对溃疡病还是很重视的，就这一条，超过这个基数就是10元钱，有10棵树超过了，那就是农民一天的工资了。

4. 半合伙人制

企业最大的财富是什么？员工。褚时健充分考虑员工的利益收入，帮助员工增加收入，而不是克扣农户的工资。在褚橙果园，果农不是个体种植者，也不是员工，被称作"合伙人"可能更合适一些。褚时健采取激励措施，将果园的利益与农民利益捆绑在一起。农民非常现实，满意就干，不满意就不干。

褚橙每年人工成本200多万元，一部分是支付给农民的。同时，果园按照面积又转为承包给农民管理，每月支付农民500元工资作为生活费，到摘果的时候，按照公斤数量给予农民奖励。据褚橙庄园董事长马静芬介绍，果园的农民已经从全家年收入2000元，到年收入10多万元了。

5. 激励制度

做得好就奖励，做错了就惩罚，这就是褚时健提倡的激励制度。褚时健制定了激励机制：一个农民只要任务完成，就能领上4000元钱，年终奖金2000多元，一个农民一年能领到1万多元钱，一户三个人，就能收入三四万元钱，比到外面打工挣钱还多。

褚时健的激励制度帮助褚橙生产管理带来了质的飞跃，鼓励了农户专注生产种植，褚橙的管理方法帮助褚橙年入6000万元。当然，这套管理秘籍很简单总结为6个字：分钱、分工、奖惩。

【复习与思考】

1. 质量的定义是什么？质量管理的定义是什么？
2. 中国古代质量管理的基本制度有哪些？
3. 什么是精益求精？谈谈你的看法。
4. 谈谈你对"巧诈不如拙诚"的看法。
5. 怎样理解"无所逃于天地之间"？

第十章

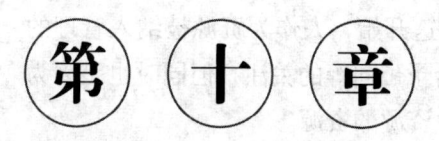

传统文化与人力资源管理

【本章导读】

本章首先对人力资源管理的相关概念进行了梳理，然后对中国古代朝廷在人才选用方面的方式方法进行了总结，最后详细地论述了中国古代人力资源管理思想对现代管理的启示。人力资源不同于其他资源，因为人是有主观能动性的。仅这一点，对人的管理就与其他资源的管理有显著区别。如何让组织的成长与个人的发展结合起来，是人力资源管理的重点和难点。中国古代提倡"人治"，相对于其他资源，人力资源似乎更加重要。虽然现在的人力资源管理与古代的选才任才方式早已大相径庭，但其中依据善恶、唯才是举、富贵敬誉等思想对今天的人力资源管理亦有启发作用。

【学习目标】

了解人力资源管理思想与中国古代的人力资源管理的基本情况，思考中国古代人力资源管理思想对现代人力资源管理的启示，加以合理使用，使其在管理中发挥更大的积极作用。

第一节 人力资源管理的概述

"人力资源"一词由美国著名管理学家彼得·德鲁克于1954年在其《管理的实践》一书中首次提出。德鲁克指出："工作必须有效执行，而工作必须由员工来完成，这意味着要对工作进行组织，使之成为最适合人类的工作；对员工进行组织，使之能最有效地进行工作。"在此之前，人只是被管理的对象，从这开始，人作为资源被纳入管理的视角。从此，人力的使用和分配与其他资源一样，给予了同等的关注，但同时也是因为人独特的生理特质、能力和限制，人又是不同于其他资源的资源。

"人"作为为社会提供利润的源泉应成为社会的经济资源，但同时由于人的主观能动性不同于物力、财力，因而作为社会的特殊资源进行激励、领导和管理。因此，人力资源定义为"为社会创造物质、精神财富，推动社会和经济发展的具有体力劳动和智力劳动能力的人的总称"。

人力资源概念包括两方面内容：第一，人力资源作为社会资产的来源，是一种经济资源要素，推动着国民经济的发展。第二，人力资源可以从数量和质量两方面进行衡量。人力资源数量指一段时间内社会处于劳动阶段的人口绝对数，它受到社会人口总量、人口结构等因素的影响。人力资源质量是指人力资源所具有的体力、智力、劳动态度、素质水平，相对于人力资源数量，质量更加重要，不断提升人力资源质量是人力资源管理的重点。

一、人力资源的特征

人力资源作为不同于财力、物力的第一资源，有着其本身的特殊性，主要表现在以下几个方面。

（一）主观能动性

人力资源不像其他资源的完全被动，而是拥有独立的个性、思想和意志，被控制的程度相对较低，所以管理难度相对更大。但自主性是创造性的源泉，人一旦开始有目的、有意识地开展劳动，发挥出个人的能力和水平，将源源不断地创造出更多的物质和精神财富。

（二）时效性

人力资源是与一个人的生命周期息息相关的，具备一定的劳动能力才能称为人力资源。在生命周期的不同时期，人力资源所表现出来的资源效力也将不同。比如，初入劳动市场时，由于经验、能力等不足，资源效力将处于低谷。随着能力不断累积提升，资源效力也在随之升高，最终达到顶峰。但随着年龄的增长，资源的效力又会回落。

（三）社会性

人力资源不仅指个人的能力和素质，而是将人放在群体中进行考虑。除人的能力素质受环境影响外，其价值观和劳动态度也受外部环境的影响。所以人力资源的开发，要考虑到其社会性。同时，随着社会化大生产，人更需要与他人合作，才能创造出更有价值的财富。人对其工作中角色的适应性是一个人努力或无法努力工作的根源。

(四) 双重性

人力资源是生产的主体，也是消费的主体，两者统一于一身，不可分割。作为生产主体，人力资源通过社会劳动不断发挥主观能动性创造社会财富、推动社会发展。作为消费主体，人力资源享受着社会进步带来的物质和文化产品，拉动着社会进一步革新以满足更高的消费需求。

(五) 再生性

相对于其他资源的不可再生来说，人力资源是一种可再生资源。使用后虽然会出现损耗，如体力下降、技能退化，但通过休息、医疗等可以尽快恢复，重新使用。再生性还体现在对人力资源的二次开发和重复利用上，随着科技发展，人力资源也会出现无形的损耗，如知识的淘汰、技能的落后会使人力资源的贬值，此时应加强培训，提高技能，达到生产所需的人力要求。

二、人力资源管理的功能

(一) 吸纳功能

人力资源管理部门的首要功能就是对人才的吸纳，让优秀的人才加入自己的团队，让自己的企业拥有更多的人才，只有这样，其他的功能才有实现的条件。

(二) 激励功能

激励功能是指让员工在其工作岗位上创造出更加优秀的绩效。激励功能是人力资源管理的核心，是其他功能发挥作用的最终目的，如果不能激励员工创造出优良的绩效，其他功能的实现就失去了意义。

(三) 开发功能

开发功能是指让员工保持能够满足当前及未来工作需要的知识和技能，这些知识和技能不仅应对现在的工作，也为员工的进一步职业发展提供途径。

(四) 维持功能

维持功能是指让已加入的优秀员工继续留在本企业。维持功能是其他功能的保障，因此应努力将已经吸纳的优秀员工继续保留在企业中，让他们持续为企业努力工作。维持功能发挥得好，开发和激励功能才会有稳定的对象，其作用才可能持久。

三、人力资源管理的职能

当今市场的竞争归根结底是人才的竞争,只有拥有了更多优秀的员工,才能拥有超越对手的竞争力。所以,对这一特殊资源进行管理是企业取得长足发展的关键。

(一)战略规划

在知识经济和全球化大发展的今天,人力资源管理已经由传统的人事管理阶段转变为以战略为导向的人力资源管理阶段。人力资源管理部门需要转变观念,承担起战略伙伴、专家顾问、员工服务者和变革推动者四种战略角色,成为组织战略、决策制定的重要参与者和推动者。必须将人力资源管理工作纳入组织战略与经营管理活动中,依据组织战略制定相应的人力资源战略和管理规划。

(二)获取配置

根据组织战略目标,以人力资源规划为指导,对人力资源进行动态调整和配置。人力资源获取配置主要涉及工作分析、人员招聘、甄选配置等工作,也包括获取满足企业发展要求的人力资源,对现有人员进行调整和优化,建立完善的人才流动机制等。

(三)整合开发

员工能力的发挥,首先要融入组织,掌握组织所需的技能,有自己职业发展的空间,人力资源管理需要对新员工进行引导,使其产生归属感,对已经在职的员工进行培训,使其产生责任感。通过职业规划、团队活动等措施使员工认同组织文化、掌握工作所需的专业技能,最大限度地实现其个人价值和人力资源对组织的贡献率。

(四)调控激励

调控激励主要是通过绩效管理体系和公平合理的薪酬方案,对员工的工作能力和成绩进行评价,为员工提供经济性报酬和非经济性的价值肯定,创造公平、竞争、合理、发展的环境和氛围,增强员工满意度、激发员工积极性。

(五)维持保障

维持保障功能的主要任务是在组织内构建和谐的劳动关系、处理劳动争议、维护劳动者合法权益、保证工作场所的安全健康等活动。

第二节 中国古代人力资源管理的概况

中国古代帝王和诸侯对治理国家的人才可谓是"求贤若渴",是否"尚贤"甚至成为君王本身贤与不贤的标志。在人力资源管理方面,我国古代主要经过以下五个阶段。

一、访贤

商周时代,人才选拔制度还未形成,朝政一般由贵族把持,以血缘传习官职,即"世卿世禄"。这样的选任方式,没有任何流动性,看似非常稳定,但造成了有人子子孙孙为官,作威作福;有人世世代代为奴,备受欺凌的局面。最终造成了民众的不满情绪累积、爆发,最终积蓄起推翻这个王朝的力量。有觉悟的政治家和思想开始重视人才对于政治稳定和社会和谐的重要性,开始求才访贤。访贤也成为那个时候明君的标志性行为,便有了许多访贤的故事流传一直流传至今。

夏末的伊尹出身不高,是有莘国君的贴身厨师,身份是奴隶。但他聪明机敏,从烹饪这样的小事上竟然悟出了治国之道,却无法施展抱负。商汤得知伊尹是个人才,不好直接讨取,便另辟蹊径,娶了有莘氏之女为妃,而伊尹作为陪嫁之臣,随同到商。他背负鼎俎,为商汤烹炊,以烹调、五味为引子,纵横捭阖,分析天下大势与为政之道,得到汤的高度认可,汤立刻免除他奴隶的身份,并任命为"尹"(右相),作为商汤身边最有权力的执政大臣。之后,伊尹不负商汤的知遇之恩,辅佐商汤灭夏,建立了商朝。

商末的姜尚一如伊尹,是辅佐周文王和武王建立周朝的开国元勋。其先祖受封于吕,因此又称吕尚,他胸怀大志,精通治国安邦之道,但身份卑微,无法施展抱负。后来,他来到西周领地,隐于磻溪,终日垂钓,可是他的鱼钩既不弯曲,也不放鱼饵,人人称异。因为奇特,很快一传十、十传百,终于传到了周文王的耳中,周文王详加打听,发现此人非比寻常,有奇才,所以亲自来访。姜尚随即向文王献上治国良策,被文王礼载回朝,拜为"太师",后来辅佐周文王、武王成就大业,建立了周朝。歇后语所说的"姜太公钓鱼——愿者上钩",指的就是这件事。

二、选士与养士

春秋战国时代,诸侯纷争,许多贵族和世家土崩瓦解,新兴贵族要站住脚跟,必须依靠有能力的人才的辅佐。其中,处于原本下层的"士"(包括军士)逐渐成为一支新的社会力量,在调整阶级关系中发挥出越来越大的作用。这些"士"虽然需要凭借着某些有权势的人才能发挥自己的才能,但相对于从前而言,已经是"大有空间"了。因为周天子的力量薄弱,已无法控制诸侯,形同虚设,诸侯力量越来越大,相互之间为在政治上和军事上竞争,纷纷招贤纳士,为己所用。有些贵族为了壮大实力,提高威望,也竞相选士与养士。另外一方，那些怀抱雄才的"士"们为"择木而栖"，纷纷游走于各国诸侯之间，以求用武之地。这样一来，原来的"世卿世禄制"失去了原本的基础，部分无才无能贵族渐渐远离了权力中心，空有祖上荣光，而无实质权力。当时出现了三种新的选士制度："军功""养士"和"客卿制"。

"军功"就是以功得禄，以功授爵，该制度以秦国为代表。一方面，秦国军功制忽略出身、门第，凡立有军功者，皆享受爵禄，这大大提高了民众对国家事务的参与度，激发了他们为国效力的热情。另一方面，抑制宗室贵族，降低他们的生活享受，不能仅凭血缘关系就获取高官厚禄和爵位封邑。其他国家也纷纷效仿，造成了战国时代"宰相必起于州部，猛将必发于卒伍"的特点。比如，秦国大将白起，出身于平民，但军功卓著，秦昭王任其为大将，领兵纵横天下，长平一战，坑赵军数十万，以功升任"大良造"（最高军政长官）。

"养士"是一些有实力的贵族以其威势招来、蓄养各具才能的"士"，为其效力。这种培植自我势力的方式，突破了出身和门第的障碍，只要有才就能得到高官厚禄，为朝廷出力无门的"士"纷纷投身有实力的贵族，以实现人生抱负。"养士"最著名的就是战国四公子，即齐国孟尝君、魏国信陵君、赵国平原君和楚国春申君。他们豢养门客众多，还留下了许多精彩的故事，如孟尝君，据称他的门客多达三千，不拘一格，各具奇才。据记载，他奉命出使秦国时不料却被秦昭王囚禁，为获得自由，他想尽办法，首先他为买通秦王最喜欢的妃子，但得知这位妃子喜欢"狐白裘"，但天下只有秦宫库房有一件，孟尝君让一个门客盗取了"狐白裘"献给这位妃子，从而获得秦王的释放。但秦王随即后悔，派人追回，当孟尝君一行快马加鞭到达函谷关的时候，秦兵快到跟前了，时当夜半，关门紧闭，一旦追上，可能再无回国的希望。这时，他的一个门客竟然学起了鸡叫，引发关内外雄鸡齐鸣，守关士兵误以为天亮，打开关门，他们快马加鞭，一路出关，回到齐国。这就是历史上有名的"鸡鸣狗盗"的故事。

"客"的意思是非本国人，以客为卿，委以重任，类似现代意义上的"引进人才"。当时的秦国地处边隅，人才稀缺，为了强大国家，吸引人才是关键，所以秦国最早实行了客卿制，让其他六国的人才源源不断地涌入秦国。这种方法迅速而有效，如秦穆公的宰相百里奚，本是虞国人，虞国亡国，流落到楚国，为得到百里奚，秦穆公用五张羊皮将他从楚国人手中买来，随后委以重任；商鞅，本是卫国人，应秦孝公的求贤令入秦，得到秦孝公赏识，开始实施变法，这一变法奠定了秦国强盛的基础；秦昭王的宰相范雎，本是魏国人，虽然有才，但时运不济，在魏国备受折磨几乎濒临死亡，他暗中随秦国使臣入秦，后来被任用为宰相，协助昭王对内实行"固干削枝"，剥夺亲贵手中的大权，加强中央集权，对外实施"远交近攻"，扩张实力，为秦始皇消灭六国奠定基础；秦始皇的宰相李斯，本是楚国人，荀子的学生，学成后入秦，最初在吕不韦门下，因建议消灭六国、一统天下，被任为客卿，秦国统一天下之后，他又协助秦始皇统一货币、统一文字、统一度量衡、实行郡县制，成为中国大一统后的第一位宰相。

三、察举与征辟

秦朝短暂，从汉朝开始中国进入了封建集权时代，为得到大批为它效命的人才，出现了多种人才选拔方式并行的局面。当时选官办法有四种：一是"纳赀"，二是"任子"，三是"察举"，四是"征辟"。"纳赀"实质上是公开的买官卖官，即交纳一定的钱财就可以入选做官。"任子"基本上是"世卿世禄制"的延续，这一制度一直延续，形成"门荫制度"。这两种制度沿用前朝，是障碍人才选拔和任用的障碍。这两种制度靠的是钱和势，而大多数人才根本不具备这两种天然的优势。为补充这两种选拔方式的不足，汉代有所突破，采取"察举"和"征辟"的方式，招揽人才，补充了朝廷人才的不足。

所谓"察举"，就是考察推举。汉高祖刘邦开创汉朝，为巩固政权，收罗天下人才为我所用，开始采取这一制度，至汉武帝时渐渐成熟。"察举"就是由公卿、列侯和地方郡守等高级官吏通过考察把德才兼备的人推荐给朝廷，经过一定的考核，授予相应的官职。察举的科目很多，主要有孝廉（孝敬廉洁者）、秀才（才能优秀者）、明经（通晓经义者）、贤良方正（能直言极谏者）等。对于被察举的人，朝廷会提出一些治国和经义方面的问题进行考核，叫作"策问"，应举者回答朝廷提出的问题，叫作"射策"或"对策"。

所谓"征辟"，就是征召有一定名望和才能的人出来做官，皇帝征召称"征"，官府征召称"辟"。比如，东方朔就是在汉武帝征召时通过上书自荐得到武帝重用，在武帝身边，运用其幽默才智参与汉武帝时的某些决策。汉代文学家和哲学家杨雄则是由于汉成帝赏识他的文才被直接征召到宫里担任给事黄门郎（侍从皇帝、传达命令的官员）。科学家张衡也是因为声名远播，被汉安帝征召为郎中，后又升为太史令（负责天文与历史的官员）。单就"察举制"和"征辟制"而言，它确实打破了贵族阶级垄断统治的局面，与"世卿世禄制"比起来，无疑是一种进步；与"客卿制"比起来，其选拔的范围更加广泛，从而保证了两汉王朝对统治人才的需求。然而，它的弊病也"与生俱来"。一方面，重"名"，被察举和征辟的人首先是"才高名重"之人，为了被社会舆论所推崇，许多人故意修饰自己的品行，传播名声，抬高身价，有的甚至矫情造作，沽名钓誉，借此博取高官厚禄，而真才实学却往往被忽略；另一方面，负责察举之人腐败，豪门大族把持察举，为培植党羽不惜舞弊，贿赂请托，以致察举不实。因此，有谚语讽刺说"举秀才不知书，举孝廉父别居，寒素清白浊如泥，高策良将怯如鸡"。

四、九品中正制

九品中正制是继汉代察举制和征辟制之后发展起来的一种更为合理的人才选拔制度，约在东汉末年曹操家族掌政的时候萌芽。当时曹操企图剪灭群雄，一统天下，开始大胆起用各种人才，他一改汉朝过于注重品德的人才选拔制度，选人更注重"才"，"唯才是举"。曹操曾数次发布求贤令,他明确指出,即使是"不仁不孝"之人,只要是"高才异质",只要有"治国用兵之术",就可以起用他们来治国安邦。这无疑是对当时用人标准的一次有力纠正,或许有些矫枉过正,但在当时,这一指导思想给曹操带来了"猛将如云,谋臣如雨"的盛况,曹操因此迅速平定北方。曹操死后,曹丕采纳了礼部尚书陈群的建议,把曹操"唯才是举"的方针具体化、制度化,形成了九品中正制度,该制度也成了魏晋南北朝时期主要的选官制度。

九品中正制首先设置中正,这是九品中正制的关键环节。所谓中正,就是负责对某一地区人物进行品评的官员。有大小之分,州设大中正官,掌管州中数郡人物之品评,各郡则另设小中正官。中正官最初由各郡长官推举产生,晋以后,改由朝廷选授。其中郡的小中正官可由州中的大中正官推举,但仍需经朝廷任命。中正官的主要职责就是品评人物,品评的内容主要有以下三条。

（1）被品评人物的家世,即家庭出身和背景,指父祖辈的资历仕宦情况和爵位高低等,这些是中正官必须详细掌握的。

（2）行状,即个人品行才能的总评,相当于现在的品德评语。

（3）定品,即确定品级。初期定品,原则上依据行状,家世只作为参考,晋代以后完全以家世来定品级。所谓"品",就是综合士人德才、门第（家世官位高低）所评定的等级,共分为上上、上中、上下、中上、中中、中下、下上、下中、下下九品,但类别却只有上品、中品和下品（二品至三品为上品；一品为虚设,无人能达到；四品至五品为中品；五至九品为下品）三类。

九品中正制的初期,确实包含了"唯才是举"的精神,但由于中正官大多由享有政治和经济特权的豪门大族人士担任,于是品评的标准逐步转向由家世（门第高下）来决定,豪门大族把持了人才选拔的大权,渐渐形成魏晋时期的"门阀制度",出现了"上品无寒门,下品无士族"的腐败现象。

五、科举制

科举制是中国历史上持续时间最久、影响最大的一种人才选拔机制,这是中国人才选拔史上的一个创举。它从公元7世纪的隋代诞生到20世纪初的清朝末年废止,中间经过不断的改进和完善,前后延续了一千多年。科举制的最大特点就是彻底否定了以门第和出身作为选拔标准的特权制度,评价标准相对更加公开、公平、公正,为当时社会精英提供了一个施展自己才能的平台,为阶级的流动提供了一条有效的途径,使成百上千的中小地主阶级甚至平民阶层的子弟有机会进入治国行列,这就为国家的发展增添了新的力量,一举超越以前的客卿制、察举制、九品中正制等变得更加进步和科学。当然,它也存在某些弊端。比如,应试内容过分单一,科举制是以儒家经典为基本应试科目,这明显地禁锢了人们的思想,广大考生为了功名利禄,出人头地,皓首穷经。而非儒学的自然科学理论、制造技术和工艺,却被视为"旁门左道""不务正业"和"淫巧之技",这造成中国社会长期因循守旧、思想停滞不前。同时,落后刻板的考试内容和模式也束缚了人们的头脑,特别是明清以来以"八股文"取士,造成士子"千人一面"的格局,集体缺乏经世致用之能。这也使中国的教育陷入了一种病态的畸形发展之中,为求功名,士子们"万般皆下品,唯有读书高",死读书、读死书、读书死的状况愈演愈烈。在这种毫无创造性和独立性的教育下,社会的整体进步根本无从谈起。这样的畸形发展造成中国整体士大夫阶层死气沉沉,毫无生气,自命不凡,奴性十足。清光绪三十一年(1905年),科举制终于走到了尽头,终结了它1300余年的生命。

第三节 传统文化中的人力资源管理思想对现代管理的启示

21世纪的今天,随着知识经济时代的到来,全球经济结构发生了重大调整,就业结构产生了深刻变化,国与国之间的竞争最后都落实到人才的竞争上。面对这样的局势,中国人力资源管理状况已经不适应经济发展的需求,亟待进行改革。一方面,要采用西方先进的人力资源管理措施和手段,尊重人才的各方面需求,采取先进的激励措施。另一方面,要立足本土文化,从中国传统文化中汲取养分,如儒家、墨家、法家、道家、兵家等著作和论述中就蕴含了大量人力资源管理方面的思想,至今仍具有现实的指导意义。

一、性之善恶

人性假设是管理的基础。人性认识的差异会带来管理方式和方法的不同。孟子的"性善说"认为人的天性本是善良的,恶不是天性,而那些不善的行为之所以会出现不过是后天各种因素的诱导,把原本的善良天性掩盖了起来,人们应努力把这份善良的天性挖掘出来。因此,孟子注重人自身修养和对人的教育,其"仁政"的管理思想正是建立在性善论基础之上的。另一位儒学大师荀子则认为,"人之性恶,其善者伪也"。而且他认为人性之所以恶的根本原因是人的欲望,"人生而有欲,欲而不得,则不能无求;求而无度量分界,则不能无争;争则乱,乱则穷"。和他相似的是法家代表人物韩非,他认为"人性好利恶害"。因为社会是一个为财利而运转的社会,人与人之间必然具有"自私利己"之心,那社会生活的方方面面都会充斥着互为利用、尔虞我诈的现实,所以必须以严刑酷法维持法度。

通过比较,我们发现,东方管理思想中"性善""性恶"的假设与西方管理学大师麦格雷戈的X理论和Y理论有几分相似。麦格雷戈把传统的管理理论及其人性假设称之为X理论,X理论认为,人是天生厌恶工作的。因此,必须对大多数人实行强制的监督指挥,并以惩罚作为威胁,迫使人们为实现组织目标而努力。麦格雷戈对传统人性假设持否定态度，并针对X理论存在的问题提出了新理论，称为Y理论。Y理论认为，人天生并非厌恶工作，并且在工作中消耗的体力和智力就像游戏或休息一样自然。人们在自我实现的工作中能够发挥主观能动性，自我指挥和自我控制，而外部控制和惩罚只是迫使人们努力实现组织目标的过程中协同到一起。只要管理方法适当，人不仅能够学会担当，甚至会主动承担责任，而逃避责任、缺乏进取心、强调安全感一般只是原始社会不安全的经验结果。

正因为对人性的认识有如此大偏差，造成管理上的人本主义和行为主义的两种观点，现在人们观点趋于中和，在管理中既要认识到人的善，也要认识到人的恶。只有充分认识和把握人性的善恶，根据人性的特点来进行管理，才能让管理既注重效益，又注重组织成员的感受。人性论为人力资源管理者认识人性，采取正确的管理方法提供了理论依据。现代管理应顺应人性特点，采用鼓励、教育、奖赏、创造工作环境等柔性管理方法，以充分发展和发挥人的智慧和潜能，调动人的积极性、主动性和创造性；同时要严格制度、奖勤罚懒、明确责任，以限制人在组织中的行为，正确使用权力，提出合理诉求。

二、唯才是举

中国式管理提倡"人治"，认为选用人才的"德"与"才"直接关系到国家的兴亡和地方的治理。所以，人才选用需要慎之又慎。

挑选人才，首先需要宽严结合。明代学者黄宗羲"古之取士也宽，其用士严，今之取士也严，其用士也宽"，结果导致了"严于取，则豪杰之老死丘壑者矣；宽于用，此在位者不得其人也"，其中蕴含着"量才而用人，宽取严用"的管理思想。士子一旦登科，即能入朝为官，而且基本是终身任用，这极易形成官僚体制，增加管理的成本和难度。黄宗羲的思想即使在当下也极具现实意义。

在用人标准方面，韩非认为应坚持"内举不避亲，外举不避仇"的"任人唯贤"原则，坚决反对儒家从贵族世家和仁德儒士中选择人才的做法，主张"官袭第而进，以至大任，智也"。即选拔高级官吏必须有基层实际工作经验，按政绩来提拔重用，才能做到"愚者不任事，智者不敢欺"。韩非的观点体现了现代招聘中能力导向的思想，即以实际工作能力为重点考察的对象，能以学历、出身作为评判人员素质的主要依据。

在如何识别人才方面，韩非认为不能以身世、言谈和相貌取人，而应以法度为标准，察言观行，全面考察。在观察人时，不能仅凭外部表象和华丽的言辞便妄下断语，即"不以言举人，不以人废言"，而必须做到"听其言而观其行"，准确地把握人的德能勤绩。在《六韬·龙韬·选将》中列举了八种观察人的方法，对我们当代的管理者具有一定的启迪意义："一曰问之以言以观其详，二曰穷之以辞以观察其变，三曰与之间以观其诚，四曰明白显问以观其德，五曰使之以财以观其廉，六曰试之以色以观其贞，七曰告之以难以观其勇，八曰醉之以酒以观其态。"由于观察者个人的素质、好恶和所站的角度的限制,所以在观察同一种现象时往往会得出完全不同的结论。因此,还必须与周密的调查相结合。调查法就是在广泛听取周围群众意见之后再下结论,考虑给予相应的职位的一种方法,它比观察法更为主动和积极一些。孟子对调查法提出了缜密的调查路线:"左右皆曰贤,未可也;诸大夫皆曰贤,未可也;国人皆曰贤然后察之,见贤焉,然后用之。左右皆曰不可勿听,诸大夫皆曰不可勿听,国人皆曰不可,然后察,见不可焉,然后去之①。"可见,古代的人才选用思想是非常谨慎的,经过大量调查和细致观察,力求准确公正,避免偏差。

三、富贵敬誉

提高管理绩效的关键之一在于运用适当的激励方法,充分调动人的主动性和积极性,进行创造性的工作。激励又可分为正向激励和负向激励,正向激励即奖励,负向激励即惩罚。奖惩作为一种有效的管理手段,很早以前就已经为古代的学者所重视。《荀子·富国》中提出:"赏不行,则贤者不可得而进也;罚不利,则不肖者不得而退也。"韩非从"好利恶害"的人性假设出发,主张以实际政绩作为任用考核官吏的标准,对有功者赏,有罪者诛。"贤材者处厚禄、任大官,功大者有尊爵、受厚赏,官贤者量其能,赋禄者称其功。是以贤者不诬能以事其主,有功者乐进其业,故事成功立②"。如何进行激励,荀子提出了"赏不欲僭,刑不欲滥。赏僭则利及小人,刑滥则害及君子"的奖惩原则③,即管理者在运用以利益为基础的奖惩管理手段时,奖赏面要控制在一个适度的范围内,太广太多,只会让一些投机取巧的人从中得利,奖赏所具有的激励作用就会丧失。同理,过于轻率地滥用惩罚手段,可能会使那些正直的人受到危害,而对于管理秩序真正有危害的那些人来说,惩罚就丧失了它应有的威慑作用。另外,发挥赏罚的激励作用,还要做到公正严明。

重视精神激励和情感,并不意味着忽视物质利益。墨子说:"古者明王圣人,所以王天下、正诸侯者,彼其爱民谨忠,利民谨厚。忠信相连,又示之以利。是以终身不餍,殁世而不倦④。"成功的统治者非常清楚,民心向背,不仅要依靠一定的政治信念,还要有相当的利益驱动才行。关于如何留住并激励人才,墨子提出了四种基本手段,即"富之,贵之,敬之,誉之"⑤。墨子所提出的激励手段与两千多年以后的马斯洛需求层次理论有许多共通之处,尽管它无法严格地与马斯洛所提出的5个需求层次(生理的需求、安全的需求、感情和归属的需求、地位和受人尊重的需求、自我实现的需求)建立直接的一一对应关系,但它所体现出来的激励思想,即激励手段应形式多样,且应因地

---

① 孟子.孟子[M].段雪莲,陈玉潇,译.北京:北京联合出版有限责任公司,2015.
② 韩非子.韩非子[M].高华平,王齐洲,张三夕,译注.北京:中华书局,2015.
③ 荀子.荀子[M].方勇,等,译注.北京:中华书局,2011.
④ 梁奇.墨子译注[M].上海:上海三联书店,2014.
⑤ 同④。

制宜、因时制宜地运用。同时，需要组合运用不同的激励手段，对于企业管理者具有直接的参考价值。

（一）富之

为了确保企业长期、稳定的发展，企业家们需要具备一种长远的眼光，任何企业都不是靠一个人就能支撑下来的，而是要全体员工共同努力。所以，企业家在面对利润的时候，应具备一定的分享意识，拿出一部分利润提高福利或补助家庭特殊困难的员工，使员工具备更多继续服务的动力。道理很简单：惠足以使人，只有让员工得到实惠，才能充分调动他们的积极性[①]。员工与企业是一个命运共同体，把市场做大，是企业价值实现的体现。让员工富足，则是让员工发自内心地勤奋工作，这样不仅工作效率高，而且能很好地聚集人心，即使企业遇到困难，员工都能不离不弃，与企业共度时艰。

如果企业家刻薄寡恩，只顾自身享受，不顾员工死活，虽然员工一时无奈在企业工作，也是人心离散。一个企业没有忠诚的员工，比没有忠诚的客户还要严重。员工持股、年终分红、职业年金等鼓励措施，能有效地提高员工对企业的忠诚度。从本质上而言，"富之"是企业家以一定程度地放弃自己的部分短期利益为代价，为自己赢得更多的长期利益。

（二）贵之

"贵之"关注的是员工地位和受人尊重的需求，也就是说，管理层对员工是否给予足够的尊重，企业内部是否建立公平合理的考核机制，职位的升迁任免是否公平，员工的升迁机会是否足够多，基层意见是否能够采纳，等等。

如果员工动辄得咎，经常被辱骂，人格得不到尊重，根本不可能为企业献计献策，尽心尽力。"贵之"首先体现既要有上下级之分，但不存在人格上的不平等。其次，宽严得当，对待纪律涣散者要批判教育甚至处罚，但也要了解背后的原因，多关心下属的生活，了解其真实情况，若确有原因，可以宽容以待。最后，让有能力者上，无能力者下，不表彰投机取巧，不让兢兢业业者寒心，奖励及时到位，让有能力的员工在经济上和职务上得到相应的提升和增长。

燕昭王是战国时期燕国的君主，他即位之初，由于内乱外患，燕国国力衰弱。于是，决心招揽治国的人才，让燕国强大起来，击败乘人之危、攻占燕国的齐国。燕昭王找老臣郭隗出主意，郭隗告诉燕昭王，必须放下国君的架子，虚心求教，以贤者为师、为友、为臣，对国内的贤人亲自登门拜访，天下的贤人就会不召自来。燕昭王忙问："那应当先拜访谁呢？"郭隗没有直接回答他的问题，而是给燕昭王讲了一个千里马的故事：古时候，有一位国君，想用1000金求购千里马，但3年也没有买到。宫中有

---

① 杨伯峻.论语译注[M].北京：中华书局，2017.

个近侍自告奋勇去为国君买马，3个月后，他终于找到千里马，可惜那匹马已经死了，他用500金买回那匹马的骨头，回来向国君复命。国君怒斥他道："我要的是活马，死马有何用？岂不白白扔掉500金？"近侍胸有成竹地对国君说："死马尚且肯花500金，更何况活马呢？很快就会有人将千里马送来。"没过1年，就有人送来3匹千里马。故事讲完，郭隗对燕昭王说道："如果大王真想广罗人才，请先从我开始吧。一个老臣尚能被重用，何况那些远胜我的人呢？"于是，燕昭王专门为郭隗修建豪宅，并拜他为老师。消息一传开，贤人们纷纷从其他国家投奔燕国而来。当燕国殷实富足、国力强盛之后，燕昭王拜从魏国投奔而来的乐毅为上将军，联合秦、楚、赵、魏、韩攻打齐国，大败齐军，终于得报大仇，燕国也达到鼎盛时期。

（三）敬之

"敬之"关注的是员工感情和归属的需求。企业管理层在处理企业与员工的关系时，如果能恰如其分地将情感因素融入其中，就能够大大缩小与员工的心理距离，增强员工对企业的归属感。因为企业家拥有企业的经营权，所以员工很容易产生畏惧的心理。当企业家放下身段，与员工平等对话，会大大提升员工对企业的信心，也容易打破官僚体系，营造互相尊重的企业氛围也是很多企业的成功之道。在通用电气等西方大型公司，从最高领导到各级主管都实行"门户开放"政策，欢迎员工随时进入他们的办公室反映情况。为了使公司更像一个和睦、奋进的大家庭，从上到下都直呼其名，无尊卑之分，大家互相尊重，彼此信赖，人与人之间的关系十分融洽、亲切。

（四）誉之

"誉之"关注的是适时给予员工荣誉感，激发员工自我实现的需求。尤其是随着知识经济时代的到来，许多知识型员工追求对工作有更多的主动权，希望自己的工作具有挑战性，希望在做出工作成绩的同时实现自己的价值。因此，满足员工个人荣誉和自我实现的需要，为员工提供更多的发展机会，让他们觉得"英雄有用武之地"，能够达到事半功倍的激励效果。

目前存在一种倾向，一些企业单纯依赖"富之"这一激励手段，而且主要是一些短期的物质激励手段，但激励效果并不理想，员工流失率很高。鉴于此，有必要运用各种"誉之"的手段。在现代环境下，不是要不要"誉之"的问题，而是如何有效"誉之"的问题，即如何开创性地建立令员工青睐的荣誉体系，并让员工愿意为之而努力奋斗。

【案例】

任正非用人"四砍":"砍掉"高层的手脚、中层的屁股、基层的脑袋、全身的赘肉[①]

提到华为的团队合作,很多人会用狼来形容华为团队协作的精神。要知道,华为员工都是高级知识分子,如何让一群聪明人围绕既定目标相互包容、相互信任、相互协作,而不是相互猜忌、相互计较、相互拉扯,这需要头狼(任正非)有卓越的领导能力。其中有什么秘诀?根据笔者在华为工作期间的观察和亲身体会,结合任正非的内部讲话,笔者总结认为所谓的华为狼性团队合作文化,是任正非用大刀"砍"出来,是通过一套简单的规则约束出来的。

1. 一砍:"砍掉"高层的手和脚

任正非强调高级干部要"砍掉"他们的手和脚,只留下脑袋用来仰望星空、洞察市场、规划战略、运筹帷幄。高层干部不能习惯性地扎到事务性的工作中去,关键是要指挥好团队作战,而不是自己卷着袖子和裤脚,下地埋头干活。任正非要"砍掉"他们的手和脚,就是要他们头脑勤快,而不要用手脚的勤快掩盖思想上的懒惰。高层干部就是确保公司做正确的事情,要保证进攻的方向是对的,要确保进攻的节奏是稳妥的,要协调好作战的资源是最优的。笔者走访国内一些企业,发现总经理做总监的事,总监在做经理的事,经理在做员工的事,员工在谈论国家大事。

2. 二砍:"砍掉"中层的屁股

华为公司中层干部承上启下,至关重要。任正非曾经大声疾呼,华为公司要强大,必须强腰壮腿,中层就是"腰",基层就是腿,腰是中枢。"砍掉"中层干部的屁股,在华为有三层含义。

首先,"砍掉"中层干部屁股就是要打破部门本位主义,不能屁股决定脑袋,每个中层干部不能各人自扫门前雪,只从本部门利益出发开展工作。坚决反对不考虑全局利益的局部优化,没有全局观的干部主持工作。

其次,"砍掉"中层干部屁股,就是要走出办公室,下现场和市场,实行走动管理,答案在现场,现场有神灵。中层干部不能坐在办公室里面打打电话,听听汇报,看看"奏折",而要将指挥所建在听得见炮声的地方,要亲赴一线指挥作战。任正非本人也经常下一线,巡回督战。据说,任正非曾经给华为某些干部送皮鞋,不满某些华为干部不愿下现场和一线,讥笑他们吝惜自己的皮鞋,于是就送皮鞋给他们,年底评价这些干部的依据就是看谁的鞋底磨得快(这招够狠)。

最后,"砍掉"中层干部屁股,就是要让干部的眼睛盯着客户和市场,屁股对着老

[①] http://mp.weixin.qq.com/s/HaKwIRube6Ysl9-8Mzn1bw.

板，而不是眼睛盯着老板，揣摩"圣意"，屁股对着客户，不理不睬。华为的核心价值观就是始终坚持以客户为中心，快速响应客户需求。凡是屁股对着客户的干部，要坚决砍掉他的屁股，让他下台。

3. 三砍："砍掉"基层的脑袋

华为公司的员工都是高级秀才，如何把这些清高的"秀才"改造成能征善战的"兵"。任正非可是煞费苦心，在各种场合强调要服从组织纪律，建设流程化组织，建立业务规则。基层员工，不管你是硕士，还是博士，必须遵守公司的流程制度和规则。他在致新员工的一封信中明确指出，华为反对基层员工在不了解情况时，就给公司写个万言书，对公司发展激昂陈词，指点江山。基层员工必须按照流程要求，把事情简单高效做正确，不需要自作主张、随性发挥，因此要砍掉他们的脑袋。

华为公司的高层干部要有决断力，中层要有理解力，基层要有执行力，唯有坚定不移地"砍掉"各自多余的脑和手脚，减少冲突，各谋其位，各司其职，才能形成攻无不克、战无不胜的狼性团队。

4. 四砍："砍掉"全身的赘肉

最后，任正非管人用人还有关键一砍，没有这一砍，前面三砍就是白砍，没有这一砍，就没有整个组织的"脑袋""屁股""手脚"的协同，没有这一砍，貌似强大的组织也只是虚胖，没有这一砍，即使成长为恐龙也难以逃脱物竞天择的命运。这一砍是任正非管人用人的最低也是最高要求，就是要砍掉员工的"惰怠"，砍掉一身营养过剩的"赘肉"。

首先，就是要砍掉不劳而获的幻想。任正非在致新员工的信中明确指出"进入华为并不就意味着高待遇，公司是以贡献定报酬，凭责任定待遇的，对新来员工，因为没有记录，晋升较慢，为此，我们十分歉意"。要想取得成功，得到认可，任正非明确要求"希望您丢掉速成的幻想，学习日本人的踏踏实实，德国人的一丝不苟的敬业精神，您想提高效益、待遇，只有把精力集中在一个有限的工作面上，才能熟能生巧，取得成功"。华为公司旗帜鲜明地提出以奋斗者为本的核心价值观就是要坚定不移地砍掉员工的"惰怠"。公司将员工区分为奋斗者和劳动者，将晋升、薪酬、奖金、配股、成长机会等利益分配向奋斗者大幅倾斜，让奋斗者得到合理的回报。通过绩效和劳动态度的评价，实行差别考核的强制分布，将不愿意奋斗的员工逐步淘汰。

其次，就是要砍掉居功自满的思想。华为公司从一个名不见经传的民营企业，发展成为如今排名129名的世界500强企业，是华为全体员工奋斗的结果。公司硕果累累，员工钱包鼓鼓，大批员工不用为"五斗米"而奋斗了。躺在功劳簿上歇一歇的思想开始蔓延。公司以往的配股分红机制，也导致坐车的人多、拉车的人少。如何持续激发小富即安的员工斗志，成为华为前进道路上最大的障碍。任正非在内部讲话时强调"我们要不断激活我们的队伍，防止"熵死"。我们绝不允许出现组织"黑洞"，这个黑洞就是惰怠，不能让它吞噬了我们的光和热，吞噬了活力"。

最后，就是砍掉封闭狭隘的理想。华为倡导艰苦奋斗的核心价值观，不仅是行为上的艰苦奋斗，更重要的是思想上的艰苦奋斗，具体讲有三层含义。

其一，要有工匠精神，要时刻思考，工作是否可以再改善再优化，今天与昨天比是否有进步，与标杆公司的差距是否在缩小。时刻保持危机感，面对成绩保持清醒头脑，不骄不躁。

其二，就是自我批评的精神，这也是华为核心价值观之一。华为在《华为人报》《管理优化报》及公司文件和大会上，不断地公开自己的不足，披露自己的错误，勇于自我批判，丢掉面子，丢掉错误，不断进取。故步自封，拒绝批评，忸忸怩怩，终将走向失败，走向死亡。公司董事会成员都是架着大炮"炮轰华为"；中高层干部都在发表《我们眼中的管理问题》，厚厚一大摞心得，每一篇的发表任正非都会亲自审阅；员工也可以在心声社区上发表批评，如某员工发表《华为，你将被谁抛弃——华为十大内耗问题浅析》的文章，就曾反响强烈，任正非要求管理干部学习并输出心得。

其三，就是要在思想上保持开放、妥协和灰度，破除封闭的、僵化的、狭隘的思想。在内部管理上，公司提倡部分高级干部要走"之"字形跨部门轮岗发展的路径，提倡部门间要"掺沙子"，将最贴近一线的干部掺到中后台部门任正职，以此打破思想上的部门墙，拉通流程，高效运行。在适应外部发展上，任正非强调华为要开放地吸取"宇宙"能量。加强与全世界科学家的对话与合作，支持同方向科学家的研究，积极地参加各种国际产业与标准组织、各种学术讨论，多与能人喝咖啡，从思想的火花中感知发展方向。以此破除狭隘的华为自豪感、狭隘的自我品牌意识，拥抱先进文化，融入世界。力改"竞争对手"的称呼为"友商"，努力促成既竞争又合作的良性商业生态环境。

"思想这个阵地，你不占领，别人就会占领"，如何团结华为20多万名知识分子，持续艰苦奋斗，光砍掉高层的"手脚"、中层的"屁股"、基层的"脑袋"，未必能组织团队形成有效的战斗力，必须还要砍掉员工惰怠的思想，消除满肚子、满脑子的"赘肉"，才能让20多万的华为员工凝聚成"会跳舞的"企业巨人，巍然挺拔，屹立不倒。

【复习与思考】

1. 人力资源管理的定义是什么？人力资源管理的特征是什么？
2. 中国古代人力资源管理经历了哪几个阶段？
3. 谈谈你对"性善"和"性恶"的看法，如何结合"性善"和"性恶"强化人力资源管理？
4. 谈谈你对"富贵敬誉"的看法。

第十一章

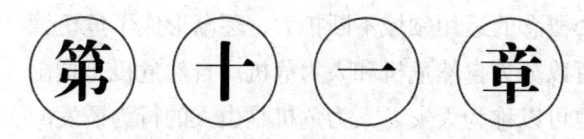

传统文化与危机管理

【本章导读】

本章首先对危机管理进行了概述，然后对中国古代危机管理的制度进行了梳理，最后详细地论述了中国危机管理思想对现代管理的启示。危机管理并非仅仅指危机爆发时的管理，而是贯穿日常管理的方方面面。虽然危机的爆发无法预知，但可以预防，亦可以模拟预警。危机管理是以缜密的思维力、精准的判断力及强大的执行力将危机化解，即使不能转危为安，也能将危机所造成的破坏控制在最小范围内。随着科技的发展，现代的危机管理比古代已经更系统、更及时、更高效，但其中福祸所依、未雨绸缪、临事而静等思想对今天的危机管理亦有启发作用。

【学习目标】

了解危机管理思想与中国古代危机管理的基本情况，思考中国古代危机管理思想对现代危机管理的启示，使其在管理中发挥更大的积极作用。

第一节 危机管理的概述

一、危机与危机管理

危机的概念起源于希腊语，最早运用在医学领域，用来表示医学上一些至关重要的、需要立即做出决断的状况。到了18—19世纪,危机的概念被引入政治领域,表明政府或政治体制的紧急状态。后来,这个概念的运用领域不断扩大,逐渐形成了危机管理的概念。按诱发危机的原因来划分,可以分为自然危机和人为危机。自然危机是指由自然界中的不可抗力直接引发的危机,也可以称为天灾。人为危机是由人的行为诱发的危机,也可以称为人祸,它是由于人类不理智、不合理的生产方式、生活方式或行为方式而引发的危机,或由于疏忽大意而发生意外事故而造成的危机。例如,战争、恐怖袭击、社会动乱、重大生产事故、宗教冲突、民族冲突、水资源污染、能源短缺、核泄漏等。由于危机具有隐秘性、突发性、危害性、急迫性、关注性、复杂性和不确定性等特点,所以对危机的管理相对其他常态管理而言,更加考验管理者的水平。

危机管理是政府或其他社会组织通过监测、预警、预控、预防、应急处理、评估、恢复等措施,防止可能发生的危机,处理已经发生的危机,达到减轻损失,甚至将危险转化为机会,以保护公民的人身和财产安全,维护社会和国家安全。无论是政府危机管理还是企业危机管理,危机管理都是一个时间序列,其管理工作可以分成三个大的阶段:一是危机发生前的事前管理,主要是预防与预警;二是危机发生时的事中管理,主要是以积极的态度,采取及时有效的得力措施,将危机事态控制在最小范围内,并努力减少其破坏性,使社会或组织系统恢复正常;三是危机的事后管理,主要是对危机处理工作进行总结分析并改进之后的工作。因此,危机管理的目的在于减少乃至消除危机可能带来的危害,保持或恢复社会组织系统的正常运转。

二、危机管理的原则

(一)预防为主的原则

危机管理是危机事件的全程管理,全程的开端不是危机发生的那一刻,而是在危机发生前,即危机的事前管理开始,以各种措施和手段预先防患,有备无患。危机管理的最佳状态是努力将引发危机的各种隐患消灭在萌芽状态,甚至阻止危机的发生。危机的事前管理是一种常态管理,是在危机没有发生的情况下,控制危机的产生因素,这种事前管理花费最少、效果最佳。

(二)统一指挥原则

危机爆发后,出现混乱在所难免,明确选出一位合适的领导人,专门负责应对危机的全面工作。统一指挥、组织协调是控制混乱、化解矛盾的关键,所以,在危机出现后,应避免多头管理或无人管理,这样不仅于危机的化解不利,而且可能加重危机的严重程度。此外,对外的沟通和联系也需要统一指挥。在信息化发达的当下,危机爆发,谣言四起,更需要通过一个声音、一个口径认真负责任地对外通报危机的处理情况,避免引发更多因为信息不对称而带来的不信任和动荡局面。

（三）快速反应原则

很多危机发生时是没有预兆的，但危机一旦爆发却会在顷刻间对人们的生命和财产带来严重损失，甚至是整个组织系统瘫痪。所以，跟危机抢时间，对危机的发生以最快的速度进行控制，能最大限度地挽回损失、提高救援效果。在危机爆发前所做的所有准备，都在此时得到最好的检验，以最快的速度设立危机管理机构，迅速调动人力、财力和物力来实施救助行动。

（四）公共利益至上原则

危机管理的难点在于平衡各方的利益，危机一旦爆发，会直接或间接地威胁到个人、企业、部门等各方面的利益，在这些利益之上是公共利益。政府或组织在处理危机的时候，应更多地从全局出发，统一各方面利益，在无法照顾所有人利益的时候，公共利益应当居于首位。这一原则是处理危机时必须坚持的，也是解决危机唯一正确的方式。

（五）主动面对原则

当危机发生，如何挽救损失是政府和组织应积极面对的，而非推诿责任、明哲保身。积极主动地进行危机处理，主动承担责任，采取有力措施挽救危机，主动配合媒体采访，主动向公众通报危机实情，帮助公众克服恐慌，凝聚人心，集合更多力量减少危机的危害和损失。

（六）透明度原则

当危机爆发后，公众对危机拥有知情权，最无法忍受的是危机管理部门故意隐瞒事实真相，不沟通、不表态，让公众无法及时了解真相。这种对公众知情权的侵犯会招致公众的愤怒和反感，同时容易造成谣言泛滥，人心惶惶，甚至社会动荡。所以，对危机的管理应采取透明的态度，实事求是地通报危机的真实情况，扫除猜忌和误会，公开坦诚地面对公众的质疑，保持真实和诚信的形象，这将对危机的处理起到事半功倍的效果。

（七）灵活性原则

引发危机的因素很多，解决时既要吸取前人经验，更应该具体问题具体分析，要有针对性的措施，这要求决策者果断、灵活地处理突发事件。在危机爆发的时候，沉着冷静地分析问题，找到突破口，迅速制订解决方案，投入人力物力，并根据事态的发展，采取应对措施。这是解决问题的态度，也是危机管理的艺术。

由于引发危机的因素很多，危机造成的危害也多种多样，因此，在进行危机管理时必须遵循灵活性原则，具体情况具体分析，不能教条照搬以往的做法，要有针对性地采取措施。这正是危机管理艺术性的体现，也是对管理者处理突发事件能力的一个考验。特别是在危机的爆发阶段，由于形势严峻、局势较混乱，在时间紧迫的情况下，更需要决策者能冷静、果断、灵活地应对危机。

（八）善始善终原则

危机的产生有的并非随机事件，有些危机的出现会有严重的社会根源，所以不能"头疼医头脚疼医脚"，治标不治本，那将引发危机的再次出现或危机更大规模地爆发，这种传递性会造成更大的伤害。所以寻找原因、跟踪管理、全程关注，随时做好各种善后工作，危机善后工作的好坏直接影响到政府或组织在公众心目中的地位。

三、危机管理的模式

（一）奥古斯丁的六阶段模式

奥古斯丁将危机管理划分为六个阶段，针对不同的阶段提出了具体的管理建议。

1. 第一阶段：危机的避免

危机的避免即预防危机发生，然而许多人往往忽视了这一既简便又经济的办法。在这一阶段，管理者必须竭力减少风险，对于无法避免的风险，必须建立恰当的保障机制。

2. 第二阶段：危机的准备

预防工作一旦失效，组织需要随时做好准备，包括建立危机处理中心、制订应急计划、事先选定危机处理小组成员、提供完备和充足的通信设施、建立重要的关系等。在为危机做准备时，需要留心那些细微的地方，忽略它们任何一方面的代价都将是高昂的。

3. 第三阶段：危机的确认

通过收集各种有效的信息，尽快地识别危机，这是有效控制和解决危机的前提。确认危机已经发生，力图找出危机的根源。在寻找危机发生的信息时，需要尽可能倾听各种不同公众的看法，也可以寻求外部专家的帮助。

4. 第四阶段：危机的控制

根据危机的不同情况，确定控制工作的优先次序，尽快将危机所造成的损失控制在最小的程度之内。在这一阶段，条理性和组织性是最重要的。

5. 第五阶段：危机的解决

根据危机发生的原因，实施针对性强的危机解决对策。危机不等人，需要果决的决策和坚决的执行。在这一阶段，速度至关重要。

6. 第六阶段：从危机中获利

危机管理的这一最后阶段就是总结经验教训。如果在危机管理的前五个阶段做得较好，第六阶段就可以提供一个至少能弥补部分损失和纠正错误的机会，同时也取得了避免类似事件发生的经验。

（二）罗伯特·希思的4R模式

罗伯特·希思将危机管理过程概括为4R模式，即危机管理可以划分为缩减（Reduction）、预备（Readiness）、反应（Response）、恢复（Recovery）4个阶段。有效危机管理是对4R模式所有方面的整合。

1. 缩减阶段

在缩减阶段，主要任务是预防危机的发生和减少危机发生后的冲击程度。对任何有效的危机管理而言，缩减是其核心，因为在缩减阶段危机较易控制、花费也最小，只要对各种细小的变化多加注意，防微杜渐，就可以防止一些危机的发生。促进管理、增强沟通等皆可以在不知不觉中降低危机发生的可能性。

2. 预备阶段

当火灾发生之后才去学习灭火器的使用方法显然已经太迟了。在危机发生之前，就必须做好响应和恢复计划，对员工进行技能培训和模拟演习，保证这些计划深入人心并落到实处，其目的是一旦危机发生，可以使损失最小化，并尽快恢复到常态。

3. 反应阶段

在危机爆发之后，需要及时出击，在尽可能短的时间内遏制危机发展的势头，运用各种资源和管理方法解决危机，防止事态的进一步恶化。

4. 恢复阶段

通常在经历过危机之后，人和物都会受到不同程度的冲击和影响。危机情境一旦得到控制，应着手致力于恢复工作，还应就危机处理过程中反映出来的问题对危机管理工作进行改进，对危机管理计划进行修订。

（三）米特罗夫和皮尔森的五阶段模式

美国的米特罗夫和皮尔森提出了一个五阶段的危机管理模式。

（1）信号侦测阶段：识别危机发生的预警信号。

（2）准备及预防阶段：对可能发生的危机做好准备并尽力减少潜在损害。

（3）损失控制阶段：在危机发生之后，努力使危机不影响组织的其他部分或外部环境。

（4）恢复阶段：尽快从危机的伤害中恢复过来，实现正常运转。

（5）学习阶段：从危机处理的整个过程中，汲取避免危机再次发生的经验教训。即便危机再次发生，也能提高危机处理的效率。

第二节 中国古代危机管理的概况

翻阅历史文献会发现,危机总是猝不及防地爆发,这些突发的危机关系到王朝的统治和稳定,也考验着皇帝和各级官吏的管理能力。历史悠长,各种危机处理之后的经验逐渐总结为制度,为危机的处理提供了制度保障。

一、灾情奏报制度

灾情奏报制度始于秦汉时期,至明清时期已发展得相当完备了。灾情奏报的及时与否直接关系减灾抗灾的成效,因此历代王朝对灾情奏报工作非常重视。秦汉时明令地方要及时上报雨泽。汉代继承秦的雨泽报告制度,在中央政府设立了专门的灾害测报机构太史院,负责管理灾害信息收集工作。《后汉书·礼仪志》中写道:"自立春至立夏尽立秋,郡国上雨泽。"在唐代,在各州县设有知院官,每旬、每月要将所在地的农业生产及气候变化情况及时汇报。至清代,作为地方政府的重要职能,各地州县官均负有报告雨水、粮价、收成的责任,定期或不定期地将辖区内自然气候状况、粮食价格的变化、农业收成的情况逐级上报至京城。由于上述奏报完全依托于地方行政管理体系,因此它具有信息来源广泛、地域覆盖面宽的特点,而且信息的搜集与传递得以规范和制度化。在具体的实施之中,雨水、粮价、收成的奏报分为两种类型:一是临事奏报,临事奏报是针对突然发生的事态或某些特殊时期的情况的紧急奏报,此类奏报要求不拘时间地点,遇事随时急报,不准延误。二是按期例报,即常规奏报,不论地方自然气候、农业生产、粮食价格是否异常,均在规定的时间内,如实报告相关情况。粮价、雨水的奏报,一般是一月一报,本月雨水、粮价于次月入奏,无特殊情况,奏报时间不准延误。粮食收成的奏报分为两种:其一为预报,农作物正处于成长期,根据生长情况,对其产量进行估算并奏报。其二为实报,粮食收获后,将实际收成情况进行报告。正所谓"向来各省田禾夏收秋收分数,多有先奏约收,复于一、二月后题报实收者"[①],可见清朝政府对灾情奏报的重视。

二、灾情勘验制度

灾情勘验制度在西周时已经开始实行,即在灾荒赈救前政府要派人进行灾情勘验,以灾情勘验的结果作为赈济方式和规模的依据,战国李悝提出平籴法,对灾年的等级进行细致划分,确立了大饥、中饥、小饥三级灾情评估准则。东汉后这一制度已经比较规范,三国以后各个朝代基本按此实施。明清时期,一旦发生灾荒,各地政府必须迅速而

---

① 华文书局. 清仁宗实录[M]. 台北:华文书局,1985.

及时地"报荒""勘灾"。政府再以灾情轻重，确定缓征或减免租赋，灾情较大时，政府还需拿出府库或截留漕米作赈济之用。

三、应急处理

在灾荒发生后，国家要及时地将储备粮发送灾民手中，以维持灾区人民的生计。根据《礼记·月令》载："季春之月，天子布德行惠，命有司发仓廪，赐贫穷，赈乏绝。"古代的赈济主要是赈谷、赈钱、赈粥和以工代赈，赈谷又是最为常见的一种赈济方式。

先秦时期，赈谷基本使用国家粮仓积存的粟谷。到战国时期，逐渐形成了三种主要的赈济方式。一是请粟邻国。在战国时期历史上，邻国饥馑，相输以粮以帮助受灾的国家解除饥荒的例子不少。秦穆公十三年（公元前647年），晋国发生饥荒，秦"输粮於晋"。秦穆公十五年（公元前645年），晋国又发生饥荒，秦依然慷慨地"又气之粟"。二是"驰苑囿"，让民谋食。苑囿是统治阶级狩猎游玩的地方，是不允许平民百姓进入的场所。《韩非子·外储说右下》记载，秦国大饥，应侯曾请散发五苑之可食草类、蔬菜、枣粟以活民，当有所本。在古代灾荒发生之时，粮食消耗殆尽，树皮草根也是活命之物，"驰苑囿"确实扩大了人们的就食范围，是当时赈济孤寡的重要手段。三是纳粟拜爵，《商君书·去疆》又称"粟爵"。秦国商鞅变法，在制定"武爵"的同时又制定了"粟爵"，他规定"兴兵而伐，爵任武""按兵而农，粟爵粟任"。凡努力务农，家有余粮的，都可"以粟出官爵"，通过输粟于官府获得像战时那样的爵位和官职，这一政策今天看来似有"卖官鬻爵"之嫌，但在一定程度上有利于国家收集粮食以备灾荒。

四、稳定恢复制度

在正常年份，农民负担已经很重了。一旦灾害发生，大量的灾民冻饿而死，很多人被迫铤而走险，起来造反。对于这种情况封建统治者也不愿看到，于是灾后减免措施应运而生。

减免租赋，是危机发生后稳定恢复阶段的一个最重要的举措，有关灾免的相关记载可以追溯到西周时期。《周礼》荒政十二中散利、舍禁、去几、薄征、驰力、眚礼、杀哀、蕃乐八项措施基本精神都是减轻灾民负担，西汉荒政制度的灾免制度在很大程度上是对《周礼》荒政十二的集成和发展，赦免的内容涉及田租、更赋、人头税，放宽政府对山林川泽的管理，允许灾民樵采渔猎，补充生活物资，自救度荒，灾后无法独立生活的老弱病残人员，由政府出面负责收养，解决他们的生活问题。

以工代赈是稳定恢复阶段的一个措施。在灾荒年份，以工代赈指的是利用大量社会闲散劳动力进行公益性基础设施建设，它以一种间接的方式赈济了灾民。公元2年青州发生旱蝗灾害，官府鼓励灾民捕杀蝗虫，按照捕蝗数量发放一定的工钱。公元23年京城发生蝗灾，以钱物赏捕蝗者。

移民就食，虽然有的只是权宜之计，一旦灾情缓解，统治者就敦促灾民还乡。但有时，也可以有意地鼓励移民垦荒定居。移民就食分为饥民自发流徙到丰收地区进行觅食和政府有目的地组织灾民迁徙就食两种。如隋文帝天皇十四年（594年），关东发生大旱，颗粒无收，为救饥民，隋文帝亲率百姓赴洛阳就食就是政府有组织的行为。

灾后重建也是政府赈救灾民的一项重要内容，政府安抚灾民恢复生产，将闲置的灾区土地或属于国家所有的公田分配给流民耕种，并以有偿使用的方式贷给灾民种子和生活用粮，既缓解了灾民生活困难问题，也有利于发展生产，因此取得了很好的减灾效果。公元前611年，宋国发生饥荒，公子鲍"竭其粟而贷之"。《汉书·宣帝纪》载："流民还归者，假公田，贷种、食，且勿算事。"另外，汉文帝开始向灾民贷发种粮，并成为此后的定制。《汉书·昭帝纪》："遣使者振贷贫民无种、食者。"

第三节 传统文化中的危机管理思想对现代管理的启示

从汉语字面看，"危"是危势、危难、危情，"机"是生机、转机、契机；同样，根据韦氏辞典的解释，危机通常指"事件的转机与恶化之间的转折点"。从中体现着价值的中立性，这就是说，面对危机，如果处理得当，可以大大减少损失，以至化险为夷，反之则亦然。虽然古代的危机管理主要体现在国家层面，但危机无处不在，时时可能发生，所以无论是个人、企业、政府都应该有处理危机的能力。我国是一个灾害频发的国家，在自然条件和科技不发达的古代，危机发生造成的巨大损失往往使人们无法承受，这也使在小农经济环境下生活的人们更加谨小慎微。其中很多的经验和理论，对我们今天的危机管理也是不无裨益的。

可以想象，开始的危机处理，是比较被动的，总是等到危机出现，才分析危机的原因，找出解决办法。随着"吃一堑，长一智"经验的积累，人们开始理性地面对危机，摒除迷信，正确对待灾难，不断反思，体现着现代危机管理的理念，也表现出了强烈的危机意识，不仅对古代危机，对现代危机管理也是一个有益的借鉴，起着积极的指导作用，具有普遍意义上的科学价值。

不可否认的是，有些危机是防不胜防的，有些危机，如一些自然灾害事先没有征兆，发生时又无法避免。但拥有危机意识，进行危机处理训练的人能更加冷静地面对危机，能在危机中保护自己，在危机中生存下来。教育更多的人，让他们在危机爆发的时候能够自我保护，也是危机管理的一个重要内容。在2011年日本大地震发生后，人们通过电视画面，看到了日本国民的沉着与镇定。当地震发生后，人们逃出房屋，在公园、广场或大街中的绿化带避难，以避免自身受到伤害。在交通瘫痪后，许多市民长距离步行回家。地震中没有喧闹、没有恐慌，这一切都给我们以极大的震撼。由于日本地震频发，因此经常举行各种抗震防灾演练，使其行为格式化为一种自觉的危机观念。当灾难发生时，这种自觉的危机观就会对民众的抗灾自救产生指导作用。

一、福祸相依

《老子》第五十八章："祸兮福之所倚，福兮祸之所伏。"祸是福赖以存在的前提，而福是祸潜伏的基础，祸与福之间是可以互相转化的。很多危机的发生往往在某些看似非常美好的情况下出现，而很多事情到了坏得不能再坏时，往往就出现了转机。这提醒人们在不要在平安时忘乎所以，"乐极生悲、甜中生苦"的事情随时会发生。当然，也不要在深陷危机困苦时失去信心，毕竟"山重水复疑无路，柳暗花明又一村"。西汉刘安所著《淮南子·人间训》讲了一个塞翁失马的故事：近塞上之人，有善术者，马无故亡而入胡。人皆吊之，其父曰："此何遽不为福乎？"居数月，其马将胡骏马而归。人皆贺之，其父曰："此何遽不能为祸乎？"家富良马，其子好骑，堕而折其髀。人皆吊之，其父曰："此何遽不为福乎？"居一年，胡人大入塞，丁壮者引弦而战。近塞之人，死者十九。此独以跛之故，父子相保。这个故事把人生的祸福的转化讲得非常具有戏剧化，父亲的不喜不悲是面对危机时难得的态度。事务的关联性使得福和祸的转换有时候就在顷刻之间，每个人都应有居安思危的意识及等待转机的信心。

杜弼的《檄梁文》中写道："但恐楚国亡猿，祸延林木，城门失火，殃及池鱼。"其意可解如下：从前，有个地方，城门下面有个池塘，一群鱼儿在里边快乐地游着。突然，城门着了火，一条鱼儿看见了大叫说："不好了，城门失火了，快跑吧！"但是其他鱼儿都不以为然，认为城门失火，离池塘很远，用不着大惊小怪。除了那条鱼儿逃走了之外（暂且不管它的逃走方式），其他鱼都没有逃走。这时，人们拿着装水的东西来池塘取水救火。过一会儿，火被扑灭了，而池塘的水也被取干了，满池的鱼都遭了殃。这个故事揭示了危机的三个特点：（1）意外。危机爆发的具体时间、实际规模、具体态势和影响深度是始料未及的。鱼儿好好地在池塘里游着，觉得大火和自己没有关系，但火—水—鱼是有联系的，池塘的水能灭城门的火，这是直接联系，鱼儿与城门失火则是间接联系，它是通过池水这个中间环节而发生联系的。（2）紧迫。有些危机的爆发根本等不到人们反应过来就已经非常糟糕了，很多危机的蔓延是以几何级数的方式传播，甚至更为严重。正如这个故事里的鱼儿，等人们到池塘来取水的时候，大家才发现危险来了，这个时候一片混乱，大家很难逃脱。如何跟灾难抢时间，在最短的时间里做出最正确、损失最小的选择是非常重要的。（3）破坏。由于危机常具有"出其不意，攻其不备"的特点，不论什么性质和规模的危机，都必然不同程度地造成破坏，造成混乱和恐慌，而且由于决策的时间及信息有限，往往会导致决策失误，从而带来无法估量的损失。故事里除了一条有先见之明的鱼儿之外，全军覆没。

另外一个失火的故事，却是一个转危为"机"的案例。南宋时期的一天，杭州城最繁华的街市失火，火势迅猛蔓延，数以万计的房屋商铺置于汪洋火海之中，顷刻之间化为废墟。一位裴姓富商，苦心经营了大半生的几间当铺和珠宝店，也恰在那条闹市中。火势越来越猛，他大半辈子的心血眼看将毁于一旦，但是并没有让伙计和奴仆冲进火海，舍命抢救珠宝财物，而是不慌不忙地指挥他们迅速撤离，一副听天由命的神态，令众人大惑不解，然后他不动声色地派人从长江沿岸平价购回大量木材、毛竹、砖瓦、石灰等建筑用材。当这些材料像小山一样堆起来的时候，他又归于沉寂，整天品茶饮酒，逍遥自在，好像失火压根儿与他毫无关系。大火烧了数十日之后被扑灭了，但是曾经车水马龙的杭州，大半个城已是墙倒房塌一片狼藉。不几日朝廷颁旨：重建杭州城，凡经营销建筑用材者一律免税。于是杭州城内一时大兴土木，建筑用材供不应求，价格陡涨。裴姓商人趁机抛售建材，获利巨大，其数额远远大于被火灾焚毁的财产。这个案例虽然久远，然而蕴含着经营的智慧。其中既有对市场敏锐观察的能力，更有从容应对危机的能力，所以才有商机，或者说是创造了商机。

二、未雨绸缪

古往今来，人们都非常重视对危机的预防。古人常语，"勿临渴而掘井，宜未雨而绸缪""凡事预则立，不预则废"，《管子》载"以备时待""事无备则废"。今人则强调"花大钱治疗不如花小钱预防"，英国著名危机管理专家麦克尔·李杰斯特曾在《危机管理》中指出，不管对危机的警戒和准备是自发的，还是法律所要求的，危机管理的关键是预防。

《韩非子·喻老》中说："千丈之堤，以蝼蚁之穴溃；百步之室，以突隙之烟焚。故曰白圭之行堤也塞其穴，丈人之慎火也涂其隙，是以白圭无水难，丈人无火患。此皆慎易以避难，敬细以远大者也。"危机有着高度的不确定性，"千里之堤"和"百尺高楼"可能因为一个小小的风险隐患而崩塌。通过对隐患的排除，我们可以减缓甚至避免危机的发生。虽然有备未必无患，但无备必有大患。因此，未雨绸缪、事先预防非常重要。通过细微的变化发现风险，以力求避免危机是危机观前瞻性的体现。

19世纪末，美国康奈尔大学科学家做过的一个"水煮青蛙实验"。科学家将青蛙投入已经煮沸的开水中时，青蛙因受不了突如其来的高温刺激立即奋力从开水中跳出来得以成功逃生。当科研人员把青蛙先放入装着冷水的容器中，然后再加热，结果就不一样了。青蛙反倒因为开始时水温的舒适而在水中悠然自得。当青蛙发现无法忍受高温时，已经心有余而力不足了，不知不觉被煮死在热水中。"水煮青蛙实验"告诉我们的是一个可怕的危机状况——宁静危机。

勾践灭吴也很好地说明了这一点，越王勾践在经过了长达十年的准备之后，率领军队进攻吴国，吴国因此而亡。这个故事往往把勾践作为一位失败后痛定思痛、盼望雪耻复国的有志有为的君主进行颂扬，但这从吴王夫差的角度看，这个敌人是自己一日日培养的，勾践卧薪尝胆、励精图治，同时不断陷害吴国忠臣良将，这种宁静危机一步步逼近夫差，但夫差竟然毫无察觉。最后，跟这个"水煮青蛙实验"里的青蛙一样，等危机爆发时，自己已经毫无还手之力，只能任人宰割。

三、临事而静

"每临大事有静气，不信今时无古贤"的句子，原是出自晚清风云人物翁同龢的一副对联。虽然危机爆发得非常迅速，及时处理才能将损失减低到最小。但这并不意味着匆忙决定和立即投入，还是要通过调查研究，了解了危机的真实情况，再做决定。否则，危机不仅解决不了，可能还会增加正确解决危机的难度。所以，临大事需有静气，静气不是放任自流，不是犹豫不决，而是冷静地思考，找出问题的关键，一击而中。

"静"是中国传统文化中一个十分重要的符号，是中华民族自然作息、躬耕田亩、苦读寒窗积淀而成的做人品质和审美追求。《管子》中有"是故有道之君，其处也若无知，其应物也若偶之，静因之道也。"认为保持内心虚静，才能正确认识客观事物。《荀子》中有"心何以知？曰：虚一而静"，意谓要虚心、专一而冷静地观察事物。《礼记》的"人生而静，天之性也"的思想，发展为道德修养方法之一。周敦颐《太极图说》中的"无欲故静"，体现的就是"主静"思想。《孙子兵法》讲"将军之事：静以幽，正以治。"只有静，才能思维缜密，才能处变不惊，才能更好地化解危机。如果遇事慌乱，不知道从何下手，没有调查清楚，就匆匆做决定，损失只能更加扩大。

《论语·乡党》载："厩焚。子退朝，曰：伤人乎？不问马。"这段逸事充分反映了孔子面临危机时重人轻财的人本思想，也体现他面对危机临危不惧的神色。

《左传庄公十年》中的《曹刿论战》：一鼓作气，再而衰，三而竭。来自乡间的曹刿以出色的才智帮助弱小的鲁国在长勺打败了强大的齐国；为后世留下了"一鼓作气，再而衰，三而竭"的真知灼见。对此曹刿做了这样的解释：作战是靠勇气的；第一次击鼓振作了勇气，第二次击鼓勇气低落，第三次击鼓勇气就枯竭了；他们的勇气消失了，军队的勇气正旺盛，所以战胜了他们。这充分体现了曹刿两军交战中的静气，这种冷静最后使鲁国取得这场战争的最后的胜利。

空城计故事出自罗贯中《三国演义》第95回："孔明乃披鹤氅，戴纶巾，手摇羽扇，引二小童携琴一张，于城上敌楼前，凭栏而坐，焚香操琴，高声昂曲。"说的是司马懿挂帅率魏军进攻蜀国街亭，诸葛亮派马谡驻守失败。司马懿率兵乘胜直逼西城，诸葛亮无兵迎敌，但沉着镇定，大开城门，自己在城楼上弹琴唱曲。司马懿怀疑设有埋伏，引兵退去。等得知西城是空城回去再战，赵云赶回解围，最终大胜司马懿。诸葛亮面不改色，挥洒自如，呼啸而来的千军万马对这种"静气"也感到害怕，不敢靠近。

对于今天的危机处理而言，更需要这样的"静气"。首先，危机管理的"静气"体现在真诚：真诚沟通，信息公开，满足公众的知情权。危机的爆发往往具有强烈的破坏性，人们很容易恐慌。在这种情况下，信心是应对危机的最重要因素，这就需要政府积极采取措施，制定策略来缓和心理紧张，使人们形成良好的心理接受基础。其次，危机管理的"静气"是镇定。在灾难发生后主管部门要镇定、有信心、有勇气地进行指挥，协调好各部门和相关利益者之间的关系，确保合理有效地应对突发事件。最后，危机管理的"静气"体现在"和"。进行危机处理的领导需要有一定的人格魅力和群众基础，能够调整人际关系，讲团结。危机管理中，不仅要内部"和"，与利益相关者、新闻媒体等外部相关者之间也要"和"，这样才能更好地面对危机，减少摩擦，共同面对，协同解决。

【案例】

山东淄博：烧烤流量带动文旅"留量"[①]

2023年3月初，"大学生组团到淄博吃烧烤"话题冲上热搜。"淄博烧烤"爆火或许具有偶然性，但淄博政府全盘考虑，认真做好服务管理，烧烤摊贩诚信经营、市民真诚好客，接住了这波流量，让流量变成了"留量"，让"淄博烧烤"的成功从偶然变成了必然性。

1. 烧烤的服务措施到位

为打造"淄博烧烤"这张名片，当地政府抢抓机遇、快速行动，从成立烧烤协会、设立烧烤名店"金炉奖"、推出烧烤地图和旅游线路、开通烧烤公交专列、规范烧烤经营运载、发放烧烤消费券、举办"淄博烧烤节"等方面出台政策措施，并从市场监管、社会治安、完善服务等方面给予全力保障。如结合全市烧烤门店分布，及时调整增加公交线路和车次，新增21条定制烧烤公交专线；在火车站安排志愿者，为往返旅客提供交通、住宿、烧烤、旅游线路咨询推介等服务；制定烧烤美食地图，为消费者提供烧烤指南。全市38处青年驿站为符合条件的来淄求职、就业的青年学生提供每年3次、每次两晚的免费入住，来淄实习、游玩、访友的青年学生可享受每年4次、每次5天的半价入住。为满足更多旅客周末往返淄博需求，铁路部门自2023年3月31日起至4月23日，每周五至周日加开济南西至淄博间G9321次、淄博至济南西间G9322次动车组列车，这是国铁济南局首次开行"烧烤游"周末专线列车。

2. 烧烤的主题活动丰富

淄博市文化和旅游局统筹文旅资源，推出丰富的烧烤主题活动。首先，在旅游线主题路上，策划推出"春光正好·淄博烧烤"五大文旅主题产品、"青春淄博·烧烤季"10条主题线路，让"烧烤+旅游"成为游客的新体验。"我们统筹淄博的A级旅游景区和网红打卡点，推出'Z世代COOL卡''齐妙游学''齐妙山水'等'青春淄博·烧烤季'主题一日游、二日游线路10条，还将开展非遗精品展、淄博露营季、'齐舞·悦动'文化艺术季等主题活动，打造多元留客场景，让更多'食客'成为游客。"

[①] 综合参考https://epaper.gmw.cn/gmrb/html/2023-04/16/nw.D110000gmrb_20230416_2-05.htm；http://news.sohu.com/a/671062904_120083328；http://www.qingyangwang.com.cn/content/2023-04/23/content_635629.htm。

淄博市文化和旅游局相关负责人说。2023年4月8日，淄博市文化和旅游局带领10个区县和多家热门景区代表，登上"烧烤游"周末专线G9321次列车，以"一区县一车厢"的形式，为旅客讲解淄博旅游特色、推介惠民政策。"淄博文旅走进'烧烤专列'推介活动"成为扩大文旅宣传力度、拉动文旅市场消费的新样板。

3. 烧烤的情绪价值拉满

在打造"淄博烧烤"名片上，官方主流媒体、自媒体和网红主播发挥了重要的宣传推介作用，他们从不同角度、以不同形式，全方位、全景式展现了"淄博烧烤"文化、"淄博烧烤"服务、"淄博烧烤"魅力，有效吸引了八方来客。同时，淄博市民真心诚意欢迎各地游客，烧烤摊贩坚持诚信经营，没有缺斤少两，没有坑蒙拐骗，没有套路花招，他们一起用心、用情、用力服务好每一位游客。为做好"五一"假期的游客管理工作，4月26日，山东省淄博市发布致广大游客朋友的一封信。信中称，"五一"期间淄博客流量已超出接待能力，建议游客错峰出游，打出时间差、换得舒适度。信中还表示："美景美食不止淄博，好客山东应有尽有。欢迎您到处走一走、看一看，感受'好客山东 好品山东'的独特魅力。"该信情真意切，格局之大，读之令人感动。

【复习与思考】

1. 危机管理的定义是什么？危机管理的原则有哪些？
2. 简述奥古斯丁的六阶段模式。
3. 简述罗伯特·希思的4R模式。
4. 谈谈你对"福祸相依"的看法。
5. 危机管理中的"静气"是如何体现的？

第十二章

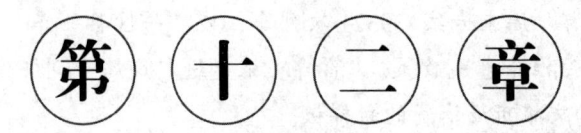

传统文化与市场营销

【本章导读】

本章首先对市场营销进行了概述，然后对中国古代的市场营销活动进行了梳理，最后详细地论述了中国市场营销思想对现代营销管理的启示。市场营销学虽然产生于现代，但市场营销行为古已有之，并且有很多经验值得借鉴和学习。虽然中国古代对商人的经商行为并不十分推崇，但成功商人的经营理念和思想不仅能运用于今天的商业领域，而且对今天各行各业的管理和经营都不无裨益，如"因天时，乘地利""买必随时，卖需当令"、公平交易、广行招徕等。

【学习目标】

了解市场营销的概念与中国古代市场营销的基本情况，思考中国古代市场营销思想对现代市场营销的启示，合理利用这些思想，使其在企业的发展过程中发挥更大的积极作用。

第一节 市场营销的概述

市场营销学是 20 世纪初发源于美国的一门专门研究企业市场营销活动规律的学科。市场营销学译自英文"marketing"一词，其原意是指企业的市场买卖活动，即企业的市场营销活动。菲利普·科特勒和加利·阿姆斯特朗在 1996 年《市场营销原理》中，将市场营销定义为"通过创造和交换产品和价值,从而使个人或群体满足欲望和需要的社会管理过程"。

一、几个核心概念

(一)市场

市场有狭义和广义之分,狭义市场是指商品交换的领域或场所;广义市场是指那些具有特定需要或欲望,而且愿意并能够通过交换来满足这种需要或欲望的全部顾客。市场营销学的市场是指广义的市场,这个市场的大小取决于人口、购买力和购买欲望三个要素。因为市场活动的中心是商品买卖,只有这三个要素有机结合起来,才能形成交换行为。所以市场营销学家概括地用下列简单公式表述市场概念:市场 = 人口 + 购买力 + 购买欲望。

(二)营销

营销是指与市场有关的人类活动,具体表现为企业围绕满足消费者需要获取最大利润所开展的总体经营活动。其活动范围十分广泛,从流通领域的商品销售活动到整个社会的再生产领域,内容包括生产、交换、分配、消费等诸多环节。

(三)营销者

营销者是指希望从他人那里得到资源并愿以某种有价之物作为交换的所有人。营销者可以是卖主,也可以是买主。如果买卖双方都在积极寻求交换,则双方都是营销者,这种营销称为相互营销。

二、市场营销的内容

(一)市场营销是一种满足人类需要的行为

企业开展市场营销的出发点是消费者的各种需要、欲望和需求。所以,只有做好市场调查、研究和分析才能认识、了解和掌握消费者的需求和市场的发展趋势。

(二)市场营销是一种自愿的交换行为

消费者各种需要的满足是通过在市场上购买卖方提供的某种产品实现的,这种满足是一种自由的交换行为。

(三)市场营销是一种创造性行为

营销不仅是针对消费者已经表现出的需求并满足它,而且更应激发顾客没有表现出需求，创造市场需求并满足它，这是创造市场的营销。

（四）市场营销是一个系统的管理过程

市场营销活动不仅包括了企业生产活动之前的活动，如市场信息收集、市场机会分析、市场细分、目标市场选择、新产品开发和设计等，还包括生产活动完成后进入销售过程的一系列活动，如产品定价、开展促销活动、提供销售服务、售后维修保养等。因此，市场营销是一个包括分析、计划、执行和控制的系统过程。

（五）市场营销是连接企业与社会的桥梁

企业营销者在制定营销策略时不能只考虑自己的利润，而需要考虑其他两方面的利益——顾客需要和社会利益。任何企业如果忽视社会效益，很难在激烈的市场竞争中获胜，即使取得一些短期利润，也很难长久。

三、市场营销观念的变革

20世纪80年代以来，随着国际市场形势的发展变化，市场营销理论也随之变化，不断涌现出新的营销观念。

（一）竞争导向

1985年，加拿大市场营销协会主席兰·戈登教授在《扬弃市场营销导向 树立竞争导向》一文中指出，企业营销活动必须积极参与市场竞争，采取合理合法的竞争手段，以适销的产品、合理的价格、优良的服务、及时准确的信息、有效的促销措施和良好的信誉来吸引消费者、争夺市场、争得效益，这一观念是在日益激烈的市场环境提出的。在一定时期内消费者对某种商品的需求量有一定的上限，生产经营者多了，竞争激烈了，各企业的市场占有率随之下降，从而导致各企业的利润不断减少。因此，为了不影响企业在激烈的市场竞争中的利润，需要保持一定的市场占有率，企业应树立一种既考虑顾客需求又超越竞争对手的营销观念——竞争观念。

（二）影响欲望和需求

影响欲望和需求观念是现代市场营销理论的又一次发展，突破了传统对需求的认识。该理论认为，消费者的需求是不断扩大的，有表现出来的需求，有没有表现出来的需求。表现出来的是现实的需求欲望，没有表现出来的是潜在的需求欲望。企业需要通过一系列营销活动来影响人们需求的形成，扩大现实需求，激发潜在需求。此外，企业应利用先进的科学技术，不断开发出满足消费者的新欲望的新产品。

（三）大市场营销

20世纪80年代，当时国际上贸易保护主义盛行，各国政府为保护本国的民族工业，采取了一系列关税和非关税壁垒。在这样的背景下，产生了大市场营销的概念，大市场营销是指在市场壁垒、企业难以进入的情况下，以满足守门人（指可以阻止企业进入市场的个人或团体，包括政府、立法机关、劳动工会、宗教团体及其他利益集团等）的需求为中心，争取进入市场的指导思想。核心是综合协同地运用政治、经济、心理、公共关系等技巧和策略，赢得守门人的合作与支持，成功地打开市场大门、进入市场，开展营销活动。

（四）关系市场营销

关系市场营销是美国市场营销学者巴巴拉·本德·杰克逊于1985年提出的一种新型市场营销观念。关系市场营销观认为企业与顾客之间的长期关系是营销的核心。企业要在盈利的基础上，建立、维持、促进与顾客和其他伙伴之间的关系，从而更大范围内形成一种兼顾各方利益的长期互信互利关系。正如美国市场营销学家科特勒所指出的那样，企业必须放弃短期交易的导向目标，确立长期的关系。关系营销观念强调的是顾客的忠诚度，认为保持老顾客比吸引新顾客更重要。企业的回头客比率越高，市场营销费用就越低。这就从根本上改变了传统营销观把交易作为市场营销的关键的狭隘认识，为建立适合现代市场需要的崭新营销指导思想开辟了更加广阔的领域。

（五）绿色市场营销

绿色市场营销是20世纪90年代初出现的以销售绿色食品为特色的市场营销观念。绿色市场营销观念是指经济的发展不能以牺牲环境为代价，要实现经济、社会和环境三者的协调发展。这就要求企业在开展市场营销活动的同时，努力消除和减少生产经营对生产环境的破坏和影响。具体来讲，企业在选择生产技术、生产原料、制造程序时，应符合环境保护标准；在产品设计和包装装潢设计时，应尽量降低产品包装或产品使用的剩余物，以降低对环境的不利影响；在分销和促销过程中，应积极引导消费者在产品消费使用、废弃物处置等方面尽量减少环境污染；在产品售前、售中、售后服务中，应注意节省资源、减少污染。可见，绿色市场营销观念的实质，就是强调企业在进行市场营销活动时，要努力把经济效益与环境效益结合起来，尽量保持人与环境的和谐，不断改善人类的生存环境。

（六）整合市场营销

整合市场营销是20世纪90年代舒尔兹提出的新的营销观念。整合营销，包括营销战略与活动的整合，信息与服务的整合，传播渠道的整合，产品与服务的整合。它是一种系统化的市场营销，具有自身的指导理念、分析方法、思维模式和运作方式，是对抽象的、共性的、营销的具体化。它是一种通过对各种市场营销工具和手段的系统化结合，根据市场环境进行即时性的动态修正，以使交换双方在交互中实现价值增值的营销理念与方法。整合市场营销发生在两个层次；一是不同的营销功能（如销售力量、广告、产品管理、市场研究等）必须共同工作；二是营销部门必须和企业的其他部门相协调。

第二节　中国古代市场营销的概况

中国农业社会中的商品经济随着历史的推进而不断发展，与此相应，各种各样的市场营销方式也有所发展。古籍曾有"神农作市""祝融修市"的记载。《周易·系辞》中写道："日中为市，致天下之民，聚天下之货，交易而退，各得其所，盖取诸《噬嗑》。"不同行业的劳动者，为了把产品交换出去，就必然要把交换物带到市场上去陈列或展示，如《诗经》就记载了最原始的广告表现形态，《诗经》载：氓之蚩蚩，抱布贸丝。当然这种"市场营销"不同于现代意义的市场营销，可以称为营销的萌芽。其实，营销活动一直都有，但形成一套完整的理论还是在工业化大生产和市场全球化之后产生的。现代市场营销亦是在以往营销实践的基础上，采用了新的方式和手段，给营销注入了新的内容。虽然中国古代的营销不能与现代的市场营销相提并论，但达到了营销的基本目的和功能：传播信息、宣传商品、招徕顾客、销售产品。

一、先秦时期的市场营销

春秋战国时期城市商业的出现和"市""肆"的形成，是市场营销产生的基础，区间贸易和商人阶层的出现，则使营销行为的出现成为可能。口头广告和实物陈列及展示已成为夏、商、周时期商业活动中普遍存在的现象，实现了市场营销的第一次飞跃。但这个时候的市场营销方式非常单一，基本以口头叫卖为主。诗人屈原在《天问》中写道："师望在肆，昌何识？鼓刀扬声，后何喜？"师望就是吕望，即姜太公，昌是指周文王，鼓刀扬声是指一边用刀拍打肉案，一边扬声而歌，以招徕顾客。从中可以看出，姜太公是中国有历史记载以来最早、最出色的营销家，他以"鼓刀扬声"招徕顾客，而且还巧妙地运用直钩垂钓的方法，成功地吸引了周文王，一举推销了自己，成就了一段英雄适逢明主的神话。

二、秦汉时期的市场营销

秦始皇统一全国，使地区性、全国性的商品贸易往来成为可能，秦朝立国之初的一系列政策，也使商品经济的发展步入一个新的时期。汉代的"休养生息"政策，促使商业经济发展进一步繁荣。由于经济的发展和历史传统的影响，在西汉时全国已形成五大经济区——关中地区、三河地区、燕赵地区、齐鲁梁宋地区、楚越地区。经济重心既然在北方，商人们生活之处及商业区主要在黄河流域，其次才是江淮地区，商业的发展在地域上也还有很大局限性。商业环境的变化，使营销环境有了新的突破，由官府统一规制下的广告形态有了新规范，以"市场"为中心的广告形态如旗亭、市鼓、铭刻、标志在这一时期表现较为突出，而招牌、幌子、声响等营销广告表现形态在这一时期不仅出现而且相当活跃。

三、唐宋时期的市场营销

唐宋是中国封建社会的中期，社会经济虽有曲折，但总还是呈现着较前上升的趋势，商业也有长足的发展，并进入一个新的阶段。已有近3000年历史逐渐扩展的商业，至此更为完善，在贩运贸易、城乡商业、市场形制等各个方面都有不少新的变化，和封建社会前期相比，可以说，宋代的商业是中国商业发展史上的第二次飞跃。

口头叫卖的营销方式一直流传下来，并形成了很多各具行业特色的典型叫卖或吆喝方式，许多仍被小商小贩沿用至今。南宋孟元老《东京梦华录》卷七记载："是月季春，万花烂漫，牡丹芍药，棣棠木香，种种上市，卖花者以马头竹篮铺排，歌叫之声，清奇可听。"卖花者的"歌叫之声"显然比单纯的叫喊声动听吸引人。南宋吴自牧的《梦粱录》卷二十也记载："今街市与宅院，往往效京师叫声，以市井诸色歌叫卖物之声，采合宫商，成其词也。"这说明，南宋临安的街头的叫卖声仿效北宋东京，并配以乐曲歌词，沿街吟唱叫卖。

幌子，亦称"招幌""望子"，是以营利为目的的生产作坊和商铺表明所卖商品的标志，其作用是招徕顾客。幌子原为布幔，后扩展到多种可用挂的实物样式，主要表示经营的商品类别或不同服务项目，可称为行标，即行业标记。唐宋文献中大量出现，如孟元老《东京梦华录·中秋》记载："至午未间，家家无酒，拽下望子。"

招牌最早是一种无字的布帘，以后帘上题写了店铺名号。后又以木牌代替布帘，在木牌上题写文字，多用以指示店铺的名称和字号，可称为店标，即店铺的标记。招牌和幌子有渊源关系，幌子主要是用实物或象形物作为标识，而招牌主要是用在木牌上题写文字作为标识。自从唐代把招牌作为一种行市管理手段，招牌成为此后商家一直延续的宣传形式之一。唐朝的市场交易分肆进行，又规定必须挂幌营业。因此，招牌主要集中于官府统一管理的市场内。宋代以后，招牌遍及城乡，特别是城市商店几乎每家都有自己的招牌，从宋人张择端的《清明上河图》上就可以看到各种招牌。据统计，画面上仅汴州城东门外附近十字街口，就有各家商店设置的招牌、横匾、竖标三十余块，如"神农遗术""赵太丞家"等招牌，可见当时招牌在市场营销中的使用已经非常普遍了。

四、明清时期的市场营销

在明清两朝政治稳定的时候，商业还是非常发达的，市场营销中的某些行业已经形成了自己的营销方式，虽然还是非常原始，但已经基本固定了。

首先，音响叫卖。扯嗓吆喝叫卖是很辛苦的，于是聪明的商贩开始借助工具叫卖，这样就从口头叫卖发展出各类具有专业特色的音响叫卖。这些音响是用各种不同的器具摇、打、划、吹等方式发出的，随着不同音响发出的声音代表不同的行业的叫卖，同一个行业的音响叫卖逐渐统一起来，各行各业的商贩及手艺人都有自己的"代声"，而且各有各的韵律、音调。据清道光年间《韵鹤轩杂著》记载："百工杂技，荷担上街。每持器作声，各为记号。修脚者所摇折叠凳，曰'对君坐'，剃头担历持响鼓，曰，'唤头'；医家所摇钢铁圈，曰'虎撑'；星家所敲小铜锣，曰'报君知'；磨镜者所持铁片，曰'惊闺'；锡匠所持铁器，曰'闹街'；卖油者所鸣小锣，曰'厨房晓'；卖食者所敲小木梆，曰'击馋'；卖闺房杂货者所摇，曰'唤娇娘'；卖耍货者所持，曰'引孩儿'。"

其次，对联这种新的营销宣传方式开始引入到商业活动中来。明代中后期资本主义经济萌芽，文人雅士开始冲破传统轻商观念，以他们的文字专长涉足于商业领域，为商业营销注入文化气息。相传明代杰出的书画家唐伯虎，他不仅精通书画，而且还写得一手好对联。他曾为一家新开张的商号挥笔写下："生意如春草，财源似水泉。"此联一出，引来诸多人驻足观看，赞叹其才，相互传颂，此店一时间门前络绎不绝，生意火爆。

再次，诗词也用于商业宣传中。如始创于清康熙八年（1669年）的致和酱园就隐含一首藏头诗。清康熙年间，安徽穷秀才王致和进京赶考，却屡试不第，无奈做起豆腐生意，歪打正着发明了臭豆腐，更是受到上至宫廷下至百姓的喜欢。后来，状元孙家鼐作诗，将"致和酱园"写进了一首藏头诗："致君美味传千里，和我天机养寸心。酱配龙蟠调芍药，园开鸡拓钟芙蓉。"这四句藏头诗也永远地印在了商品包装上，作为王致和酱园历史文化的象征。

又次，在招牌上注入经营理念是从明清开始的。宋代以前的招牌仅仅是作为店铺的标志而已，没有什么特别的含义。而明清时代的商家的招牌已不再单纯以姓氏、街坊或经营的品种为内容，而是赋予招牌文字以特定内涵。如开业于咸丰三年（1853年）的"内联升鞋店"，其招牌从字面来理解，"内"字的是"大内"即宫廷的意思；"联升"是指"联升官阶"，寓意为吉星高照、官运亨通。内联升的布鞋，在材料的选择上，总是质量最好、最有保证的；其制作程序也是极其严格的。例如，制作鞋底，要经过袼褙、切底、包边、黏合、圈底、纳底、槌底7道工序。其间的每道工序都有严格的质量标准和要求，如纳鞋底，要求麻绳勒紧，针码均匀，每平方寸要保证81针，不多不少。内联升还有一件特殊的东西，即脚的档案，叫作"履中备载"。清朝时，已经有定做鞋的传统了，即量脚做鞋。做出来的布鞋特别"抱脚儿"，穿起来格外舒服，很受达富贵人的欢迎。消息传出，被送礼者看中，知道内联升存有某某人的脚样，也去订货，然后拿着对号入座的新鞋上门送礼，非常投机。因为"抱脚儿"，天天穿，受礼者天天都会念送礼者的好。于是，到内联升去订鞋，便形成了一种走门路的特殊手段，内联升的生意也就越做越红火，名声也越来越大。脚样积攒多了，自然形成了一套珍贵档案。

最后，注重渲染历史故事、趣闻轶事。如"六必居"的招牌，即体现了这一特点。"六必居"创业于明嘉靖九年（1530年），前身是一家酒铺。"六必"作为字号，是由酿酒时六点必备的步骤而得来的，是为了保证酒的质量，以示佳酿之意。酒好自然能招徕顾客，当时宰相严嵩下朝后也常来喝酒。店主很想请他给店铺题字，因不敢直接求他，便托严嵩的老婆代为请求。这位夫人也不敢让骄横的当朝一品屈身为小酒店题字，于是聪明的丫鬟帮忙想出了一条妙计，让夫人练毛笔字。一天，严嵩下朝归来，没见夫人出来迎接他，感到奇怪，走进内宅一看，原来夫人正在练毛笔字，其中含有"六必居"三个字，却写得很难看。于是，严嵩就提笔写了"六必居"三个字让夫人临摹。夫人将这三个字送给了店主，店主将这三个字做了招牌挂起来，大肆宣传，果然买卖更加兴隆。当时，六必居酒铺除了经营酒业外，还请了名师制作酱菜，之后酱菜生意发展越来越旺，便以经营酱菜为主了。

第三节 传统文化中的市场营销思想对现代管理的启示

在中国的传统文化中，商人的地位并不高，形象也不太好，甚至在很多文学作品里，商人的形象是奸诈、狡黠的，社会上人们对商人的态度是提防和限制的。一方面，中国农业社会以农为本的观念，"重农抑商"的官方态度，商人不直接参与生产却获利颇丰，这令大多数辛苦劳作却收入微薄的普通民众感到不公；另一方面，商人"低价买入，高价卖出"的营利方式，更有不法商人通过坑蒙拐骗、囤积居奇来牟取暴利，更令民众甚至官府所不容。一般人认为，他们的利润是通过剥削农民和手工业者而来的，是不劳而获，这种行为是自诩道德高尚的"君子"所不屑为之的。所以，在中国古代，"仕、农、工、商"，商人的地位排在最后。考察中国古代商业发展史，我们发现，中国古代商人的经营活动绝非坑蒙拐骗的欺诈，而是以一定的营销策略为基础的长期经济活动。

一、因天时，乘地利

因天时，乘地利，与时逐息，是古代商人常用的经营策略，他们通过对市场信息的调查，及时调整经营方向以获取高额利润。商人在选择贩货地点和贩运何种商品时，首先要对各地的物产、物价、商品质量、运输条件优劣等商业情报做一番分析，充分利用地区间物价的差异进行贸易。在确定经营方向之前，也会对当地各行业的营业状况进行调查，分析市场行情，再根据自身的特长选择经营项目。

《史记·货殖列传》中有详细记载白圭从商的经历，非常有参考价值。白圭并非一开始就从事商业,据说他曾经做过魏惠王时期魏国的国相,退出政治舞台之后,潜心商业,把经商当作自己人生的大事业来做。他说:"吾治生产,犹伊尹、吕尚之谋,孙吴用兵,商鞅行法是也。是故其智不足与权变,勇不足以决断,仁不能以取予,疆不能有所守,虽欲学吾术,终不告之矣。"如果"智"不能权变,"勇"不能决断,"仁"不能决定取与,"强"不能守业,那就无法与他讲经商的本领。白圭有着一套极为独特的经商理念与策略。战国时的商人大多喜欢获利丰富的珠宝生意,而他另辟蹊径,从事农产品买卖。他看到的是当时社会的农业发展,以及谷物是普天下老百姓都离不开的东西,虽然利润不大,但需求极大。白圭从自己的经商实践中总结出一系列让后人受益无穷的经商之术与为商之道,其中"人弃我取,人取我与"是白圭经商术的经典之一。可以说,在中国历史上专门研究如何以做生意谋生、立业的,白圭还是第一人。司马迁称赞他说,"天下言治生祖白圭"。司马迁之后人们仍把他尊为商业行当的祖师爷,直到中华人民共和国成立前,在一些店铺中,还供奉着白圭的偶像。

《史记·货殖列传》记载了一则卓氏远迁致富的故事:富商卓氏,原为赵国邯郸(今河北邯郸)人。其祖父辈经营冶炼铁矿致富,后来秦国打败赵国,流放富豪,卓氏也在其中。赵国被掳获的人中,稍有钱财者都争相贿赂秦国负责迁徙的官吏,要求迁到经济较为发达且与赵国较近的葭萌。但卓氏目光远大,他说:"葭萌这个地方狭小瘠薄,我听说汶(岷)山之下有肥沃的原野,有铁矿,长有如蹲鸱形的大芋头,到了凶年仍不饥荒,人们照常在街市做工经商。"于是,他请求迁徙到以产铁矿著名而尚未开发的临邛(今四川邛崃)地区。到该地后,他利用当地有丰富铁矿资源这个有利条件,结合自己鼓铸世家的专长,加之邻近地区又是急需铁工具的少数民族聚居之处,于是大量招雇廉价劳动力,开采铁矿,熔铸生铁,重操旧业。因当地原来的生产工具十分落后,先进的铁制工具十分畅销,几乎供不应求。再加上当地土地肥沃,可作替代粮食的野生植物丰富,有利于降低成本,故获利十分丰厚。由于他善于发现和利用有利条件,终于成为滇蜀一带的首富,拥有家童达千人之多,司马迁说他:"田池射猎之乐,拟于人君",可见其富有的程度了。

二、买必随时,卖需当令

贸易机会的把握是商人决策的关键,直接关系到能否盈利和盈利多少。对市场信息的了解是否及时而准确,是贸易能否成功的前提。明末传奇小说《万倍利》写浙江商人徐寄,以贩漆为生计,本来准备贩漆至襄阳发卖,途中听说南京紧缺漆,立即改变主意,转赴南京发卖,果然销路甚好,尽获厚利。明代的徽商,足迹遍布中国,他们认为"古之货殖者,必因天时,乘地利,务转毂与时逐,毋系一隅"[①]。

《道德经》云:"欲贵者以贱为本,欲高者以低为机。"古代商人以此总结市场物价

[①] 汪道昆.太函集[M].胡益民,余国庆,点校.黄山:黄山书社,2004.

变化的规律为"凡货极贱时,终须转贵;快极时,决然有迟"①。把握最佳贸易时机,便是在价格的涨落之间寻找最佳买卖时点,以获取最高限额的利润。对这一时点的把握,古代的商人们总结出了两条规律:其一为顺价逐利。即在物价看涨时及时购进,当涨幅达一定程度时卖出,至物价看跌时,停止购进。这便是所谓"迎头快者可买,迎头贱者可停"。其二为囤积居奇,待价而沽。即在物价下跌至极低点时,大量购进囤积,待物价回涨上扬至一定程度时,才趁机以高价抛出。这种办法对于资产雄厚的富商大贾特别有利,既可避免风险,又可发扬其资本雄厚的长处进行商品囤积。因为"价高者,只宜疾赶,不宜久守,虽有利而不多,一跌便重。价轻者,方可熬长,却宜本多。行情一起,而得利不少,纵折却轻"。商人能否把握准贸易的最佳时点,不仅需要丰富的贸易经验,还必须具备较强的心理素质。一要沉着镇定;二要当机立断。即在市场行情千变万化的复杂情况下,"如逢货贵,买处不可慌张。若遇行迟,脱处暂须宁耐"。又要求商人"买卖虽投于经纪,主意实出乎自心"。在决策时做到胸有成竹,不受外界因素干扰,当断则断,以免坐失良机。

三、公平交易

公平交易,是古代商人树立信誉的法则。尽管使用商业骗术能使商人在短期内牟取暴利,但信誉丢失无疑是自断销路,更为社会伦理所不容。古代商人多数能从长远的商业利益出发,坚持价格公道,买卖自由,薄利多销,互惠互利,诚信经营,公平交易。明中后期被商人视为经商指南的《士商类要》《士商必要》等书,在总结贸易经验时,一再强调商业信誉的重要,称"公平正直者,当交易之场,高唱其价……阴险奸猾,背地诲议,其间得无弊乎"。历史上许多成功的商人,皆视信誉如资本,被世人称为"廉贾"。明朝徽商吴南坡称"人宁贸诈,吾宁贸信,终不以五尺童子而饰价为欺"。由于他以诚取信于人,故四方顾客都争购他的货,甚至在市场上只要看到货物的包装上有"坡公"字样,则十分放心,持货便去,毫不担心货物的精恶长短。明末传奇小说"三言""二拍"中记载了许多商人发家的故事,其中很多皆以"物价公平""做生意甚是忠厚""为人公道"等享有盛誉,故生意越做越红火。《觉世名言》中记载北京的萃雅楼,以"货真价实"四字为经营原则,做到进货时"三不买",即低货不买、假货不买、来历不明之货不买;出货时"三不卖",即太贱不卖、太贵不卖、买主信不过不卖。诚实经营为萃雅楼赢得了良好的声誉,当时京城从平民到官吏,都慕名前去购货,生意日益兴隆。

著名商人孟洛川经商非常重视"公平交易",以声誉赢得口碑,以诚信赢得市场。孟洛川祖辈皆为地主兼商人。18岁时始经商,一生掌管孟家企业。据不完全统计,至20世纪30年代,瑞蚨祥共有16个企业,3000余间房产,房产总值800余万元,仅济南一地即有房产1000余间,资金180余万元(以上产值、资金均按银圆计算),瑞蚨

---

① 杨正泰.士商类要[M].上海:上海古籍出版社,1994.

祥成了南北闻名的巨商富贾。瑞蚨祥一贯以"货真价实、童叟无欺，按质论价，分层获利"为原则，经营方法主要有：按质论价、分层获利、薄利多销。民国以后，一些名演员如梅兰芳、荀慧芳等人所用的舞台幔帐、桌椅绣花披垫、门帘等，也多委托瑞蚨祥代办。瑞蚨祥所售各种色布都具有不褪色的特点，特别是青蓝色布与众不同，尤其是在农村有很高的声誉，很多地方的农民非瑞蚨祥的布不买。瑞蚨祥在这些地方有着很大的市场。白布属大路货，利润不能隐藏。瑞蚨祥就把它作为与同业竞争的手段，价格定得很低，利润不过百分之几，有时甚至亏本。而自染之色布由于质量高于一般市货，利润高达12%~15%，瑞蚨祥则垄断了市场，也从不采取大减价、大甩卖、大赠送、打折扣等一般商家所采取的促销方式，也极少甚至从不靠刊登广告来宣传自己。但瑞蚨祥不登广告并不是不注重宣传，它的另一套宣传方式更加行之有效，即是对顾客童叟无欺、态度和蔼、殷勤招待、量布放尺，让顾客自己去宣传，效果远在广告宣传之上。

四、广行招徕

广行招徕，是古代商人的促销策略。为了在激烈的商业竞争中吸引顾客，商人们注意到利用宣传效应扩大影响，招揽生意。最原始的"广告"形式是那些悬挂在店铺门外的招牌、酒幌，随着商业的发展，商人开始从字号、商标、店面等方面来突出所售商品的优质，并且有意识地展开舆论宣传，吸引更多的顾客。北魏时商人刘白坠酿制的鹤觞酒在当地颇有名气，一新任地方官带此酒赴任所，路遇强盗，掠酒狂饮大醉，地方官趁机呼人擒之。此事在民间一传开，刘白坠趁机将酒改名为"擒奸酒"，巧妙地利用舆论扩大影响。果然，"擒奸酒"声名远扬，竟被当时游侠渲染为"不畏张弓拔刀，唯畏白坠春醪"[①]。此外，明清时期的商人也注意到了店面的装饰与陈设对顾客心理的影响。《燕京杂记》称北京有的店铺雕红刻翠，锦窗绣户，夜晚则张灯结彩，照耀如同白昼。如此不惜工本，无非是使店铺更加醒目，以唤起行人的购物兴趣。

五、察言观色

察言观色、背恶向善是古代商人协调公共关系的策略。商人在经商过程中必然会遇到形形色色的人，稍有不慎，便会上当受骗。故商人视"慎识人"为前提，选择贸易伙伴"必须合契"，做到知己知彼。选择经纪人，要"相物、相宅、相人"，不可听其花言巧语，"须要察其言貌行为"。此外，还有所谓"礼貌谦逊，心中叵测""口是心非难与处，为人犹己可相亲"等经验之谈，教导商人如何观察别人的衣、食、言、行，以此辨别善恶，背恶向善。同时，古代商人又以"善待他人"来协调公共关系，"不可因势凌人，因财压人，因能侮人，因仇害人"。贸易伙伴之间，力求同心协力，切忌猜疑。对待经纪人，则做到"有势主家，宜以心结，无钱牙侩，要在利予"。以诚相待，以礼

---

① 尚荣．洛阳伽蓝记[M]．北京：中华书局，2012．

相待，才能取得经纪人的精诚合作。对待各级官吏，更要"是官当敬，凡长宜尊"，适当的感情投资自然会赢得意想不到的效果。有眼光的商人，总是同政府各部门竭力合作，行商"告引"，坐贾"占籍"，按时纳税，遵纪守法。他们甚至千方百计结交官吏和权贵，凭借官府的势力享受专卖权及减税、免税等特权。前述西汉时著名的富商卓氏，便是取得了当时的权臣邓通的支持，获得蜀地开矿铸钱的特权，由此发家。可以肯定，自商业产生之日起，官、商相通及钱、权结合便一直是社会的一大弊病。

企业管理理论界在20世纪30年代就承认了职工关系、顾客关系的重要性。企业作为一个社会成员，与顾客和社会其他各个方面都存在着客观的联系。改善和发展这些联系既可改善企业的社会形象，也能够给企业带来市场营销上的好处，即增加市场营销的安全性、容易性。按照杰克森的观点，商品销售只是企业与顾客之间营销关系的一部分。事实上，他们之间还可以发展经济的、技术的和社会的联系和交往。通过这些非商品交换的联系，双方之间就可以增进相互信任和了解，可以发展为相互依赖、相互帮助、同甘共苦的伙伴关系，让企业获得一个忠实的顾客群，还可以将过去交易中的烦琐谈判改变为惯例型交易，节省交易费用。这种"关系营销"的思想同样适合于发展和改善企业与分销商、供应商、运输和仓储商、金融机构、宣传媒体及内部职工的关系，使企业在市场营销过程中都可以找到可以依赖、可提供帮助的战略伙伴。协调平衡公共关系需要正确处理三个关系，即商品生产经营与企业"社会化"的关系，获取利润与满足顾客需要的关系，满足个别顾客需要与增进社会福利的关系。

【案例】

一条酸菜鱼，年赚12.7亿元，做减法才是商业模式的秘密[①]

太二酸菜鱼在5年间以126家餐厅的数量做出了12.7亿元的营收，支撑了这家成立了25年的餐饮企业成功上市。这样一家开在购物中心、装修风格简约、客单消费76元、菜品不多，连茶水都得自己倒的餐厅，制造了排队神话。更不可思议的是，和大多数新派餐饮企业一样，太二酸菜鱼也运营了自己的公众号，打开一看，漫画风。任何一款推送统统10万+阅读量，因为太二酸菜鱼的公众号足足拥有560万粉丝。

甚至知乎上有人提问："第一次吃太二酸菜鱼，需要注意些什么？"为什么会有这样奇怪的问题？因为太二是一家规矩颇多的餐厅，只用一种鱼，只有一种辣度，不加辣也不减辣，一张桌子最多只允许坐4个人，不加味，不拼桌，不会用微信的不接待，每天到店固定鱼量，卖完就提前结束营业，不做外卖，不加盟。西餐标准化很容易，但是中餐并不容易。太二的方法是做减法，极致的减法大幅降低了做标准化的难度。

---

① https://www.sohu.com/a/167451386_174744.

1. 减法一，在 SKU[①] 上做减法

太二的菜单结构极为简单，它是所有中式餐厅门店中 SKU 最少的，包括饮料小吃在内，仅有 24 个 SKU，第一家店甚至只有 18 个。

厨房没有炒锅，酸菜鱼只做一种口味，就是最经典的麻辣，只在规格上分为三种：1~2 人份、3~4 人份和土豪份。鱼只用一种，顾客不能选择鱼的种类、鱼的大小，也不能选择辣度，而且只设 4 种酸菜鱼的配菜。

2. 减法二，就餐流程做减法

很多人把太二评价为社交恐惧症的天堂，因为它的就餐流程实在太简约了。具体流程就是：在线预订位置、自助等桌、自助点餐、自助加水、自助加菜，最后还自助打包，几乎所有流程都能用手机完成。

就餐期间，店员除了上菜以及提供餐具外，再也没有多余的服务了。顾客可以通过手机进行下单支付并且开具收据。店内也无人倒水，自己去调配想要的网红茶。如果我们将消费者与服务员交谈一次作为一个触点的话，太二仅有门迎、上菜两个触点，其他环节均可以自助完成。

3. 减法三，就餐场景做减法

太二把自己定位为一家纯吃饭的餐饮店，门店只吃饭，剔除了诸如商务应酬、社交、生日会等场景消费。只设 2 人桌及 4 人桌，超过 4 位以上不接待，等等，这些要求似乎都告诉我们，老老实实吃饭就够了，别搞这么多花样。

这些举措在餐饮业乃至服务业都是非常反共识的，一直以来，业内都会以极致服务的企业为标杆。"认真吃鱼，莫玩手机"，太二出餐快，平均就餐时间为 45 分钟，翻台率高达 4.9，也就是每一桌一天接待 5 波食客，把翻台率做到了行业的领军企业。

【复习与思考】

1. 市场营销的定义是什么？市场营销的内容有哪些？
2. 中国古代商人是如何在招牌上注入经营理念的？
3. 谈谈你对"因天时，乘地利"的看法。如何结合"天时"和"地利"进行更有效的市场营销？
4. 古代商人协调公共关系的策略有哪些？

[①] SKU（Stock Keeping Unit）意为存货单元。在电商领域，SKU 表示的是每一个独特的产品变体，同一个产品可能有多种不同的变体，如不同的颜色、尺寸、包装等。SKU 不仅包括商品的基本属性，如品牌、型号、等级、配置、单位、用途等，还包括商品的包装信息。例如，一件衣服，有红色、白色、蓝色等不同的颜色，以及不同的尺寸，那么每一种颜色和尺寸的组合都会被视为一个独立的 SKU。

参考文献

[1] 帕特里克·J. 蒙塔纳，布鲁斯·H. 查诺夫. 管理学[M]. 沈国华，译. 上海：上海人民出版社，2004.

[2] 黄东梅，李红梅. 管理学[M]. 北京：中国经济出版社，2013.

[3] 乔忠. 管理学[M]. 北京：机械工业出版社，2012.

[4] 侯景新. 传统文化与现代管理[M]. 北京：光明日报出版社，2009.

[5] 魏钧. 组织契合与认同研究——中国传统文化对现代组织的影响[M]. 北京：北京大学出版社，2008.

[6] 曾仕强. 中国管理哲学[M]. 北京：商务印书馆国际有限公司，2013.

[7] 吴照云. 中国管理思想史[M]. 北京：经济管理出版社，2012.

[8] 申明. 中国式管理的36个心理细节[M]. 北京：企业管理出版社，2010.

[9] 凡勃伦. 有闲阶级论[M]. 北京：商务印书馆，1964.

[10] 康芒斯. 制度经济学[M]. 北京：商务印书馆，1962.

[11] 舒尔茨. 财产权利与制度变迁[M]. 上海：上海三联书店，1994.

[12] 麦克密克，魏因贝格尔. 制度法论[M]. 北京：中国政法大学出版社.

[13] 马克思，恩格斯. 马克思恩格斯选集（第一卷）[M]. 北京：人民出版社，1995.

[14] 盛洪. 现代制度经济学[M]. 北京：北京大学出版社，2003.

[15] 诺斯. 制度、制度变迁和经济绩效[M]. 上海：上海三联书店，1995.

[16] 龚延明. 中国古代制度史研究[M]. 杭州：浙江大学出版社，2013.

[17] 王宏江，陈振飞，等. 制度管理[M]. 北京：中国水利水电出版社，2008.

[18] 洪名勇. 制度经济学[M]. 北京：中国经济出版社，2012.

[19] 乔治·弗雷得里克森[M]. 公共行政的精神[M]. 北京：中国人民大学出版社，2002.

[20] 尼古拉·亨利. 公共行政与公共事务[M]. 北京：中国人民大学出版社，2002.

[21] 戴维·H. 罗森布鲁姆. 公共行政学：管理、政治和法律的途径[M]. 北京：中国人民大学出版社，2002.

[22] 夏洪胜，张世贤.行政管理学［M］.北京：经济管理出版社，2014.

[23] 宋光周.行政管理学［M］.上海：东华大学出版社，2011.

[24] 蔡放波.中国行政制度史［M］.武汉：武汉大学出版社，2009.

[25] 李孔怀.中国古代行政制度史［M］.上海：复旦大学出版社，2006.

[26] 赵沛.中国古代行政制度［M］.天津：南开大学出版社，2008.

[27] 陈孝彬，高洪源.教育管理学［M］.3版.北京：北京师范大学出版社，2008.

[28] 托马斯·J.瑟吉奥万尼，等.教育管理学［M］.5版.北京：中国人民大学出版社，2014.

[29] 褚宏启，张新平.教育管理学教程［M］.北京：北京师范大学出版社，2013.

[30] 梅汝莉.中国教育管理史［M］.北京：海潮出版社，1995.

[31] 黄仁贤.中国教育管理史［M］.福州：福建人民出版社，2003.

[32] 刘兆伟.中国教育管理史［M］.哈尔滨：黑龙江人民出版社，2002.

[33] 杨翠迎.社会保障学［M］.上海：复旦大学出版社，2015.

[34] 温海红.社会保障学［M］.北京：对外经济贸易大学出版社，2010.

[35] 章晓懿.社会保障概论［M］.上海：上海交通大学出版社，2010.

[36] 王卫平，黄鸿山.中国古代传统社会保障与慈善事业——以明清时期为重点的考察［M］.北京：群言出版社，2004.

[37] 王文素.中国古代社会保障研究［M］.北京：中国财政经济出版社，2009.

[38] 王子今.中国社会福利史［M］.武汉：武汉大学出版社，2013.

[39] 张文.宋朝社会救济研究［M］.重庆：西南师范大学出版社，2001.

[40] 刘银花.领导科学［M］.4版.大连：东北财经大学出版社，2015.

[41] 黄东阳，林修果.领导科学［M］.北京：北京大学出版社，2016.

[42] 车洪波，郑俊田.领导科学［M］.2版.北京：对外经贸大学出版社，2013.

[43] 苏保忠.领导科学与艺术［M］.2版.北京：清华大学出版社，2009.

[44] 田广清.中国领导思想史［M］.上海：上海交通大学出版社，2007.

[45] 罗森，盖亚.财政学［M］.10版.郭庆旺，译.北京：中国人民大学出版社，2015.

[46] 谢旭人.中国财政管理［M］.北京：中国财政经济出版社，2011.

[47] 孙翊刚，王文素.中国财政史［M］.北京：中国社会科学出版社，2013.

[48] 翁礼华.大道之行——中国财政史［M］.北京：经济科学出版社，2009.

[49] 齐海鹏.中国财政史［M］.2版.大连：东北财经大学出版社，2012.

[50] Prahalad C K, Hamel G.The Core Competence of the Corporation［J］.Harward Business Review，2006，68（3）：275-292.

[51] 董根洪.中国古代战略思想（上）［J］.党政视野，2001（4）：15-20.

［52］弗雷德·R.戴维.战略管理：概念与案例［M］.13版·全球版.徐飞,译.北京：中国人民大学出版社,2012.

［53］安索夫.战略管理［M］.邵冲,译.北京：机械工业出版社,2013.

［54］王迎军,柳茂平.战略管理［M］.2版.南京：南开大学出版社,2013.

［55］钟尉.先秦兵家思想战略管理特质研究［M］.北京：经济管理出版社,2012.

［56］张阳,周海炜,李信民.东方战略管理思想［M］.北京：科学出版社,2008.

［57］钟尉.兵家战略管理［M］.2版.北京：经济管理出版社,2017.

［58］陈爽.中国古代产品质量法律制度研究［D］.中国计量学院,2016.

［59］石川馨.质量管理入门［M］.3版.北京：机械工业出版社,2016.

［60］张凤荣.质量管理与控制［M］.2版.北京：机械工业出版社,2013.

［61］尤建新,周文泳,武小军,邵鲁宁.质量管理学［M］.3版.北京：科学出版社,2016.

［62］王明贤.现代质量管理［M］.北京：北京交通大学出版社,2011.

［63］刘冠辰,王晓晗.中国古代人力资源管理思想初探［J］.安徽农业科学,2007,35（3）：864-865.

［64］德斯勒.人力资源管理［M］.14版.刘昕,译.北京：中国人民大学出版社,2017.

［65］董克用.人力资源管理概论［M］.4版.中国人民大学出版社,2015.

［66］柯美成,胡抗美.中国古代用人智慧［M］.北京：华夏出版社,2013.

［67］张祥浩.中国传统人才思想［M］.南京：江苏人民出版社,2003.

［68］刘刚.危机管理［M］.北京：中国人民大学出版社,2013.

［69］张小明.公共部门危机管理［M］.3版.北京：中国人民大学出版社,2017.

［70］卓立筑.危机管理——新形势下公共危机预防与处理对策［M］.2版.北京：中共中央党校出版社,2013.

［71］周春生.企业风险与危机管理［M］.2版.北京：北京大学出版社,2015.

［72］赵冰梅,刘晖.危机管理实务与技巧［M］.北京：航空工业出版社,2007.

［73］申艳红.公共危机管理法治问题研究［M］.北京：中国政法大学出版社,2016.

［74］吴健安.市场营销学［M］.5版.北京：清华大学出版社,2013.

［75］菲利普·科特勒,阿姆斯特朗,洪瑞云,等.市场营销原理［M］.3版.李季,赵占波,译.北京：机械工业出版社,2013.

［76］郭国庆.市场营销学通论［M］.6版.北京：中国人民大学出版社,2014.

［77］杨勇.市场营销策划［M］.北京：北京大学出版社,2014.

［78］孙玺.场营销学［M］.2版.北京：科学出版社,2016.

［79］马慧敏,王启万.市场营销学［M］.北京：北京大学出版社,2012.

项目策划：张芸艳
责任编辑：张芸艳
责任印制：钱　宬
封面设计：武爱听

图书在版编目（CIP）数据

传统文化与现代管理 / 艾晓玉编著. -- 2版.
北京：中国旅游出版社，2025.3. --（中国旅游业普通高等教育应用型规划教材）. -- ISBN 978-7-5032-7541-8

Ⅰ．C93

中国国家版本馆CIP数据核字第20258WN204号

书　　名：	传统文化与现代管理（第二版）
作　　者：	艾晓玉
出版发行：	中国旅游出版社
	（北京静安东里6号　邮编：100028）
	https://www.cttp.net.cn　E-mail:cttp@mct.gov.cn
	营销中心电话：010-57377103，010-57377106
	读者服务部电话：010-57377107
排　　版：	北京旅教文化传播有限公司
经　　销：	全国各地新华书店
印　　刷：	三河市灵山芝兰印刷有限公司
版　　次：	2018年11月第1版　2025年3月第2版
印　　次：	2025年3月第1次印刷
开　　本：	787毫米×1092毫米　1/16
印　　张：	12
字　　数：	255千
定　　价：	39.80元
ISBN	978-7-5032-7541-8

版权所有　翻印必究
如发现质量问题，请直接与营销中心联系调换